Arthur J. Cropley

Qualitative Forschungsmethoden
Eine praxisnahe Einführung

Verlag Dietmar Klotz

Bibliografische Information Der Deutschen Bibliothek
Die Deutsche Bibliothek verzeichnet diese Publikation in der Deutschen Nationalbibliographie; detaillierte bibliographische Daten sind im Internet über http://dnb.ddb.de abrufbar.

ISBN 3-88074-460-2

2. überarbeitete Auflage 2005

© **Verlag Dietmar Klotz GmbH**
Krifteler Weg 10
65760 Eschborn bei Frankfurt am Main

Alle Rechte vorbehalten. Nachdruck oder Vervielfältigung in keiner Form gestattet.

ISBN 3-88074-460-2

Inhaltsverzeichnis

	Seite
Einleitung	7

1 Grundbegriffe der Forschungsmethodik — 11

Die fundamentale Aufgabe der Forschung	11
Sozialwissenschaftliche Forschungstraditionen	15
Die Paradigmenschlachten	18
Was ist qualitative Forschung?	20
Kriterien der wissenschaftlichen Güte	28

2 Die Kernmerkmale qualitativer Forschungsansätze — 37

Erkenntnistheoretische Merkmale qualitativer Untersuchungen	38
Beispiele qualitativer Untersuchungen	43
Das Verhältnis von qualitativen and quantitativen Methoden	49
Warum qualitative Forschung?	55

3 Die Methodologie qualitativer Untersuchungen — 61

Die Phasen qualitativer Untersuchungen	61
Neues Wissen wird durch den Prozess der Datenerhebung kreiert	66
Grundlegende Aspekte eines Untersuchungsaufbaus	72
Die "Stichprobe" in qualitativen Untersuchungen	80
Ethische Aspekte einer Untersuchungsanlage	83

4 Qualitative Datenerhebungsverfahren — 89

Die Wesensart qualitativer Daten	89
Datenerhebungsverfahren	
Interviews	100
Durchführung von Interviews	106
"Gemischte" Datenerhebungsansätze	111

5 Die Auswertung qualitativer Daten   117

    Grundprinzipien der qualitativen Datenauswertung   117
    Die Rolle der Theorie in der qualitativen
       Datenauswertung   123
    Die qualitative Inhaltsanalyse   127
    Allgemeine Strategien der Inhaltsanalyse   132
    Ein konkretes Beispiel   142
    Förderung von Reliabilität und Validität   145

6 Berichterstattung in einer Diplom- bzw. Doktorarbeit   149

    Die Aufgaben eines Forschungsberichts   149
    Wie können wir wissenschaftlichen Anforderungen
       genügen   150
    Der Überraschungseffekt   154
    Theorie vorantreiben   158
    Anfertigung einer Arbeit   160
    Ein Beispiel   164
    Einige weitere Beispiele   176

Literaturverzeichnis   181

Anhang A

    Die Qualität einer Arbeit   187
    Kontrollbogen   190

Anhang B

    Weiterführende Literatur   193

Sach- und Namensregister   195

Einleitung

Dieses Buch wurde für Einsteiger geschrieben. Meine Absicht war, die zu Grunde liegenden Prinzipien der qualitativen Herangehensweise anschaulich und nachvollziehbar zu erläutern - eine "schmerzlose", anwendungsorientierte Einführung in die erkenntnistheoretischen Grundlagen, die Denkhaltung und die Methoden des qualitativen Forschungsansatzes zu bieten. Interviews werden als Datenerhebungsverfahren betont und als Auswertungstechnologie wird die qualitative Inhaltsanalyse hervorgehoben. Auch die Verschriftlichung der Ergebnisse - in der Regel die Anfertigung einer Diplom- bzw. Doktorarbeit - wird besprochen. Es wird ständig auf Beispiele Bezug genommen, meistens konkrete und verhältnismäßig einfache Beispiele, die sich häufig aus meiner praktischen Erfahrung ergeben.

Das Ziel des Buches ist es, Diplomanden und Doktoranden zu helfen, ein qualitativ orientiertes Projekt zu planen und durchzuführen und über die Ergebnisse Bericht zu erstatten. Dabei wird dem Thema, wie qualitative Untersuchungen wissenschaftlich durchgeführt werden können, viel Aufmerksamkeit gewidmet. Insbesondere werden zwei Grundbegriffe hervorgehoben: auf der einen Seite "Reliabilität" auf der anderen "Validität". In einer Anlage wird ein Kontrollbogen bzw. Checkliste vorgeschlagen, mit der Studierende die Qualität ihrer Arbeit kontrollieren können (s. Anhang A). Im Anhang B befinden sich Vorschläge für weiterführende Literatur.

In diesem Buch sind unterschiedliche Forschungsansätze nicht in erster Linie aus forschungsideologischer Sicht interessant, sondern deswegen, weil sie besser geeignet sind, einen bestimmten Untersuchungsgegenstand zu erfassen. Aus dieser Überlegung ergibt sich die Tatsache, dass sich die Auseinandersetzung mit der theoretischen Literatur über qualitative Methoden auf die Grundlagen beschränkt. Ich möchte die abstrakten und für traditionell quantitativ ausgebildete Diplomanden und Doktoranden gar befremdlichen Konzepte der qualitativen Forschung durchschaubar machen und ihre Folgen für die Praxis hervorheben. Dargestellt werden:

    (a) die Kernunterschiede zwischen qualitativen und quantitativen Methoden;

    (b) die speziellen Fragen, auf die mittels qualitativer Verfahren eingegangen werden kann;

(c) die Schritte einer qualitativen Untersuchung;
(d) die Art und Weise, wie eine solche Untersuchung in einer Diplom- bzw. Doktorarbeit dargestellt werden kann.

Im vorliegenden Buch werde ich:
1. mich hauptsächlich aber nicht ausschließlich auf *Interviews* als Datenerhebungsverfahren beziehen, weil sie in qualitativ orientierten Untersuchungen in den Sozialwissenschaften am häufigsten angewendet werden;
2. Methoden der Datenauswertung hervorheben, die für die *Weiterentwicklung von Theorie* neue Perspektiven bieten bzw. bestehende Perspektiven zumindest anreichern;
3. auf die drei grundlegenden Schwachstellen qualitativer Ansätze eingehen.

Die in 3 erwähnten Schwachstellen beziehen sich auf drei Grundprobleme qualitativer Methoden und zwar:
(a) das *Willkürproblem* (qualitativen Forschungsergebnissen wird vorgeworfen, sie ergäben sich in erster Linie aus der Fantasie eines spezifischen Forschers),
(b) das *Beweisproblem* (qualitative Verfahren bieten keine Möglichkeit, Hypothesen mittels statistischer Verfahren zu prüfen) und
(c) das *Banalitätsproblem* (nicht selten scheinen qualitative Befunde lediglich den gesunden Menschenverstand zu bestätigen).

Qualitative und quantitative Ansätze werden hier *nicht* als Kontrahenten betrachtet, die versuchen, sich auf Kosten des anderen zu etablieren. Im Gegenteil: Ihr Verhältnis ist komplementär, weil sie jeweils für die Erforschung unterschiedlicher Nuancen einer Forschungsfrage besonders geeignet sind. Beide Herangehensweisen mit ihren jeweiligen charakteristischen Stärken und Schwächen sind in der Lage, unseren Erkenntnisstand zu erweitern. Aus diesem Grund lehne ich die *Unvereinbarkeitsthese* von Lincoln und Guba (1985) ab. Wie später im Buch deutlich werden wird, lehne ich auch eine zweite Behauptung einiger radikal qualitativ orientierter Theoretiker ab und zwar die Schlussfolgerung, es gäbe die Realität überhaupt nicht und folgerichtig bestünde "... zwischen [Forschung] und Dichtung kein

Unterschied" (Taylor und Bogdan, 1998, p. 23)[1]. Mein Ziel besteht darin, Forschern zu helfen, Untersuchungen kreativer und vielseitiger durchzuführen. Jedoch dürfen Kreativität und Vielseitigkeit nicht auf Kosten wissenschaftlicher Genauigkeit gehen. Die Auseinandersetzung mit dem relevanten Material könnte für Leser Schwierigkeiten verursachen. Die Inhalte ergeben sich im Prinzip aus zwei Quellen. Die erste ist die entsprechende Fachliteratur. Darauf nehme ich wie üblich Bezug, um die relevante Lehrmeinung zu veranschaulichen und Lesern Hinweise auf die Quellen zu geben, wo sie sich vertieft mit den dargestellten Gedanken auseinander setzen können. An vielen Stellen im Text jedoch mache ich von meinen eigenen Erfahrungen als Forscher Gebrauch. Dies führt nicht nur dazu, dass es im Text viele praktische Beispiele gibt, sondern, dass strikt aus der entsprechenden Literatur abgeleitete Aussagen durch Anmerkungen und Meinungen flankiert werden, die aus meiner Reflexion des Materials entstammen. Ich hoffe, dass Leser mit dieser Kombination klar kommen.

In diesem Buch wird angenommen, dass die verschiedenen Sozialwissenschaften ein ähnliches Forschungsverständnis haben und eine gemeinsame Abhandlung der Grundprinzipien von Forschung deshalb gerechtfertigt ist. Obwohl Forschung mit philosophischem, historischem, ökonomischem, soziologischem, anthropologischem oder anderem Schwerpunkt auf keinen Fall übersehen werden darf, werden in den Sozialwissenschaften psychologisch geprägte Begriffe häufig verwendet und dies führt dazu, dass Untersuchungen in diesen Bereichen wesentliche gemeinsame Berührungspunkte haben. Eine Diskussion, die diese Gemeinsamkeiten berücksichtigt, erscheint deswegen vernünftig, ohne jedoch andererseits die Unterschiede zwischen unterschiedlichen Fächern aus dem Auge zu verlieren.

Auch einige redaktionstechnische Gegebenheiten müssen hier erörtert werden.

    (a) Wegen der optischen Ähnlichkeit der beiden Einzelwörter "qualitativ" und "quantitativ" ist es leicht, sie miteinander zu verwechseln, besonders dort, wo das eine wiederholt richtig gelesen wurde und das andere plötzlich auftaucht. Einige Autoren haben nach einem Ausweg aus diesem Problem gesucht:

---

[1] Diese und mehrere weitere Übersetzungen aus dem englischen habe ich selbst gemacht. Ich habe versucht, Merkmale des Ursprungstextes wie etwa Ironie beizubehalten.

Tashakkori und Teddlie (1998) z. B. schreiben "QUAL" und "QUAN". Im vorliegenden Buch schreibe ich das Wort "quantitativ" an einigen Stellen halbfett (**quantitativ**). Ähnliches gilt für "qualitativ". Ich hoffe dadurch, ohne Leser zu irritieren, die Gefahr der Verwechslung auszuschließen.

(b) Die Benutzung im Text von Ausdrücken in der männlichen bzw. weiblichen Form ergibt sich lediglich aus den grammatischen Regeln der deutschen Sprache. Wo vom Kontext her nicht eindeutig erkennbar wird, dass nur Menschen einer Geschlechtsgruppe gemeint sind, bitte ich die Leser und Leserinnen des vorliegenden Buches davon auszugehen, dass sich Ausdrücke in der grammatisch männlichen Form auf Personen sowohl männlichen als auch weiblichen Geschlechts beziehen.

Die Planung und Anfertigung dieses Buches erfolgte 2001 und 2002 z.T. in Riga, wo ich als Gastprofessor an der Universität Lettland tätig war. Meine Aufenthalte an der Universität wurden von einer gemeinsamen Initiative der Deutschen Hochschulrektorenkonferenz und des Deutschen akademischen Austauschdienstes (die *Stiftungsinitiative Johann Gottfried Herder*) finanziell unterstützt. Für diese Unterstützung bin ich sehr dankbar. Für den Vorschlag, das Buch zu schreiben, und viele hilfreiche inhaltliche Anregungen bin ich Malgožata Raščevska, einer Kollegin an der Universität Lettland, verbunden.

Meine Arbeit in Riga wurde auch vom Baltikumbüro der *Baltijas studiju veicināšanas apvienība* (Gesellschaft für die Förderung baltischer Studien) unterstützt. Die Gesellschaft hat mir nicht nur konkrete technische und administrative Unterstützung geboten, sondern auch kollegialen und menschlichen Beistand durch Herrn Edgars Kariks, den ich sehr schätze. Für die sprachliche und redaktionelle Überarbeitung des Manuskripts bin ich Frau Stephanie von Petzinger, Universität Marburg und dem Verlag Dietmar Klotz dankbar. Sie sind jedoch für die Besonderheiten meines Schreibstils nicht verantwortlich.

Kapitel 1

Grundbegriffe der Forschungsmethodik

> Die Sozialwissenschaften haben es sich zur Aufgabe gemacht, die Vielfalt menschlicher Verhaltensweisen und das Zusammenspiel zwischen Verhalten und persönlichen Eigenschaften zu beschreiben und zu analysieren. Dafür gibt es zwei fundamentale Grundansätze, die miteinander verglichen werden können: den **quantitativen** und den **qualitativen**. Die zwei Ansätze unterscheiden sich im Hinblick auf sechs zu Grunde liegende Dimensionen aller Untersuchungsanlagen: Design, Umgebung, Datenerhebungsverfahren, Art von Daten, Datenauswertung und Verallgemeinerungsstrategien. Beide Herangehensweisen haben in der modernen Forschung ihre Anwendung gefunden, obgleich über längeren Strecken der **quantitative** dominiert hat. Beide Ansätze unterliegen gleichermaßen den übergeordneten allgemeinen unentbehrlichen Kriterien methodologischer Güte - *Reliabilität* und *Validität* - und beide weisen sowohl Stärken als auch Schwächen hinsichtlich dieser Kriterien auf: Weder der eine noch der andere Ansatz konnte sich bisher als uneingeschränkt "der Beste" behaupten.

Die fundamentale Aufgabe der sozialwissenschaftlichen Forschung
Eine einfache Beobachtung des Alltagslebens belegt auf zwar nicht wissenschaftliche aber trotzdem überzeugende Art und Weise, dass sich von Person zu Person nicht zu leugnende Unterschiede der Verhaltensweisen feststellen lassen. Die Sozialwissenschaften erweitern ihren Erkenntnisstand durch die konsequente Beobachtung dieser Unterschiede. Gäbe es die Unterschiede nicht, so wären diese Wissenschaften überflüssig, weil sich alle Menschen ähnlich verhalten würden und es nichts gäbe, was erklärungsbedürftig sein würde. Die grundlegende Aufgabe der Forschung ist es, erstens Unterschiede zwischen Menschen zu *beschreiben* (d.h. festzustellen, was für Unterschiede es gibt und wie umfangreich sie sind usw.) und zweitens unser *Verständnis der Dynamik der Unterschiede zu erweitern* (d.h. festzustellen, wo sie herkommen, wie sie einander beeinflussen, durch welche Umstände sie bedingt werden u.ä.).

Interne vs. externe Erklärungsmodelle: Theoretisch wäre es möglich, Verhaltensunterschiede von Person zu Person durch Unterschiede in der externen Umgebung zu erklären. Zum Beispiel, die Annahme erscheint logisch und nachvollziehbar, dass Unterschiede zwischen zwei Kindern in der Leseleistung dadurch entstehen könnten, dass sich das eine Kind in einer Umgebung mit besseren Lernmöglichkeiten befindet. Auch denkbar ist, dass die entscheidenden Faktoren zwar "innerhalb" der Kinder liegen könnten, jedoch keiner "internen" Erklärung bedürfen. Danach ergäben sich Leistungsunterschiede aus z.B. Aspekten der Struktur und Funktion des zentralen Nervensystems wie etwa dem sensorischen Wahrnehmungsvermögen. Ein Kind mit vermindertem Sehvermögen wird visuelle Reize anders wahrnehmen als ein Kind mit unbeeinträchtigtem Sehvermögen, auch wenn diese Feststellung nicht zu einer Stigmatisierung führen sollte. In der Tat ist die Wichtigkeit der externen Umgebung so überzeugend, dass einige Sozialwissenschaften dazu neigen, Erklärungsmodelle vorzuziehen, die die Rolle der Außenwelt stark betonen. Um ein Beispiel zu nennen: Volkswirtschaftliche, soziologische und politikwissenschaftliche Studien im Bereich Migration heben häufig externe Faktoren wie etwa Armut, Krieg, Hungersnöte, religiöse Unterdrückung, Familienzusammenbruch, Arbeitslosigkeit u.ä. hervor und betrachten so Migration als eine Reaktion auf externe Unannehmlichkeiten.

Diesen Ansatz haben Cropley und Lüthke (1994) wegen der Nicht-Berücksichtigung der Persönlichkeit der Einzelperson stark bemängelt. Wie diese Autoren betonen, finden Ein- und Auswanderung in allen Gesellschaften unter allen externen Bedingungen statt, solange sie geduldet und physisch möglich sind. Nicht selten ist das Wanderungsvorkommen zu den Zeiten am stärksten, zu denen die externen Lebensbedingungen im Entsenderland eher günstig sind. Darüber hinaus haben viele Auswanderer vorher gute Lebensbedingungen und stammen überhaupt nicht aus den Reihen der unterprivilegierten und unterdrückten Bevölkerungsschicht. Aus diesem Grund können wir die Idee der Entscheidungsfindung in der Einzelperson als zweckrationaler Prozess, der folgerichtig und objektiv auf externen Bedingungen basiert, nicht aufrechterhalten. Wir benötigen *intern* orientierte Ansätze, die Strukturen und Prozesse innerhalb von Menschen berücksichtigen, die ihre Reaktionen auf externe Zustände und Ereignisse bedingen.

Besonders in der Psychologie haben sich viele entsprechende Konzepte entwickelt: "Persönlichkeit," "Wahrnehmung," "Kognition," "Motivation," "Einstellungen," "Erwartungen" und vieles mehr. In den Erziehungswissenschaften wird von diesen allgemeinen Begriffen Gebrauch gemacht, aber auch von den für Bildungsprozesse besonders relevanten Konzepten, wie etwa "Intelligenz," "Leistungsmotivation," "Interessen," usw. Die Forschung zielt auf die *Beschreibung* dieser Faktoren und Prozesse (ihrer Art und Größe, ihres Ursprungs, Entfaltungsverlaufs und Aktionsmodus u.ä.) und auf die *Erörterung ihres Zusammenspiels*. Das theoretische Ziel dieser Forschungsaktivitäten ist es, unser Verständnis von Unterschieden zwischen Menschen zu erweitern. Das praktische Ziel ist es, Menschen zu helfen, ihre Lebensaufgaben besser zu bewältigen und, im Falle der Pädagogik, in Schulen und ähnlichen Institutionen besser abzuschneiden.

Qualitative vs. Quantitative Herangehensweisen: Obwohl die Grundaufgabe immer dieselbe bleibt (Beschreibung und Erweiterung unseres Verständnisses), gibt es zwei sich voneinander deutlich unterscheidende Herangehensweisen an Forschungsfragen - die quantitative und die qualitative. **Quantitative** Forschung versteht das Zusammenspiel von internen und externen Faktoren *positivistisch* (später wird ausführlicher auf diesen Begriff eingegangen, besonders in Kapitel 2) und hebt *kausale Zusammenhänge* hervor. Besonders betont wird folgender Gedankengang: Erstens, bestimmte externe Bedingungen *verursachen* interne Zustände bzw. Prozesse (z.B. verursacht die Auseinandersetzung mit einer reizstarken Umgebung eine schnelle Entfaltung der Intelligenz) und zweitens, diese internen Faktoren verursachen spezielle Formen des Verhaltens (z.B. verursacht hohe Intelligenz schnelles Lernen in der Schule). Der Grundgedanke ist, dass es möglich ist, bestimmte fundamentale Merkmale zu bestimmen, die alle Menschen besitzen, den Ausprägungsgrad dieser Merkmale zu messen und numerisch auszudrücken und danach festzustellen, auf welche Weise und in welchem Ausmaß die verschiedenen Faktoren einander bedingen. Die Anwendung des Begriffs "Intelligenz" in der quantitativen Forschung bietet ein anschauliches Beispiel: Alle Menschen sollen Intelligenz besitzen, deren Ausprägungsgrad gemessen und anhand eines IQ-Wertes numerisch ausgedrückt werden kann. Danach soll es z.B. möglich sein, auszurechnen, welchen Anteil der Varianz von Schulleistungen durch Intelligenz *verursacht* wird.

Aus dieser Hervorhebung der Messung des Grades, der Anzahl bzw. der Stärke interner Dimensionen ergibt sich der Terminus "quantitativ": Solche Verfahren beschäftigen sich mit der Quantität (dem Ausprägungsgrad, der Stärke, der Anzahl, dem Umfang). Der **quantitative** Ansatz ist im Prinzip sehr optimistisch. Er legt nahe, wie man z.b. die Symptome der klinischen Depression lindern, die Zufriedenheit von Arbeitskräften erhöhen, Partner in problematischen Beziehungen beraten, oder Lese-Rechtschreibschwierigkeiten von Schulkindern behandeln kann. Eine positive Beeinflussung der "kausalen" Faktoren müsste die Beseitigung des problematischen Verhaltens bewirken.

Den Schwerpunkt **qualitativer** Ansätze bildet im Gegensatz nicht die Feststellung des Ausmaßes interner Merkmale, sondern die Beschreibung ihres besonderen Charakters. Auch wird auf kausale Zusammenhänge deutlich weniger Gewicht gelegt. Qualitative Verfahren gehen davon aus, dass jeder Mensch auf der Basis einer eigenen einzigartigen Erlebnisgeschichte eine höchst persönliche *interne Nachbildung dieser Lebenserfahrungen* aufbaut. Diese spiegelt die individuelle Geschichte der entsprechenden Person wider. Menschen sind durch Unterschiede in Hinblick auf die Inhalte dieser internen *Nachbildungen* voneinander zu unterscheiden, nicht durch Unterschiede in deren Ausmaß. Am interessantesten an unterschiedlichen Menschen sind nicht die mehr oder weniger stark ausgeprägten Merkmale, sondern, dass sie *die Welt unterschiedlich nachbilden*. Aus diesem Grund sprechen wir von "**qualitativen**" Ansätzen. Die Unterschiede zwischen den beiden Ansätzen werden in Kapitel 2 eingehender erörtert.

Forschung im Bereich Klassenfrequenz und Schulleistung dient als anschauliches Beispiel für Unterschiede bezüglich der Ergiebigkeit der beiden Ansätze[1]. Laut **quantitativer** Studien (zusammengefasst von von Saldern, 2001) beeinflusst Klassenfrequenz weder die Leistung von Kindern im Klassenzimmer noch die sozialen Interaktionen und die Aufmerksamkeit der Lehrenden gegenüber Einzelkindern. Dieser Befund taucht in den verschiedensten Ländern auf und ist seit Jahren konstant geblieben. Jedoch bestehen Lehrende und Eltern hartnäckig darauf, dass Klassenfrequenz doch ein wichtiger Faktor ist. Ihre Erfahrung bestätigt sie

---

[1] Folgendes Material dient nicht dem Zweck, zu den verschiedenen Standpunkten im Streit um Klassenfrequenz Stellung zu nehmen, sondern wird hier lediglich eingeführt, um Unterschiede zwischen den beiden in diesem Buch besprochenen Forschungsansätzen zu veranschaulichen.

in dieser Annahme, trotz gegenteiliger Befunde der quantitativen Forschung. Denkbar ist, dass eine auf messbare Variablen wie etwa Leistung, soziale Interaktionen, Ausmaß der aufgabenbezogenen Zeit usw. beschränkte Untersuchung nicht ausreichend ist, die positiven Aspekte kleinerer Klassen zu erkennen. Solche Vorteile könnten mehr in Bereichen liegen, die der quantitativen Forschung nicht zugänglich sind: Insbesondere sind qualitative Faktoren - d.h. wie die Teilnehmer am Klassenzimmergeschehen die Welt des Klassenzimmers in ihren Köpfen verstehen - als entscheidende Bedingungsfaktoren denkbar: z.B., wie Lehrkräfte ihre Aufgabe konzipieren (etwa als Ordnungshüter bzw. als Berater) oder wie Kinder das Klassenzimmer verstehen (z.B. als Austragungsort von Pflichtübungen bzw. als reizvolle Abenteuerwelt). Durchaus nachzuvollziehen ist, dass die praktischen Vorteile einer kleinen Klassenfrequenz lediglich durch qualitative Verfahren zu veranschaulichen sind, z.B. Gruppengespräche, Einzelinterviews oder Tiefengespräche. Alternativ müssten wir davon ausgehen, dass die Menschen, die das Geschehen im Klassenzimmer tagtäglich hautnah erleben, über kein brauchbares Wissen dieser Umwelt verfügen bzw., dass ihr Wissen keinen Wert hat.

Sozialwissenschaftliche Forschungstraditionen
Vor annähernd 150 Jahren führte Fechner (1860) "psychophysische" Messverfahren in die Psychologie ein. Durch die Verwendung dieser Methode versprachen sich er und andere Forscher die Herauskristallisierung mathematischer Gesetzmäßigkeiten, die das menschliche Verhalten regeln und es vorhersagbar machen sollten. Ein Beispiel ist das Weber-Fechnersche Gesetz, das das Verhältnis zwischen der Intensität eines Reizes und der Fähigkeit von Menschen, Änderungen dieser Intensität zu spüren, definiert ($S = k.\log R$; je stärker der Reiz, desto größer muss eine Änderung der Stärke sein, um von Menschen gespürt zu werden). Der Engländer Galton entwarf und baute Instrumente, mit denen er Tondiskriminierungsfähigkeit, Schlagkraft, Reaktionsschnelligkeit und ähnliche Dimensionen des sensorischen und physischen Leistungsvermögens zu messen vermochte.

Über die oben erwähnten Messinstrumente hinaus arbeitete Galton die grundlegende Theorie für die Quantifizierung von sowohl dem Ausmaß der Abweichung hervorragender von durchschnittlichen Leistungen als auch dem Verwandschaftsgrad von Familienmitgliedern heraus. Damit er seine Daten statistisch auswerten konnte, entwickelte er auch Verfahren für die Messung von gemeinsamer Variabilität, die von Pearson als das, was wir heutzutage "Korrelation" nennen, weiterentwickelt wurden. Diese Beiträge zur Theorie und Praxis der Quantifizierung ermöglichte es Galton, die Vererbung von Intelligenz, die er "Genie" nannte, weil der moderne Begriff "Intelligenz" noch nicht existierte, zu untersuchen.

> Zusammenfassend kann gesagt werden, dass der quantitative Ansatz Folgendes hervorhebt:
> - *messbare Merkmale*, deren Ausprägungsgrad in Zahlen ausgedrückt werden kann, wie etwa der von Weber und Fechner eingeführte Begriff "kleinstmögliche Reizänderung" (engl. "just noticeable difference" - s. oben)
> - *Messinstrumente* für die Quantifizierung dieser Merkmale (s. auch oben)
> - *Auswertungsverfahren* für die Analyse der sich aus den Schritten 1 und 2 ergebenden numerischen Daten.

Die qualitative Tradition: Seit mehr als 100 Jahren bedienen sich Forscher in sowohl der Psychologie und Erziehungswissenschaften als auch anderen Sozialwissenschaften **quantitativer** Methoden. In jüngster Zeit jedoch hat sich die Diskussion verstärkt und intensiver mit **qualitativen** Ansätzen befasst. Trotz der langen quantitativen Tradition und des von einigen Autoren propagierten Eindrucks, es handele sich hier um etwas Neuartiges, fast Revolutionäres, haben qualitative Verfahren in der Tat so lange in der Forschung ihre Anwendung gefunden wie die quantitativen. Im 19. Jahrhundert zu einem Zeitpunkt, an dem die Sozialwissenschaften ihren modernen Charakter als empirische Erfahrungswissenschaften anzunehmen begannen, wurde von qualitativen Methoden viel Gebrauch gemacht, sowohl vor als auch nach dem Aufkommen quantitativer Ansätze. Zunächst entwickelten sich beide Herangehensweisen mehr oder weniger parallel. Ein Beispiel für die Anwendung eines qualitativen Verfahrens in der frühen Empirie ist die Erforschung mittels *Introspektion* der eigenen subjektiven Wahrnehmungen der Außenwelt, die Forscher schon vor mehr als 100 Jahren durchführten. Dadurch wurden Einsichten über die innere und äußere Sinngebung der Menschen gewonnen. Anfang des 20. Jahrhunderts gab es schon eine umfangreiche Fachliteratur über diese Methodik (für eine eingehende Diskussion siehe z.b. Titchener, 1912). Um ein weiteres Beispiel aus den zwanziger Jahren zu nennen: Die Soziologen Thomas und Znaniecki (1927) leisteten Pionierarbeit im qualitativen Bereich, als sie das Phänomen *Einstellungen* mittels Interviews erforschten.

Die fortschreitende Dominierung der Forschung durch die Psychophysik und benachbarte Herangehensweisen jedoch führte dazu, dass qualitative Ansätze in der Psychologie etwas in Vergessenheit gerieten und das Feld quantitativen Methoden überlassen mussten. Gänzlich aber verschwanden sie nicht: Aus dem Grund bedeutet das erneute Interesse nicht das Erscheinen von etwas, was früher völlig unbekannt war, sondern eine Wiederbelebung von Ansätzen, die früher beliebt waren und niemals gänzlich außer Acht geraten waren. Dass sie nicht absolut neuartig sind, mindert nicht die Nützlichkeit qualitativer Methoden und macht sie auch nicht weniger hilfreich für die Erforschung bestimmter Forschungsthemen - Beispiele werden auf den Seiten 43-48 dargestellt. Es schwächt jedoch die Position derjenigen Fachleute ab, die qualitative Verfahren fast messianisch propagieren.

In anderen Sozialwissenschaften wie etwa Soziologie oder Völkerkunde konnte sich die qualitative Tradition besser behaupten als in der Psychologie. Das Ergebnis ist, dass der qualitative Ansatz in diesen Fächern einen stärkeren Einfluss ausübt als in der Psychologie und gegenwärtig in ihrem methodentechnischen Denken deutlicher präsent ist. Dies spiegelt sich in der Tatsache wider, dass diese Fächer die moderne Diskussion qualitativer Methoden immer noch mehr oder weniger dominieren. Ab etwa 1935 erlebte die Soziologie zwar ihre "quantitative Revolution", als die "Columbia-Schule" die Oberhand im Methodenstreit mit der "Chicago-Schule" in den USA erhielt und die quantitativen Methoden ca. 25 Jahre die soziologische Forschung dominierten. Aber qualitative Methoden haben sich in diesem Fach erneut durchsetzen können. Um ein Beispiel zu nennen, der Begriff "begründete Theorie" (engl.: "grounded theory"[2]), der in Kapitel 5 eingehender erörtert wird, besteht seit gut 35 Jahren in der Soziologie (z.B. Glaser und Strauss, 1967

---

[2] Die Übersetzung dieses Terminus ist etwas problematisch. Viele deutsche Autoren bleiben beim englischen und schreiben einfach "grounded Theorie". Auf die Logik meiner Übersetzung wird in Kapitel 5 eingegangen.

[dt.: 1998]), er wird jedoch unter Psychologen als ziemlich neuartig gepriesen. Das erneute Interesse unter Psychologen für qualitative Ansätze kann als Bestandteil einer interdisziplinären Tendenz in den modernen Sozialwissenschaften betrachtet werden. Der Einfluss fachübergreifender Wissenschaftsorientierungen wie etwa die der feministischen Bewegung oder des Postmodernismus haben diesen Trend deutlich verstärkt.

Auch wenn qualitative Herangehensweisen im eben dargestellten Sinn in der Psychologie und den Erziehungswissenschaften immer noch verhältnismäßig ungewöhnlich sein dürften, ist erkennbar geworden, dass qualitatives Gedankengut in jüngster Zeit auch in diesen Disziplinen besser bekannt geworden ist. Der Beweis dafür ist die wachsende Betonung qualitativer Methoden in sich stark voneinander unterscheidenden Forschungsfeldern wie etwa Psychoanalyse - wo in jüngerer Zeit Schaefer (1992) die Brauchbarkeit von Biografien hervorhob - und kognitive Psychologie. Im letztgenannten Bereich ist der berühmte Theoretiker Jerome Bruner (z.B. Bruner, 1997) zu dem Schluss gekommen, dass eine selbst-gestaltete, selektiv organisierte und strukturierte Biografie des eigenen Lebens das Kernprinzip ist, aus der sich organisiertes Verhalten ergibt. In der klinischen Psychologie wird die Wichtigkeit von Fallstudien erneut hervorgehoben. Die humanistische Psychologie (z.B. Maslow, 1977; Rogers, 1973) betont, dass Menschen das eigene Leben *gestalten*, auch wenn sie mal eine Hilfe brauchen, um dies auf gesunde Weise zu schaffen. Heron (1992) macht von einer musikalischen Metapher Gebrauch und plädiert für "Psychologie mit einem neuartigen Tonsystem", die das "Personentum" hervorhebt und sich mit der Erforschung von Absichten und Vorhaben befasst. Er lehnt quantitative Ansätze als für die Realisierung dieser neuen Psychologie ungeeignet explizit ab. Einige Theoretiker gehen sogar so weit, dass sie von einem neuen psychologischen Teilfach reden: die "erzählende (engl.: *narrative*) Psychologie" (z.B. Sarbin, 1986).

Die Paradigmenschlachten
Qualitative und quantitative Forschungsansätze werden nicht selten als erbitterte Kontrahenten dargestellt. Insbesondere Befürworter qualitativer Methoden erwecken den Eindruck, sie betrachteten diesen Ansatz als den einzig wahren Weg in die wissenschaftliche Aufklärung. **Quantitative** Ansätze im Gegenteil öffnen den Weg in die Verdammung! Tashakkori und Teddlie (1998) sprechen plastisch und amüsant von den "Paradigmen-

schlachten" (S. 3) und von "Paradigmenkriegern," die sich so verhalten, als wären sie Teilnehmer an einer Schlacht, in der qualitative Methoden quantitative vom Feld treiben sollten. Tashakkori und Teddlie bieten Beispiele aus sowohl der Psychologie als auch der empirischen Pädagogik. Im Falle von pädagogisch orientierter Forschung schlussfolgerten Smith und Heshusius (1986), dass qualitative und quantitative Methoden *unvereinbar* sind. Lincoln und Guba (1985) machten den Eindruck, als sei das Schicksal quantitativer Methoden schon besiegelt: Sie erklärten solche Ansätze für nicht mehr akzeptabel. Es sah also aus, als hätten **qualitative** Methoden den Sieg errungen!

Am interessantesten vielleicht ist die Tatsache, dass eher aus dem **quantitativen** Meinungslager stammende Forscher bei der Offenlegung der Schwächen des quantitativen Ansatzes eine führende Rolle spielten (z.B. Kvale, 1996). Schon in den sechziger und siebziger Jahren äußerten diese Wissenschaftler ihr Unbehagen über Probleme wie die mögliche Beeinflussung der Befunde wissenschaftlicher Untersuchungen durch die Weltanschauung, Werte, Überzeugungen oder Erwartungen des Forschungsleiters, oder die Wirkung bestehender Theorie auf das, was Forscher überhaupt beobachten oder für "bewiesen" halten bzw. als "Realität" betrachten. Mit anderen Worten, quantitative Methoden wurden angewendet, um sich selbst unter die Lupe zu nehmen (z.B., Cook und Campbell, 1979, Rosenthal, 1976).

Im Falle von Psychologie stellen zwar Tashakkori und Teddlie die verschiedenen Positionen von Cronbach (1980) und Cook und Campbell (1979) dar: auf der einen Seite Hervorhebung der Wichtigkeit von Datenerhebungen unter kontrollierten Bedingungen (z.B. im Labor) und dadurch eine Erhöhung dessen, was später als "interne Validität" besprochen wird, auf der anderen von Erforschung "natürlicher" Phänomene unter lebensnahen Bedingungen, mit der daraus resultierenden Erhöhung der "externen Validität" (für eine Erklärung dieser beiden Begriffe s. Kapitel 2). Von einem Triumph qualitativer Methoden jedoch kann nicht die Rede sein.

Auch wenn neuerdings sich kritische Stimmen verstärkt hören lassen, kann nicht geleugnet werden, dass der **quantitative** Ansatz sehr ergiebig gewesen ist - daraus stammen viele wichtige Begriffe der Sozialwissenschaften, auch in eher subjektiven Bereichen wie etwa Gefühle oder Emotionen. Als Beispiel sind Cattells (z.B. 1950) Studien im Bereich Persönlichkeit zu nennen: Er definierte Begriffe wie etwa "emotionale Empfindlichkeit," oder "Ich-Stärke" mit der Hilfe von quantitativen

Studien. Ein zweites, deutlich weniger bekanntes Beispiel der Untersuchung subjektiver Aspekte der menschlichen Empfindungswelt mittels **quantitativer** Forschungsmethoden stellen die Studien von Weckowicz (z.B. Weckowicz, Yonge, Cropley und Muir, 1971) dar: Diese Studien untersuchten die Symptomatologie der klinischen Depression bei Patienten in einer psychiatrischen Klinik durch Erhebungsverfahren, bei denen elektronische Geräte verwendet wurden, um Milligramm von Speichel und Mikrogramm von Aminosäuren zu messen. Das Verhältnis dieser Messwerte zu subjektiven Zuständen wie etwa Stimmung wurde dann mittels statistischer Verfahren festgestellt und ihr Zusammenhang zum Erfolg bzw. Misserfolg therapeutischer Behandlungen herausgearbeitet.

Sehr wichtig ist es, im Auge zu behalten, dass *sowohl qualitative als auch quantitative Forschungsmethoden von Nutzen sind.* In einer der bekanntesten Abhandlungen **qualitativer** Methoden schreiben Glaser und Strauss (1967), "beide Datenarten sind sowohl für die Bestätigung als auch für die Entwicklung von Theorie gut geeignet (S. 17)." Gut 30 Jahre später machten Strauss und Corbin (1998) auf die steigende Anwendung von Untersuchungsanlagen aufmerksam, bei denen sowohl quantitative als auch qualitative Verfahren in derselben Studie Anwendung fanden. (Solche kombinierten Herangehensweisen werden auf S. 111-116 dieses Buches eingehender besprochen.) Darauf zu achten ist, dass das Auswertungsverfahren "begründete Theorie" - möglicherweise das mit qualitativen Daten am häufigsten angewendete Verfahren - auch mit Daten aus **quantitativen** Untersuchungen völlig unproblematisch anwendbar ist. In Kapitel 5 befindet sich eine gründlichere Diskussion der begründeten Theorie.

Was ist "qualitative" Forschung?
Denzin und Lincoln (1998a) besprechen das Grundproblem der Diskussionen über qualitative Ansätze: Was bedeutet "qualitativ"? Wie sie es ausdrücken, bedeutet der qualitative Ansatz für verschiedene Menschen Verschiedenes (S. 8). Genau das, was typisch "qualitativ" ist, hängt u.a. von der erkenntnistheoretischen Position des einzelnen Forschers ab: Denzin und Lincoln erwähnen u.a. Positivismus, Postmodernismus und Feminismus, die zur Frage, was unter "Realität" zu verstehen sei, unterschiedliche Meinungen vertreten. Auch die genaue Rolle von Theorie bei qualitativen Studien variiert unter den akademischen Fächern: Einige

Sozialwissenschaften (etwa Soziologie, Völkerkunde) betonen die *detaillierte Beschreibung einer spezifischen Situation* (z.b. zwischenmenschliche Beziehungen in einem Krankenhaus), wohingegen andere - z.b. die Psychologie und die Erziehungswissenschaften - typischerweise versuchen, über eine Beschreibung hinauszugehen und den *Theorienaufbau* in den Vordergrund zu stellen. Letztlich bedienen sich einige **quantitativ** arbeitende Forscher Erhebungsverfahren, die gewöhnlich als typisch qualitativ betrachtet werden (z. B. Interviews, teilnehmende Beobachtung), wogegen **qualitativ** orientierte Wissenschaftler nicht selten von quantitativen Prozeduren Gebrauch machen (z.b. deskriptive Statistik). Dies alles führt dazu, dass Forscher, die qualitativ arbeiten möchten, vor der "Qual der Wahl" stehen (Denzin und Lincoln, 1998, S. 22).

Die Dimensionen einer Untersuchungsanlage: Jede Untersuchungsanlage besitzt, unabhängig aus welcher Perspektive die Forschung betrachtet wird, sechs fundamentale Aspekte oder "Dimensionen":

- *Design* (z.b. Experiment, Quasi-Experiment, *ex-post-facto* Design, nicht-experimentelles Design)
- *Umgebung* (z.B. im Labor, in lebensnahen Situationen wie etwa Feldforschung)
- *Erhebungsverfahren* (z.b. mittels Instrumente, Tests oder Fragebögen, Beobachtung, Interviews)
- *Art von Daten* (z.B. Ratio-, Intervall-, Ordinal-, Nominaldaten, biografische Daten)
- *Auswertung* (z.b. statistische Analyse, bedeutungsorientierte Analyse)
- *Verallgemeinerungsstrategie*: (z.b. Vergrößerung des Geltungsbereichs von bestehender Theorie vs. Entwicklung neuer Theorie)

Termini wie etwa "Labor" oder "Fragebogen" sind Lesern bestimmt geläufig. Auch Ausdrücke wie "Intervalldaten" oder "statistische Analyse" gehören ebenso zum Alltag von vielen Diplomanden und Doktoranden. Mit anderen Fachausdrücken dürften sie jedoch weniger vertraut sein: zum Beispiel "bedeutungsorientierte Analyse." Diese und ähnliche Begriffe werden unten bzw. in späteren Kapiteln ausführlicher erläutert.

Der erste zu erklärende Begriff ist - vielleicht wider Erwarten - "Experiment." Auch wenn in den Sozialwissenschaften häufig die Rede vom "Experiment" ist, wird der Terminus nicht selten ungenau oder sogar

leichtfertig verwendet: Jede Erhebung, bei der Daten erhoben werden, um auf eine Fragestellung einzugehen, wird "Experiment" genannt. In diesem Buch wird Experiment exakter verstanden. Ein wahres experimentelles Design ist durch folgende Merkmale gekennzeichnet:
- (a) eine *Experimentalgruppe* (oder aber mehr als eine), die speziellen Bedingungen ausgesetzt wird, die eine Änderung erwirken sollen (d.h., die einer Behandlung unterworfen wird),
- (b) eine oder mehrere *Kontrollgruppe(n)*, die nicht behandelt werden oder eine Scheinbehandlung bekommen,
- (c) eine *systematische Stichprobenbildung* (Sampling) aus der entsprechenden Grundgesamtheit (Population),
- (d) *Anwendung des Zufallsprinzips* bei der Bildung der Experimental- und Kontrollgruppen.

Die Erfüllung dieser Bedingungen ermöglicht die *Kontrolle* konfundierender Variablen. Diese sind Einflussquellen, die - vom Forscher unbeabsichtigt und ungewollt - die Wirkung einer Behandlung in unbekanntem Ausmaß mit bestimmen und so die Stärke des Einflusses der eigentlichen, intendierten Behandlung verfälschen. Ein einfaches Beispiel wäre die Rolle der IQ-Werte von beteiligten Schulkindern in einer Studie von Leistungsunterschieden zwischen zwei Schulen. Die Lernbedingungen in der ersten Schule werden als besonders günstig, die in der zweiten dagegen als weniger wirkungsvoll empfunden. Nehmen wir an, die Kinder der ersten Schule konnten einen durchschnittlichen IQ-Wert von 130 aufweisen, diejenigen der zweiten nur 90. Eventuell auftauchende Leistungsunterschiede zwischen den Schulen ließen sich ebenso gut durch die IQ-Unterschiede wie durch Unterschiede in den Schulbedingungen erklären. Ein Forscher müsste die Effekte vom IQ *kontrollieren* (und auch die anderer potenzieller konfundierender Variablen), bevor er eventuelle durch die Schulen verursachte Effekte beweisen könnte. Häufig wird eine geschickte Stichprobenbildung eingesetzt, um die Wirkung konfundierender Variablen zu kontrollieren, z.B. im dargestellten Fall durch die Bildung von jeweils einer bzw. mehreren Vergleichsgruppen mit ähnlichen IQ-Werten in den Schulen.

Wenn Designs von den idealen Bedingungen abweichen - zum Beispiel, weil sich eine Stichprobenbildung nach dem Zufallsprinzip als unmöglich erweist (Quasi-Experiment) oder die Behandlung schon vor der Erhebung erfolgte (*ex-post-facto* Design) -, entsprechen sie nicht mehr den

Bedingungen eines wahren Experiments. Aus dem Blickwinkel eines echten Experiments besitzen nicht-experimentelle Designs eine oder mehrere der folgenden Schwächen:
  (a) es gibt keine spezifische und klar definierte Behandlung, deren Einfluss gemessen werden kann,
  (b) es fehlt eine Kontrollgruppe,
  (c) in die Stichprobe werden alle mit einbezogen, die bereit sind, teilzunehmen (d.h. kein Zufallsprinzip),
  (d) es fehlt die Kontrolle über potenzielle konfundierende Variablen.

Stereotyp quantitative und qualitative Untersuchungsanlagen: Um die folgende Diskussion zu vereinfachen, werden in diesem Abschnitt die oben dargestellten sechs Dimensionen von Untersuchungsanlagen als dichotom betrachtet, auch wenn dies offensichtlich eine starke Vereinfachung bedeutet. Es liegt z. B. auf der Hand, dass die Untersuchungsumgebung eigentlich ein Kontinuum bildet. Am einen Pol befinden sich reine Laborbedingungen, in denen der Forscher alles unter Kontrolle hat. Am anderen Pol handelt es sich dagegen um Feldbedingungen, wo alles wie im normalen Leben läuft, ob dies dem Forscher und der Forschung nun dienlich ist oder nicht. Dazwischen allerdings liegt eine Vielzahl von Zwischenstationen, bei denen ein stets kleiner werdender Anteil der Umgebung kontrolliert werden kann.

Als Beispiel dient etwa eine Erhebung über Interaktionen zwischen Mutter und Kind. Die Erhebung könnte im Labor stattfinden: Mutter und Kind befänden sich in einem schallisolierten Raum, in dem sonst nur vom Forscher festgelegte Möbelstücke zu finden wären. Die Mutter dürfte ihrem Kind lediglich das mitteilen, was der Forscher vorher instruierte. Durch einen Einwegspiegel würden die Verhaltensweisen des Paares von einem Forscherteam ohne jedweder Interaktion zwischen Forschern und Teilnehmern beobachtet und mittels einer entsprechenden Skala einem Ratingverfahren unterworfen. Im Gegensatz dazu stünde eine Erhebung, die in der gewohnten Umgebung der Mutter-Kind-Paare durchgeführt würde. Das Leben würde seinen tagtäglichen Verlauf nehmen: Es könnte klingeln, das Kind könnte sich einen Kratzer zuziehen, ein Handwerker könnte auftauchen, usw. Die Mutter müsste sich den Umständen entsprechend verhalten und die Interaktion mit dem Kind auch nach diesen Umständen richten, egal, welche Folgen dies für die Erhebung hätte. So dargestellt lässt sich mühelos eine Dichotomie erkennen. Aber ebenso vorstellbar sind eine lange Reihe dazwischen liegender Designmöglichkeiten - mal den Laborbedingungen eher ähnlich, mal der Situation zu Hause - und so bildet sich ein Kontinuum. Allerdings macht eine Dichotomisierung die Diskussion viel transparenter und wird daher in diesem Kapitel vorgenommen.

Aus sechs dichotomen Dimensionen ergeben sich 64 denkbare Kombinationen, die hier als "Idealtypen" von Untersuchungsanlagen betrachtet werden und von denen alle zumindest theoretisch möglich wären. Denkbar wäre z.b. die Bildung nach dem Zufallsprinzip sowohl einer Experimental- als auch einer Kontrollgruppe (um so den Bedingungen für ein "echtes" Experiment zu entsprechen) und anschließend die Durchführung von Interviews, ein eher für nicht-experimentelle Designs typisches Erhebungsverfahren. Es besteht zudem eine Art "Korrelation" zwischen den Dimensionen der Untersuchungsanlage. Am offensichtlichsten ist vielleicht, dass die Untersuchungsumgebung das Design bedingt: im Falle von Feldforschung z.B. ist ein experimentelles Design so gut wie unmöglich, da sich sowohl die Anwendung des Zufallsprinzips bei der Stichprobenbildung als auch die Erhebung von Daten durch Laborinstrumente als äußerst schwierig erweisen würde. Ein zweites Beispiel: Rein biografische Daten können nicht einer statistischen Analyse unterworfen werden, obwohl eine Ableitung numerischer Daten aus etwa Interviews auf keinen Fall undenkbar wäre (s. Diskussion von "Mischmethoden").

Praktisch betrachtet erweisen sich zwei der 64 theoretisch denkbaren Kombinationen von Design, Umgebung, Erhebungsverfahren, Art von Daten, Datenauswertung und Verallgemeinerungsstrategie als besonders hilfreich:

1. Ein experimentelles Design im Labor, das objektive Erhebungsverfahren anwendet, die numerische Daten liefern. Diese werden einer statistischen Analyse unterworfen, um formale (Null)hypothesen zu prüfen. Diese Variante verkörpert den stereotyp **quantitativen** Ansatz.
2. Ein nicht-experimentelles Design in einer lebensnahen Umgebung, wie etwa Feldforschung, in dessen Rahmen verbale (mündliche bzw. geschriebene) Berichte erstattet werden, die die persönlichen Nachbildungen der Teilnehmer von für den Forscher interessanten

Aspekten ihrer Lebenswelt (ihrer "Realität") enthalten und die mittels einer Inhaltsanalyse analysiert werden. Diese Kombination der Dimensionen definiert einen stereotyp **qualitativen** Ansatz.

Um den Unterschied zwischen quantitativen und qualitativen Ansätzen so nachvollziehbar wie möglich zu veranschaulichen, habe ich bewusst aus allen denkbaren Kombinationen die zwei gewählt, die einander am wenigsten ähneln. Diese zwar stark vereinfachten, doch sehr gut durchschaubaren Darstellungen werden in Tabelle 1.1 (S. 26) zusammengefasst. Dies hat zu einer erkenntnistheoretischen Konfundierung geführt - zwischen Forschungs*ansatz* (qualitativ vs. quantitativ; eigentlich das, wofür wir uns hier interessieren) und Forschungs*orientierung* (Grundlagenforschung vs. anwendungsorientierte Forschung). In Wirklichkeit vergleicht Tabelle 1.1 quantitative *Grundlagen*forschung mit qualitativer *anwendungsorientierter* Forschung und macht deswegen den Eindruck, es gäbe keine qualitative Grundlagenforschung bzw. keine quantitative anwendungsorientierte Forschung. Aber Tatsache ist, dass es in beiden Bereichen - besonders im zweiten - sowohl eine umfangreiche methodologische Literatur als auch eine starke Forschungstradition gibt. Auch muss betont werden, dass die meisten tatsächlich durchgeführten Erhebungen vom perfekten Stereotyp sowieso abweichen. Trotz solcher Einchränkungen, veranschaulicht die Tabelle wirkungsvoll die Unterschiede zwischen qualitativen und quantitativen Forschungsansätzen.

Die "Wissenschaftlichkeit" qualitativer Ansätze: Der in Tabelle 1.1 dargestellte stereotyp quantitative Ansatz entspricht gut dem Inbegriff der Wissenschaftlichkeit, wie sie in der traditionellen Methodenlehre verstanden wird. Im Gegensatz dazu, scheint der stereotyp qualitative Ansatz kaum über alltägliche Interaktionen mit anderen Menschen und informelle Ziehung von Schlussfolgerungen auf der Basis dieser Interaktionen hinauszugehen. Alle Menschen tun dies ständig. Wie kann eine solche Herangehensweise als wissenschaftlich gelten? Wie Kromrey (2000) betont, gibt es für die Sozialwissenschaften auch ein inhaltliches Problem: Sozialwissenschaftliche Erkenntnisse müssen mit den sich aus dem Alltagsleben ergebenden Erfahrungswerten von "normalen" Menschen sogar konkurrieren. Diese haben sich in der realen Welt bewährt: Die Leute kommen mit dem Leben mehr oder weniger gut aus. Stimmen die wissenschaftlichen Befunde mit den Erfahrungswerten überein, sind sie "banal".

Tabelle 1.1: Merkmale stereotyp quantitativer und qualitativer Ansätze

Dimension	Quantitativer Ansatz	Qualitativer Ansatz
Design	experimentell	nicht-experimentell
Umgebung	im Labor	im realen Leben
Datenerhebungsverfahren	mittels Instrumenten (z.b. elektronische oder mechanische Geräte, Tests, standardisierte Fragebögen, Skalen)	mittels Aussagen der Teilnehmer, entweder bestehender (z.b. Tagebücher) oder neuer (z.b. Interviews)
Art von Daten	numerische Daten (Verhältnis-, Intervall-, Ordinaldaten)	deskriptive Daten (z.b. Protokolle, Tonband- oder Videoaufnahmen)
Auswertung	statistische Analyse	bedeutungsorientierte Analyse - Inhaltsanalyse
Verallgemeinerungsstrategie	Hypothesenprüfung (deduktives Denken)	Hypothesenentwicklung (induktives Denken)

Tun sie es nicht (d.h. sind sie "überraschend" - s. Kapitel 6), so sind sie weltfremd und stammen aus dem "Elfenbeinturm".

Die Auseinandersetzung von Shaughnessy und Zechmeister (1997) mit dieser Problematik ist sehr hilfreich. Sie stimmen zu, dass sich sowohl qualitativ arbeitende Wissenschaftler als auch "Nicht-Wissenschaftler" (1997, S. 80) mittels Beobachtung von Menschen in alltäglichen Situationen ein Verständnis menschlicher Verhaltensweisen entwickeln. Die entscheidenden Unterschiede liegen nicht in dem, *was* sie tun bzw. wie viel davon sie tun, sondern *wie* sie es tun: die Unterschiede zwischen Wissenschaftlern und Nicht-Wissenschaftlern sind eher **qualitativ**. Laut Shaughnessy und Zechmeister (1997) bestehen diese Unterschiede in drei Bereichen und zwar:

1. *Organisation der Beobachtungen*: Nicht-wissenschaftliche Beobachtungen sind informell und unsystematisch und zum größten Teil unbewusst, wogegen wissenschaftliche Beobachtungen bewusst, systematisch und zielgerichtet sind. Die Ziele stehen vor Anfang des Beobachtungsprozesses fest.
2. *Bewusstsein für verzerrende Faktoren*: Nicht-Wissenschaftler sind sich der Verzerrungsprozesse, die infor-

melle Beobachtung kennzeichnen und in der Literatur zur Wahrnehmungspsychologie dargestellt werden, zum Großteil unbewusst. Wissenschaftler dagegen müssen sie sehr stringent im Auge behalten.[3]

3. *Fixierung von Daten*: Nicht-Wissenschaftler verlassen sich auf informelle Prozesse der Datenverarbeitung und -abspeicherung. Die damit verbundenen Probleme sind zumindest seit Bartlett (1932) bekannt. Wissenschaftler machen von formellen, organisierten Datenerhebungsverfahren Gebrauch und fixieren die Daten mithilfe schriftlicher bzw. elektronischer Mittel.

Diesen drei Dimensionen möchte ich drei weitere hinzufügen:

4. *Auswertung*: Nicht-Wissenschaftler ziehen Schlussfolgerungen auf unsystematische Art und Weise und berücksichtigen kaum die Wirkung ihrer eigenen Erwartungen und Vorurteile. Häufig unterscheiden sie nicht zwischen Spekulationen u.ä. und sich strikt aus den Daten ergebenden Befunden. Wissenschaftler sind sich solcher verzerrenden Faktoren bewusst. Sie unterscheiden auch konsequent zwischen wissenschaftlich gesicherten Schlussfolgerungen und vorläufigen Hypothesen, Spekulationen, Wunschdenken u. ä.

5. *Verallgemeinerung*: Nicht selten verallgemeinern Nicht-Wissenschaftler die Ergebnisse von Punkt 4 fast leichtsinnig. Wissenschaftler, auf der anderen Seite, sind sich der Grenzen der Übertragbarkeit ihrer Schlussfolgerungen bewusst. Wissenschaftliche Diskussionen von Übertragungsmöglichkeiten werden häufig eher als Hinweise auf eventuell notwendige neue Untersuchungen dargestellt.

6. *Kommunikation*: Nicht selten interessiert Nicht-Wissenschaftler in erster Linie Überzeugungsarbeit. Dies führt dazu, dass sie häufig sehr oberflächlich und undifferenziert argumentieren und auf die Darstellung von Details verzichten. Wissenschaftler dagegen stellen

---

[3] Diese Verzerrungsfaktoren werden eingehender in Kapitel 3 besprochen (z.B. selektive Wahrnehmung, Dissonanzvermeidung bzw. "Verschiebungen" von Bedeutung).

die Prozesse, die zu ihren Schlussfolgerungen führten, ausführlich dar. Sie machen auch auf Aspekte ihrer eigenen Arbeit aufmerksam, bei denen Vorsicht eventuell angebracht wäre. Hier finden wir den Kernunterschied zwischen wissenschaftlichen und nichtwissenschaftlichen Texten, etwa Journalismus, Populärwissenschaft oder Belletristik: Letztere haben als Ziel die Gewinnung der Aufmerksamkeit einer allgemeinen Leserschaft, um den Absatz zu erhöhen, wogegen Wissenschaftler versuchen, eine sachkundige Fachleserschaft gut zu informieren, um sie in der Lage zu versetzen, sich mit einer Fragestellung auseinander zu setzen und darüber gut informiert Entscheidungen zu treffen, auch wenn diese den Meinungen des Autors möglicherweise nicht entsprechen.

Die wesentlichen, praktischen Unterschiede zwischen qualitativen und quantitativen Ansätzen beziehen sich auf die Formulierung der Fragestellung, die Art von Daten, die erhoben werden, die Auseinandersetzung mit diesen Daten im Rahmen der Auswertung und den Schlussfolgerungsprozess. In qualitativen Studien tauchen auch besondere Fragen der Stichprobenbildung, Datenauswertung, Theorienbildung, Verallgemeinerung und Ableitung von Richtlinien für die Praxis auf. Diese dürfen zwar andersartig sein als diejenigen, die für **quantitative** Studien typisch sind, *sie sind jedoch nicht notwendigerweise leichter bzw. schwieriger zu lösen*. Auch die Unterschiede zwischen den Ansätzen können als qualitativ verstanden werden!

Kriterien der wissenschaftlichen Güte
Es wirft sich jetzt die Frage auf, nach welchen Kriterien die zwei Ansätze auf Stärken und Schwächen zu prüfen sind: "Was ist "richtig" durchgeführte Forschung?" Folgender Abschnitt bietet Anhaltspunkte für eine Auseinandersetzung mit dieser Frage.

Reliabilität und Validität: Die technische Güte von Forschung basiert auf zwei Kriterien: *Reliabilität* und *Validität*. Letztere hat zwei Aspekte - interne Validität und externe Validität (s. unten). Obwohl sich die Grundgedanken ähneln, haben Reliabilität und Validität hier eine etwas andere Bedeutung als in der messtechnischen Diskussion. Ausschlaggebend für ihre Bedeutung im vorliegenden Buch sind folgende Gedanken:

1. Unter der *Reliabilität* einer Untersuchung wird hier die Höhe der Wahrscheinlichkeit verstanden, dass ein anderer Forschungsleiter, der die Untersuchung wiederholen würde, zu gleichen Ergebnissen käme, auch mit neuen Teilnehmern. Im Falle von *hoch* reliablen Befunden ist diese Wahrscheinlichkeit - im Gegensatz zu weniger reliablen Studien - hoch. Die praktische Wichtigkeit von Reliabilität ergibt sich daraus, dass sich lediglich aus reliablen Befunden Verallgemeinerungen ableiten lassen, d.h. nicht-reliable Forschung kann eine interessante Diskussion in Gang setzen, diese muss sich jedoch auf eine spezifische Interaktion zwischen einem bestimmten Forschungsleiter und seinen Teilnehmern beschränken. Aus diesem Grund ist Reliabilität für Validität eine unentbehrliche Voraussetzung.

2. Die *interne Validität* einer Untersuchung bezieht sich auf die Wahrscheinlichkeit, dass die in der Untersuchung gefundenen Zusammenhänge zwischen Variablen "echt" sind und sich nicht aus der Wirkung konfundierender Variablen (s. oben) ergeben. Am leichtesten ist dieses Merkmal durch die Idee der Kausalität zu veranschaulichen: Nehmen wir z.B. an, dass in einem Mathe-Test in einem beliebigen Klassenzimmer die Jungen besser abschnitten als die Mädchen. Eine schnelle, möglicherweise leichtfertige Schlussfolgerung wäre, dass es geschlechtsbezogene Unterschiede in der mathematischen Begabung gäbe. Aber nehmen wir weiter an, dass die an dieser Studie beteiligten Mädchen als Gruppe aus irgendwelchen Gründen zu Mathe eine besonders stark ausgeprägte negative Einstellung hätten, wohingegen Mathe für die Jungen das Lieblingsfach wäre. Es ist leicht denkbar, dass nicht Begabung im Sinne eines Potenzials, Mathe zu beherrschen, die Leistungsunterschiede ver-

ursachte, sondern motivationale, Interessens- und ähnliche Faktoren. Mangelnde Kontrolle der konfundierenden Variablen würde dazu führen, dass die interne Validität der Studie fraglich bliebe. "Fraglich," da die Wirkung von Motivation usw. nicht bewiesen, sondern nur möglich ist.

3. Die *externe Validität* einer Untersuchung wird durch das Ausmaß der Übertragbarkeit der Befunde auf neue Umgebungen - insbesondere lebensnahe Situationen - bestimmt. Sagen wir z.B., dass ein Forscher auf Basis einer Laborerhebung zu dem Schluss kam, dass in stressigen sozialen Situationen ein freundliches Lächeln eine freundschaftliche Reaktion anstatt Ärger hervorruft. Wenn sich dieser Befund auch in Situationen des tagtäglichen Lebens, wie etwa nach einem Autounfall, tatsächlich bestätigte und Aggressionen abwenden könnte, wäre die externe Validität dieser Untersuchung hoch.

Einige wichtige allgemeine Prinzipien müssen im Rahmen der Diskussion von Reliabilität und Validität als Merkmale von Untersuchungsanlagen berücksichtigt werden:

1. *Reliabilität und Validität sind nicht entweder völlig anwesend bzw. völlig abwesend.* Sie können stark bzw. schwach ausgeprägt sein oder in verschiedenen Studien über alle Zwischenstationen variieren. Ihr Ausprägungsgrad kann mittels eines Koeffizienten ausgedrückt werden, der zwischen 0,00 (völlig abwesend) und 1,00 (perfekt) schwanken kann, wobei alle Zwischenwerte möglich sind. Im Prinzip könnte die eine Untersuchung hoch reliabel/valide, eine zweite wenig reliabel/valide sein, eine dritte dazwischen liegen usw.

2. *Reliabilität und Validität müssen nicht notwendigerweise kovariieren.* Im Prinzip könnte eine Untersuchung etwa hoch reliabel sein, gleichzeitig aber über eine niedrige Validität verfügen (oder umgekehrt), obwohl aus praktischen Gründen, die unten erörtert werden, ein Zusammenhang besteht. Theoretisch jedoch erfolgt dies nicht zwangsläufig.

3. *Perfekte Reliabilität und Validität sind Idealvorstellungen* oder Traumziele, die in der Praxis niemals erreicht werden.

Sie sind kein Endzustand, der von "guter" Forschung erreicht wird, von "schlechter" nicht. Forscher versuchen, ihre Untersuchungen so zu gestalten, dass sie so nahe wie nur möglich dem Ideal entsprechen.
4. *Reliabilität und Validität sind theoretische Merkmale einer Untersuchung.* Die entsprechenden Koeffizienten werden niemals ausgerechnet. Folgerichtig bedeutet die Aussage, eine bestimmte Untersuchung hätte etwa "hohe interne Validität," dass sie Qualitäten hat, die bekanntlich mit hoher interner Validität einhergehen (z.B. Stichprobe nach dem Zufallsprinzip, Kontrollgruppe, usw.) und dass daher von einer hohen internen Validität auszugehen sei.
5. *Reliabilität und Validität sind Wahrscheinlichkeitseinschätzungen.* Wenn eine Erhebungsanlage wissenschaftlichen Anforderungen entspricht, so erhöht dies die Wahrscheinlichkeit, dass sie reliabel und valide sein wird. In der Praxis jedoch, wissen wir nicht, ob hohe Reliabilität und Validität tatsächlich vorhanden sind, sondern lediglich, dass es so aussieht, als stünden die Chancen günstig.
6. *Reliabilität und Validität sind eher Potenziale einer Anlage.* Die Aussage etwa, dass eine bestimmte Untersuchung ein experimentelles Design anwendet und daher über hohe interne Validität verfüge, bedeutet lediglich, dass sie das Potenzial hat, hoch valide zu sein. Um etwas konkreter zu werden: Über **qualitative** Studien wird häufig berichtet, sie hätten hohe externe Validität, d.h. ihre Befunde ließen sich leicht und plausibel auf die reale Welt übertragen, wohingegen **quantitative** Studien hohe interne Validität besitzen dürften (z. B. statistisch signifikante Befunde seien eindeutig auf den hypothetischen Kausalfaktor zurückzuführen). Eigentlich dürften wir lediglich sagen, dass spezifische Studien, die einen bestimmten Ansatz anwenden, deswegen eine erhöhte bzw. eine niedrigere Wahrscheinlichkeit besitzen, etwa hoch valide Befunde zu liefern und nicht, dass dies garantiert wird. Selbstverständlich können qualitative wie auch quantitative Studien methodologisch fehlerbehaftet durchgeführt werden, mit dem Ergebnis einer geringen Reliabilität

bzw. Validität. Auf ähnliche Weise bedeutet die Aussage, dass qualitative Studien durch niedrige interne Validität gekennzeichnet sind nicht, dass solche Studien auf keinen Fall intern hoch valide sein können, sondern eher, dass dies bei solchen Studien schwieriger zu erreichen ist.
7. *Es besteht die Möglichkeit, Reliabilität/Validität zu fördern.* Um dies zu erreichen, muss eine Untersuchungsanlage Merkmale aufweisen, die bekanntermaßen Reliabilität und Validität erhöhen. Im Falle **quantitativer** Studien sind Aspekte wie Bildung von Zufallsstichproben und Kontrolle konfundierender Variablen Beispiele für solche Merkmale. Wie man die Reliabilität und Validität qualitativer Untersuchungen erhöht, wird in Kapitel 6 dargestellt. Selbstverständlich ist es auch möglich, Reliabilität und Validität durch Missachtung der Regeln der "guten" Praxis zu "behindern" bzw. "gefährden". Auch ist möglich, dass Stärken hinsichtlich verschiedener Dimensionen einer Untersuchung (d.h. Design, Umgebung, Erhebungsverfahren usw.) Schwächen zumindest zum Teil ausgleichen können. Aus diesen Gründen ist es sinnvoll zu betonen, dass die verschiedenen Dimensionen nicht hohe Reliabilität und Validität gewährleisten, sondern dass sie für diese "förderlich" bzw. "hinderlich" sind.
8. *Nicht alle Dimensionen einer spezifischen Untersuchungsanlage sind notwendigerweise gleich günstig/hinderlich.* In ein und derselben Untersuchung könnten sich einige Aspekte der Anlage als förderlich, andere dagegen als hinderlich erweisen. In einer **quantitativen** Untersuchung z.B. wäre eine Erhebung mittels standardisierter Verfahren (Tests usw.) der internen Validität zuträglich, Schwächen der Stichprobenbildung jedoch (vielleicht wegen Schwierigkeiten bei der Rekrutierung von Teilnehmern), eher abträglich.
9. *Die Folgen der besonderen Form einer Dimension können für die drei Kriterien unterschiedlich sein.* Z.B. könnte ein spezifisches Design für die interne Validität förderlich sein, für die externe jedoch hinderlich.

10. *Eine spezifische Untersuchungsanlage ist immer eine Kompromisslösung.* In der Praxis ist kaum damit zu rechnen, dass sich alle Dimensionen einer bestimmten Untersuchungsanlage für Reliabilität und Validität als ideal erweisen werden. Eine spezifische Anlag bildet ein "Paket" mit Stärken und Schwächen und es ist die Aufgabe des Forschers, für Reliabilität und Validität förderliche Aspekte zu stärken und hinderliche in Grenzen zu halten, damit das Paket so günstig wie möglich ausfällt.

"Optimierung" vom Untersuchungsaufbau: Jede Untersuchungsanlage sollte Reliabilität, interne Validität und externe Validität *optimieren*, d.h. so viel wie nur möglich unternehmen, um zu erreichen, dass die Untersuchung wiederholbar ist, angebliche Zusammenhänge zwischen Variablen nicht durch konfundierende Variablen bedingt sind und dass die Befunde übertragbar sind. Der Terminus "optimieren" soll verdeutlichen, dass es sich um ein Idealbild handelt, an welches man so nah kommen sollte, wie unter den konkret bestehenden Bedingungen möglich ist. Oben wurde betont, dass Reliabilität und Validität unabhängig voneinander variieren können: Ein bestimmtes Reliabilitäts- bzw. Validitätsniveau geht nicht automatisch mit einem ähnlichen Niveau des anderen Kriteriums einher. Trotz dieser Aussage bestehen in der Praxis doch Zusammenhänge. Um ein wichtiges Beispiel zu nennen: Aus Aspekten einer Untersuchungsanlage, die für hohe Reliabilität und interne Validität günstig sind (z.B. Durchführung in einem Labor unter Anwendung standardisierter Erhebungsverfahren) ergeben sich nicht selten Behinderungen für die externe Validität (Schwierigkeiten bei der Übertragung der Befunde auf das tagtägliche Leben). Von Forschern wird kaum zu erwarten sein, dass sie alles perfekt machen - diese Forderung würde die meisten Diplomanden und Doktoranden sicherlich einschüchtern -, sondern, dass sie ihr Bestes geben, um eine optimale Kombination von Bedingungen zu erreichen. Auch ist es sehr wichtig, eventuelle Schwachstellen im Auge zu behalten und sie soweit wie möglich durch andere Aspekte der Anlage auszugleichen und sie ebenfalls im Rahmen der Interpretation und Berichterstattung (s. Kapitel 6) zu berücksichtigen. Daraus ergibt sich das, was hier als *Optimierung* der Untersuchung bezeichnet wird.

Untersuchungsanlage, Reliabilität und Validität: Das Verhältnis zwischen den in Tabelle 1.1 dargestellten "Dimensionen" von Untersuchungsanlagen (d.h. Design, Umgebung, Erhebungsverfahren, Datenart, Auswertungstypus und Verallgemeinerungsstrategie) und Reliabilität und Validität ist systematisch. Zumindest theoretisch ist bekannt, zu welchen Folgen die verschiedenen Aspekte der Untersuchungsanlage - z.B. verschiedenartige Designs oder unterschiedliche Herangehensweisen an die Datenauswertung - bezüglich Reliabilität und Validität führen. Diese Folgen werden in Tabelle 1.2 zusammengefasst (s. nächste Seite).

Es muss jedoch erneut betont werden, dass die in der Tabelle dargestellten "Risiken" auf keinen Fall unabwendbare Folgen einer bestimmten Untersuchungsanlage sind. Sie sind eher als Behinderungen oder Gefahren zu betrachten. Z.B. steht in Tabelle 1.2, dass nicht-experimentelle Designs für die interne Validität "hinderlich" sind. Hier soll nicht davon ausgegangen werden, dass bei allen Untersuchungen mit einem nicht-experimentellen Design die interne Validität automatisch und immer niedrig ist. Eher bedeutet die Anmerkung in der Tabelle, dass sich der Forscher, der eine nicht-experimentelle Studie durchführt, besonders bemühen muss, seine Untersuchung intern valide zu gestalten. Auf ähnliche Weise, auch wenn experimentelle Designs für die interne Validität als höchst förderlich gekennzeichnet werden, wird dies nicht gewährleistet, sondern es ist lediglich leichter zu erreichen.

Wie aus der Kombination von Informationen aus den Tabellen 1.1 und 1.2 ersichtlich wird, bieten weder qualitative noch quantitative Ansätze ideale Bedingungen für alle Aspekte von Reliabilität und Validität, obwohl beide Ansätze Stärken wie auch Schwächen besitzen. Dies wirft die Frage auf, ob Mischansätze, die förderlichen Aspekte beiderlei Ansätze heranzögen, Reliabilität und Validität nicht erhöhen könnten. In der Tat gibt es diesbezüglich eine Fachliteratur (z.B. Tashakkori und Teddlie, 1998). Über Mischmethoden wird in Kapitel 4 weiter berichtet.

Überarbeiteter Validitätsbegriff: Kvale (1995) kritisiert die ihm übertrieben erscheinende Hervorhebung eines spezifischen Validitätsbegriffs in der herrschenden Lehrmeinung. Er machte drei Annahmen aus, die der konventionellen Diskussion zu Grunde liegen sollen: Es wird erstens angenommen, dass eine objektive Wirklichkeit (Realität) bestünde; zweitens, dass Menschen über akkurates Wissen über diese Realität verfügten und drittens, dass es folgerichtig die Aufgabe von Forschung sei, eine genaue "Landkarte" dieser Realität zu zeichnen. Wäre der Grad der Übereinstimmung zwischen dieser Landkarte und den "Tatsachen" der als objektiv verstandenen "Realität" hoch, so würde die Studie als valide gelten.

Tabelle 1.2: Forschungsdimensionen, Reliabilität und Validität

Dimension der Anlage	Reliabilität	Interne Validität	Externe Validität
Design			
Echtes Experiment	höchst förderlich	höchst förderlich	hinderlich
Quasi-Experiment	günstig	günstig	weniger hinderlich als Experiment
Ex-post-facto	günstig	günstig	weniger hinderlich als Experiment
Nicht-experimentell	hinderlich	hinderlich	eher günstig
Umgebung			
Labor	höchst förderlich	höchst förderlich	hinderlich
Reales Leben	hinderlich	hinderlich	sehr günstig
Datenerhebung			
Instrumente, Tests, Fragebögen, usw.	höchst förderlich	höchst förderlich	hinderlich
Aussagen der Teilnehmer	hinderlich	hinderlich	höchst förderlich
Typen von Daten			
Numerische	höchst förderlich	höchst förderlich	hinderlich
Deskriptive	hinderlich	hinderlich	höchst förderlich
Auswertung			
Statistische Analyse: Hypothesenprüfung	höchst förderlich	höchst förderlich	hinderlich
Inhaltsanalyse	hinderlich	hinderlich	höchst förderlich

Obwohl er diesem Validitätsbegriff kritisch gegenübersteht, lehnt Kvale Validität als Wissenschaftskriterium nicht einfach ab. Eher betont er, dass sie in **qualitativen** Untersuchungen spezielle Konturen habe (z.B. 1995). Er plädiert für eine Definition von Validität, die sich aus der klassischen Wahrheitsphilosophie ergeben und die "kartografische" Herangehensweise ersetzen sollte. Nach Kvale gibt es zwei Kriterien der Validität:
1. das "Kohärenz"-Kriterium, das sich aus der Konsistenz und der internen Logik einer Studie ergibt;
2. das "Pragmatismus"-Kriterium, das sich aus der praktischen Nützlichkeit einer Untersuchung ergibt.

Kohärenz setze ich mehr oder weniger mit interner Validität gleich, während Pragmatismus eher der externen Validität entspricht. Diese Kriterien gelten für sowohl qualitative als auch quantitative Forschung, im Falle von **qualitativen** Untersuchungen sind sie jedoch von besonderer Bedeutung. In der quantitativen Forschung wird das zweite (das Pragmatismus-Kriterium) nicht selten zu Gunsten der traditionell definierten internen Validität vernachlässigt. Im vorliegenden Buch wird eine ähnliche Position wie Kvales vertreten: Ich behalte den Validitätsbegriff als Kernkriterium der Wissenschaftlichkeit bei, hebe jedoch Konsistenz, Logik und praktische Anwendbarkeit als Kriterien der Validität hervor.

Die Merkmale einer reliablen und validen Untersuchung sind:
- *Konsistenz*: Die Argumentation ist schlüssig und zusammenhängend
- *Logik*: Die Argumentation ist nachvollziehbar
- *Nützlichkeit*: Die Befunde der Untersuchung lassen sich leicht auf das reale Leben übertragen und anwenden

Kapitel 2

Die Kernmerkmale qualitativer Forschungsansätze

> Qualitative Forschung wird von einigen Autoren als eine Technologie betrachtet - etwa Interview- oder Datenverarbeitungstechnik - und es gilt, sie auswendig zu lernen und dann immer wieder schablonenartig anzuwenden. Selbstverständlich sind die Forschungstechniken wichtig, besonders für Forschungsleiter, die Forschung lieber betreiben als besprechen! Darüber hinaus muss zugegeben werden, dass geforscht werden kann, ohne sich zu sehr um theoretische Grundlagen zu kümmern. Aber der qualitative Ansatz hat sowohl eine Geschichte (s. Kapitel 1) als auch ein theoretisches Fundament. Eine detaillierte Darstellung dieser ginge zwar über mein Ziel (eine Einführung in die Forschungs*praxis*) hinaus, jedoch möchte ich sie nicht einfach ignorieren. Das Verhältnis qualitativer und quantitativer Forschungsansätze ist *komplementär,* d.h. sie sind keine rivalisierenden Herangehensweisen, sondern sie ergänzen einander und tragen beide zum Prozess der Vergrößerung unseres Erkenntnisstandes bei. Es bleibt jedoch zu betonen, dass die qualitative Methodologie spezielle Forschungsprobleme herbeiführt und darüber hinaus vom Forscher eine z.T. andersartige Qualifikation erfordert als die quantitative. Auf diese Aspekte wird in diesem Kapitel eingegangen. Die qualitative Forschungstechnologie wird in den späteren Kapiteln dargestellt.

Erkenntnistheoretische Merkmale qualitativer Untersuchungen
Die kennzeichnenden Merkmale der qualitativen Erkenntnislehre können anhand von drei Dimensionen dargelegt werden: ihrer Ontologie (d.h. ihr Verständnis der Realität), ihrer Epistemologie (die Fragen, die vornehmlich behandelt werden) und ihrer Methodologie (das Vorgehen bei der Beantwortung dieser Fragen).
    1. *Ontologie*: Der qualitative Ansatz basiert auf der Annahme, dass jeder Mensch aus seinen Erfahrungen mit dem Leben und der Welt sich seine eigene, individuelle "Realität" erschafft. Demnach ist die Realität erstens *eine persönliche interne Nachbildung der eigenen Erfahrungen* (in englischer Sprache häufig "construction" genannt) und

zweitens ist sie deshalb *von Person zu Person eine andere*. Die persönliche Realität jeder Einzelperson wird jedoch durch Interaktionen mit anderen Menschen stark beeinflusst, d.h. *sie wird drittens "sozial gestaltet"*. Basierend auf diesen drei Prinzipien ergibt sich ein besonderes Menschenbild: Menschen sind keine "Objekte," die passiv hinnehmen, was immer eine objektive, konstante, externe Wirklichkeit bietet, sondern sie sind "Akteure," die sich aktiv mit der Außenwelt auseinander setzen, um daraus ihre eigenen Schlussfolgerungen ableiten zu können (d.h. sie bauen eine eigene Realität auf).
2. *Epistemologie*: Qualitative Ansätze betonen drei Fragestellungen. Erstens: Wie geben Menschen der Außenwelt Sinn? Zweitens: Welche Folgen leiten Menschen aus ihren Nachbildungen der Realität für ihr Verhalten ab und wie geschieht dies? Drittens: Wie teilen sie ihre Sicht der Realität anderen Menschen mit?
3. *Forschungsmethodologie*: Die Sozialwissenschaften sind *Erfahrungswissenschaften*, die zu erfahrungs**un**abhängigen Wissenschaften einen Gegensatz bilden. Bei den letztgenannten wird der Erkenntnisstand entweder durch logisches Schlussfolgern (z.B. Philosophie, Mathematik) oder durch Anwendung der Regeln eines in sich geschlossenen Systems von Axiomen (als unbestreitbar betrachteten Grundannahmen), wie etwa Theologie oder Marxismus, erweitert. In den Sozialwissenschaften, dagegen, wird der Erkenntnisstand durch die systematische Beobachtung der Außenwelt und die Herausarbeitung von Schlussfolgerungen erweitert. Im Fall der qualitativen Forschung besteht dieser Prozess aus vier Schritten:
   - direkte *Beobachtung* einer bzw. mehrerer Personen in einer für den Forscher interessanten lebensnahen Umgebung und Fixierung dessen, was vor sich geht, bzw. Feststellung *durch aktive Befragung der Teilnehmer*, wie sie ihr tagtägliches Leben subjektiv erleben. Diese Beschreibungen erfolgen zu meist in verbaler, sehr häufig in gesprochener Form.

- *Protokollierung* dessen, was die Teilnehmer sagen (oder aber auch schreiben), bzw. wie sie sich verhalten. Dieser Schritt führt in den meisten Fällen zu einer Niederschrift (einem Protokoll), auch wenn das Material ursprünglich aus einer Videoaufzeichnung oder einem Tonbandmitschnitt bestand.
- *Interpretation* der Protokollinhalte. Der Zweck dieser Interpretation ist in erster Linie eine formalisierte Beschreibung der untersuchten Umgebung *anhand sozialwissenschaftlicher Begriffe*. Sie definieren die "Befunde" der Untersuchung.
- *Verallgemeinerung* der Befunde durch Herausarbeitung des Bezugs zu anderen Personengruppen oder Umgebungen bzw. durch den Ausbau bestehender Theorien (oder aber auch beides). Aus diesen Verallgemeinerungen ergeben sich die "Schlussfolgerungen" bezüglich der Untersuchung.

Vergleich mit quantitativen Methoden: Die besondere Wesensart der Ontologie, Epistemologie und Methodologie qualitativer Forschungsansätze kann durch einen Vergleich mit der quantitativen veranschaulicht werden. Letztere ist den meisten Studierenden, die eine Einführung in die Forschungsmethoden absolviert haben, bereits bekannt. Kern der Ontologie **quantitativer** Methoden ist der *Positivismus*, eine erkenntnistheoretische Anschauung, die auf folgenden Prinzipien basiert:

1. Wenn wir sozialwissenschaftliche Forschung betreiben, haben wir mit *festumrissenen Merkmalen* von Menschen zu tun.
2. Diese Merkmale sind *bei allen Menschen zu finden* und *sie sind bei allen Menschen ähnlich*.
3. Bei verschiedenen Menschen sind sie *unterschiedlich stark ausgeprägt*.
4. Forscher verfügen über die für die Merkmale passenden *Messtechniken* - der Grad ihrer Ausprägung ist daher *messbar*.
5. Wir sind in der Lage, den Ausprägungsgrad *numerisch* auszudrücken.
6. Versuchspersonen müssen sich nicht notwendigerweise dessen bewusst sein, was Forscher messen - die erforschten

Begriffe "gehören" den Versuchspersonen nicht, sondern sie werden von den Forschenden verwandt. Schizophrene Patienten z.b. sprechen nicht von "überinklusivem Denken", sondern sie beschweren sich darüber, dass "in meinem Kopf meine Gedanken völlig durcheinander sind". Es sind die Forscher, die in wissenschaftlichen Kategorien denken.
7. Der Forscher versucht, schon bestehende "Gesetze" auf neue Situationen zu übertragen, um dadurch den Anwendungsbereich der Gesetze zu erweitern bzw. sie zu differenzieren (deduktives Denken).

Die Kernprinzipien **qualitativer** Methoden bilden mehr oder weniger das Spiegelbild der zuvor zusammengefassten positivistischen Prinzipien. Auf die Epistemologie bezogen bedeutet dies, dass qualitativ forschende Wissenschaftler **nicht** als eine besondere Art von Bergarbeitern zu betrachten sind, die mit speziellen Geräten "die Wahrheit" ausgraben. Wie es Holstein und Gubrium (1995) ausdrückten, ist es nicht die Aufgabe dieser Forscher, Diamanten auszugraben, die sonst in der Erzader versteckt geblieben wären. Ihre Aufgabe ist es, herauszufinden, wie Menschen " ... dem Strom von Erfahrungen und Aktionen, die sie tagtäglich erleben, Ordnung und Sinn verleihen" (Riessman, 1993, S. 2). Dies hat zur Folge, dass qualitative Datenerhebungen in der Regel auf Beobachtung und Beschreibung menschlichen Verhaltens basieren, entweder direkt in der Umgebung, in der das Verhalten stattfindet, oder mittels Berichte darüber, wie sich die entsprechenden Menschen daran erinnern.

Methodologisch gesehen bilden in **quantitativen** Erhebungsverfahren subjektive Faktoren allenfalls potenzielle Störgrößen (konfundierende Variablen) und sie werden nur insoweit erfasst, wie sie erhebungstechnisch zugänglich und verwertbar erscheinen. Statistische Analysen beziehen sich auf die Auswertung gesammelter Daten (z.B. Gruppenstatistiken wie etwa Mittelwerte), um unter Aussparung des Teilnehmenden den Einfluss objektiver Größen auf das Verhalten zu erschließen.

Im Kontrast dazu versuchen Forschungsleiter, die **qualitative** Ansätze verwenden, die Perspektive der Teilnehmer zu übernehmen. Sie versuchen, sich in das Erlebnis- und Aktionssystem der "Akteure" zu begeben. Daraus ergibt sich ein anderes Bezugssystem zum Untersuchungsgegenstand. Dies soll es dem Forscher ermöglichen, die Situation aus dem Blickwinkel der Teilnehmer nachzuerleben[1].

> Die Kernideen des **qualitativen** Ansatzes sind folgende:
> - Die Aufgabe der Forschung ist es, *mitzuerleben, wie Menschen die Welt verstehen* (d.h. sich in ihre Realität einzufühlen).
> - Dies erfordert, dass Forscher und Versuchsperson zusammenarbeiten, um *die Realität der Versuchsperson gemeinsam zu verstehen*. Forschung ist eine Kooperation zwischen Forscher und den mit ihm zusammenarbeitenden Teilnehmern.
> - Der Prozess der Verallgemeinerung basiert auf der *Ableitung von Hypothesen* aus den von den Teilnehmern zur Verfügung gestellten Informationen, d.h. die Hypothese steht erst am Ende der Untersuchung (induktives Denken). In **quantitativen** Studien dagegen gilt es, bestehende Hypothesen zu bestätigen, d.h. die Hypothese bestand schon am Anfang der Untersuchung.

Die besonderen "Tugenden" qualitativer Forschung: Für begeisterte Anhänger der qualitativen Forschung erscheint sie speziell geeignet zu sein, um in Hinblick auf besonders interessante Fragen Licht ins Dunkel zu bringen und dabei doch die menschliche Seite nicht zu vergessen. Diesen Autoren erscheinen **quantitative** Ansätze weniger "tugendhaft" und weniger fähig, sich authentisch mit wahrhaft interessanten menschlichen Fragen auseinander zu setzen. Heron (1992) ging so weit zu behaupten, quantitative Methoden seien zwar in der Lage, "Variablen" zu studieren, Menschen jedoch nicht, da diese "selbst bestimmende" Wesen seien. Mit anderen Worten, quantitative Methoden übersähen die Rolle von Faktoren wie etwa *bewusste Absichten* beim menschlichen Verhalten. In diesem Zusammenhang sollte im Auge behalten werden, dass in der Tat einige Aspekte quantitativer Verfahren für Untersuchungen etwa in der Agrarwissenschaft entwickelt wurden (z.B. Split-Plot-Varianzanalyse) und diese Methoden ebenso gut mit Tieren, Würmern oder Kraut wie mit Menschen angewendet werden können, was im Falle von **qualitativen** Ansätzen überhaupt nicht zutrifft.

---

[1] Für die Zwecke des vorliegenden Buches reicht diese Darstellung der Grundlagen des qualitativen Ansatzes aus. Eine eingehendere aber immer noch gut nachvollziehbare Einführung in die betreffende Erkenntnislehre befindet sich in Kromrey (2000, S. 23ff).

Die Behauptung, **quantitativ** orientierte Untersuchungen verpassten den Kern des Menschlichen, lässt sich nicht ohne weiteres gänzlich von der Hand weisen. Es muss zugegeben werden, dass in typisch quantitativen Untersuchungen die teilnehmenden Menschen häufig ziemlich schnell "verschwinden": In vielen multivariaten Datenanalysen z.b. wird als erster Arbeitsschritt eine Korrelationsmatrix herausgearbeitet, bei der weder Reihen noch Spalten die Untersuchungsteilnehmer vertreten. Als konkretes Beispiel dient eine Studie kreativitätsfördernder Spiele. Eine Diplomandin verbrachte jeweils ca. 10 Stunden mit ungefähr 30 Personen, die Mitglieder entweder einer Kontroll- oder einer Experimentalgruppe waren, insgesamt ca. 300 Personen-Stunden. Mittels Kreativitätstests wurden Prä- und Posttestdaten erhoben und die Mittelwerte der beiden Gruppen mit der Hilfe einer Varianzanalyse verglichen. Das Eintippen der Daten dauerte ca. eine Stunde und die Durchführung der Varianzanalyse ein paar Sekunden. Der F-Wert für die Interaktion zwischen Gruppenzugehörigkeit und Zeitpunkt fiel statistisch signifikant aus: Nach der Behandlung gab es zwischen trainierten und nicht-trainierten Teilnehmern (Versuchspersonen) Unterschiede bezüglich der Werte in Kreativitätstests, die vorher nicht vorhanden waren. Die Untersuchung war "erfolgreich" gewesen.

Doch anstelle eines Gefühls der Genugtuung, fühlte sich die Diplomandin enttäuscht: Aus den zahlreichen Treffen mit den Teilnehmern hatte sich lediglich ein einziger F-Wert ergeben. Alles andere war verschwunden! Was war aus den sich über 300 Stunden erstreckenden Gesprächen, den zwischenmenschlichen Kontakten, dem einander Kennenlernen geworden? Diese Informationen, eigentlich der Löwenanteil dessen, was erhoben wurde, blieben unberücksichtigt, weil sie für die quantitative Auswertung einfach irrelevant waren! Die Studentin äußerte ihr Unbehagen mit der Frage: "Ist das alles?"

Dieses Gefühl, trotz eines "Volltreffers" bei dem die Nullhypothese eindeutig zurückgewiesen wurde - normalerweise das Wunschergebnis einer Untersuchung -, eher eine Antiklimax als einen Triumph erlebt zu haben, kommt in quantitativen Studien nicht selten vor. Diplomanden und Doktoranden drücken häufig das Gefühl aus, das Ergebnis sei zwar "sauber", sie hätten jedoch das Ziel, wofür sie sich eigentlich eingesetzt hätten, irgendwie verfehlt. Im dargestellten Beispiel wurde die ganze Diskussion der Wirksamkeit des Kreativitätstrainings auf die Frage reduziert: "Gibt es zwischen der trainierten und der nicht-trainierten

Gruppe einen statistisch signifikanten Unterschied der Gruppenmittelwerte?" Auf diese Frage wurde mittels einer Prüfung und Ablehnung der Nullhypothese, "Das Training hatte keine Wirkung", eingegangen, obwohl diese Hypothese eigentlich genau das Gegenteil dessen ausdrückte, worauf in der Tat gehofft war.

Beispiele qualitativer Untersuchungen

Qualitative Fragestellungen: Ein einfaches Beispiel für eine pädagogisch-psychologische Fragestellung wäre: "Gibt es einen Intelligenz-Unterschied zwischen Männern und Frauen?" In **quantitativen** Untersuchungen wäre die Vorgehensweise die Prüfung einer Nullhypothese, z.B. "Es gibt keinen Unterschied", auch wenn kein Forscher eine Untersuchung mit der Erwartung beginnt, "Daraus wird nichts!" Der quantitativ orientierte Forscher müsste mittels eines Testverfahrens messen, wie viel Intelligenz die Mitglieder von jeweils einer Gruppe von Männern und einer Gruppe von Frauen im Schnitt besitzen und die beiden Ausprägungsgrade miteinander vergleichen, um die Nullhypothese mithilfe statistischer Verfahren prüfen zu können (z.B. Mittelwertsvergleich). Sollten sich statistisch signifikante Unterschiede feststellen lassen, würde der Forschungsleiter allgemeinere Schlussfolgerungen ziehen.

Eine einfache **qualitative** Untersuchung dagegen könnte fragen: "Haben Männer und Frauen unterschiedliche Intelligenz*profile*? Denkbar wäre, dass es im Ausmaß oder Niveau keinen Unterschied gäbe, Frauen aber eine eher verbale, sozial orientierte, intuitive Intelligenz besitzen, Männer eine eher mechanische, logische, mathematische[2]. Der Forscher könnte zu dem Schluss gelangen, dass keine **quantitativen** Unterschiede bestehen, dagegen jedoch wesentliche **qualitative**. Auch dieser Untersuchung müsste eine Messung durch adäquate Tests zu Grunde liegen. Noch eindeutiger qualitativ wäre eine Untersuchung der Frage, wie Männer und Frauen ihr eigenes Handeln in Situationen verstehen, in denen das, was wir "Intelligenz" nennen, zur Geltung kommt. Der Forschungsleiter könnte in einer Interviewsituation fragen: "Was passiert in Ihrem Kopf, wenn Sie mit einer Situation konfrontiert werden, bei der Sie Ihre Intelligenz anwenden müssen?" "Wie erklären Sie sich nachher,

---

[2] Diese Beispiele dürfen nicht als Zusammenfassungen der entsprechenden wissenschaftlichen Befunde verstanden werden. Das Thema wurde hier lediglich eingeführt, um Unterschiede zwischen den zwei Forschungsansätzen zu veranschaulichen.

was passiert ist?" Erkenntnistheoretisch erinnern diese Fragen an den *phänomenologischen* Ansatz (S. Kapitel 3).

Damit sich der Leser in die Thematik einfühlen kann, werden weitere Beispiele **qualitativer** Untersuchungsgegenstände im folgenden Abschnitt dargestellt. Diese Beispiele erheben keineswegs den Anspruch, das ganze Spektrum von Forschungsthemen, die qualitativ untersucht werden könnten, zu umfassen. Weder die weiter unten dargestellten spezifischen Fragestellungen noch die hier zusammengefassten Inhalte bezüglich der Fragestellungen sind für die gegenwärtige Diskussion von Bedeutung, sondern lediglich *die Form* bzw. *der Stil* der Fragen und der Antworten darauf. Auch die Reihenfolge der Beispiele hat keinerlei Bedeutung. Im Rahmen einer Auseinandersetzung mit diesen oder anderen qualitativen Fragestellungen ist es Diplomanden und Doktoranden sehr wichtig, sich daran zu erinnern, dass sie von Begriffen Gebrauch machen sollten, die für ihr Fach von zentraler Bedeutung sind. Ein bekanntes Wort aus der Soziologie kann auf andere Sozialwissenschaften übertragen werden: Soziologen wollen *soziologische* Dinge *soziologisch* erforschen. Ähnlich wollen Psychologen *psychologische* Dinge *psychologisch* erforschen usw. Beispielsweise könnte die Frage, "Warum wandern gut situierte, erfolgreiche Personen aus reichen, technologisch hoch entwickelten Ländern aus?" (s. Beispiel 1 unten) demografisch (z.B. Bevölkerungsdruck), soziologisch (Zusammenbruch sozialer Netzwerke), ökonomisch (Arbeitslosigkeit) oder anthropologisch (Vollziehung einer Pubertätsrituale) beantwortet werden. Psychologen würden andere Aspekte hervorheben, etwa Motivation, Persönlichkeit, kognitive Prozesse u. ä. Die Relevanz dieser Betonung von fachrelevanten Dingen wird in Kapitel 5 und Kapitel 6 im Rahmen einer Diskussion über Interpretation und Berichterstattung erläutert, auch wenn die moderne Betonung interdisziplinärer Forschung einer solchen Betonung zu widersprechen scheint.

Folgende Fragen sind Beispiele aus der **qualitativen** Forschung:
1. Warum wandern gut situierte, erfolgreiche Menschen aus reichen, technologisch hoch entwickelten Ländern aus?
2. Wie erleben Autofahrer ihre Interaktionen mit anderen Verkehrsteilnehmern?
3. Wie verstehen Eltern von Kindern mit emotionalen Schwierigkeiten ihre Situation?

4. Wie erleben hoch begabte Kinder ihre Begabung?
5. Welche Faktoren am Arbeitsplatz fördern bzw. hemmen Kreativität?
6. Welche Aspekte ihres Berufs erleben Sozialarbeiter als besonders belastend?

Qualitative Antworten: Aufschlussreiche Antworten auf die obigen Fragen lassen sich nicht durch die Prüfung von Nullhypothesen finden. Um beim Beispiel, warum Menschen auswandern, zu bleiben, würde man intuitiv erwarten, dass sie es tun, um unangenehmen Bedingungen in der Heimat zu entgehen (z.B. Arbeitslosigkeit, Armut, politische Unterdrückung usw.). Folgerichtig müsste die Hypothese gelten, diejenigen Personen wanderten am häufigsten aus, die in der Heimat den stärksten Unannehmlichkeiten ausgesetzt wären. Eine entsprechende Nullhypothese würde lauten: "Es besteht keinen Zusammenhang zwischen dem Einkommen und der Bereitschaft, auszuwandern." Diese Hypothese könnte geprüft werden und entweder zurückgewiesen werden oder nicht. In der Tat gaben die meisten Deutschen, die tatsächlich ein Visum beantragt hatten und in einer von Cropley und Lüthke (1995) durchgeführten Interviewaktion nach den Gründen für ihren Auswanderungswunsch befragt wurden, an, von ökonomischen Bedingungen, Angst um den Arbeitsplatz, schlechter Behausung, Kriegsangst u.ä. motiviert gewesen zu sein.

Aber eine intensivere Befragung derselben Teilnehmer in Form von Gruppengesprächen, strukturierten Einzelgesprächen und Tiefeninterviews konnte unter diesen Befragungsbedingungen belegen, dass die Gesprächspartner externen, objektiven Faktoren wie den eben erwähnten wenig Bedeutung beimaßen, abgesehen davon, dass sie irgendwohin wollten, wo Freiheit und Wohlstand herrschten - keiner wollte in die damalige Sowjet-Union! Die mündliche Befragung veranschaulichte, dass der Auswanderung für die untersuchte Personengruppe eine "psychodynamische" Bedeutung innewohnte: U.a. wollten die Menschen eine seit der Kindheit bestehende Sehnsucht nach dem Fernen und Fremden befriedigen, ihren Wunsch nach einer Herausforderung in einer neuen Umgebung zum Ausdruck bringen oder sich aus einer als erstickend erlebten Familiensituation retten. Ihnen bot die Auswanderung eine Hilfe zur Lösung von Problemen der Selbstentfaltung, die auf Prozessen wie etwa Trennung, Bindung oder Individuation beruhten (s. z.B. Erikson, 1970). Eine traditionelle **quantitative** Untersuchung wäre nicht in der Lage gewesen, diese Aspekte zu beleuchten, auch wenn eine Nullhypothese zurückgewiesen würde. Anstatt den Teilnehmern die Möglichkeit zu geben, ihre "Realität" darzulegen, hätte eine quantitative Untersuchung sie gezwungen, auf die Erwartungen des Forschungsleiters zu reagieren.

Cropley und Lüthke arbeiteten aus ihren Befunden auch Schlussfolgerungen für die Praxis heraus: u.a. Richtlinien für die psychologische Beratung von sowohl Antragstellern in Deutschland als auch tatsächlichen Auswanderern, die bereits in Australien waren und mit dem neuen Leben Schwierigkeiten hatten. Diese Richtlinien bildeten die Grundlage eines Fortbildungsseminars für Psychologen und Sozialarbeiter, das u.a. in Bremen und Lüneburg durchgeführt wurde. Ohne die durch die qualitative Herangehensweise gewonnenen Erkenntnisse hätten sich diese Seminare auf Inhalte wie etwa eine Auseinandersetzung mit der Arbeitslosenquote oder den Lebensführungskosten in Australien beschränken müssen, wohingegen der qualitative Ansatz eine Betonung der Verarbeitung von Konflikten, innerer Unsicherheit und auch von nur vage verspürten Motiven ermöglichte.

In einer methodisch ähnlich angelegten Untersuchung konnten Knapper und Cropley (1980) zeigen, dass in schwierigen Straßenverkehrssituationen (wie etwa Beinaheunfällen), Fahrer die Verhaltensweisen anderer Fahrer interpretierten und auf der Basis sichtbarer Merkmale des Fahrers (z.B. Alter, Bekleidung) und seines Wagens (Preis, Alter und Zustand) Schlüsse bezüglich nichtsichtbarer Merkmale wie etwa Absichten zogen. Höheres Fahreralter und ein teureres, gut erhaltenes Auto z.b. bedeutete vielen Teilnehmern, dass jemand lediglich durch unglückliche Umstände ein Problem verursacht hatte, sich jedoch bemühte, rücksichtsvoll zu fahren. Knapper und Cropley schlussfolgerten, dass Fahrer Verkehrssituationen als kleine soziale Interaktionen interpretieren und die eigenen Verhaltensweisen nach ihren Interpretationen richten und nicht nach objektiven Tatsachen. Im Falle der Interpretation "netter alter Herr, der Pech hatte", reagierten Fahrer z.B. weniger aggressiv und eher auf eine Weise, die für Interaktionen mit alten Menschen angebracht wäre - etwa mit Respekt und Geduld. Wenn dem anderen Fahrer jedoch das Stereotyp "leichtsinniger junger Idiot" aufgedrückt wurde, war die Reaktion eher belehrend oder punitiv, nach dem Motto: "Kindern muss man beibringen, sich brav zu verhalten".

Knapper und Cropley brachten diese beschreibende Analyse der Situation mit bestehender Theorie über sozialpsychologische Aspekte von

Wahrnehmungs- und Denkprozessen wie etwa Attribuierung, selektive Wahrnehmung oder Dissonanzvermeidung in Zusammenhang. Darüber hinaus erarbeiteten sie Konzepte für sowohl die Fahrerausbildung als auch die Förderung der Benutzung von Sicherheitsgurten.

Im Rahmen einer "deskriptiv-phänomenologisch" orientierten Untersuchung darüber, wie Eltern autistischer Kinder die Normabweichungen ihrer Kinder verstehen, arbeitete Probst (1997) vier Erklärungsmuster heraus, mit deren Hilfe die Eltern die Situation einschätzen konnten: "Attribution" (Worauf ist das Problem zurückzuführen?), "Kategorisierung" (Was ist seine Wesensart?), "Katamnese" (Welche Folgen wird es haben? Kann es kuriert werden?) und "Unterstützungserwartungen" (Wer hilft uns, wenn überhaupt?). Diese Dimensionen wurden sowohl mit bestehender Theorie in der klinischen und medizinischen Psychologie in Zusammenhang gebracht, insbesondere mittels des Begriffs "Gesundheitsschema", als auch mit allgemeineren Begriffen wie etwa Kausalattribution, Kontrollüberzeugungen und Kohäsion. Die Diskussion des Zusammenhangs mit der Praxis betonte vor allem die Struktur und Funktion von Elternselbsthilfegruppen und die gruppenpsychologischen Prozesse innerhalb solcher Gruppen.

Die speziellen Einsichten, die diese qualitative Untersuchung lieferte, sollen anhand eines Vergleichs mit den Befunden einer von demselben Wissenschaftler durchgeführten **quantitativen** Untersuchung verdeutlicht werden. Er berichtete über eine Effektstärke von 0,75, die sich aus einem Vergleich der Gruppenmittelwerte jeweils einer Gruppe therapierter (Experimentalgruppe) und nicht-therapierter (Kontrollgruppe) Kinder ergab. Der Befund, dass die Therapie eine statistisch signifikante Verbesserung herbeiführte, ist keinesfalls ohne Interesse, er ist jedoch eindeutig weniger differenziert und aufschlussreich als die Schlussfolgerungen der qualitativen Studie.

In phänomenologischen Untersuchungen von hoch begabten Kindern fand man, dass einige von ihnen das Gefühl hatten, durch den permanenten Druck, Höchstleistungen erbringen zu müssen, um ihre Kindheit gebracht worden zu sein. Ein weiteres Problem ist, dass solche Kinder dazu gezwungen sein können, den eigenen Eltern gegenüber selbst die Rolle von "Eltern" zu spielen. Es kann passieren, dass sich das ganze Familienleben um das Kind dreht, auch auf Kosten des persönlichen Verhältnisses der Eltern bzw. der beruflichen Laufbahn eines oder beider Elternteile. Solche Bedingungen führen in einigen Familien dazu, dass sich die Eltern hilfesuchend an das Kind wenden, auch wenn es sich um für das Familienleben wichtige Entscheidungen handelt, die gewöhnlich von den Eltern getroffen werden.

Plate (1997) untersuchte die Bedingungen, die es Arbeitskräften ermöglichen, am Arbeitsplatz ihre Kreativität effektiv einzusetzen. Er konnte aufzeigen, dass es sowohl "externe" als auch "interne" Bedingungsfaktoren gibt. Unter den externen befinden sich etwa Kreativitätsdruck, Ausmaß der Freiheit, kreativ zu sein (z.b. Selbstbestimmungsmöglichkeiten, Toleranz für Fehler) und Zeitdruck. Interne Faktoren waren u.a. "Image" (Einschätzung der Teilnehmer darüber, wie ihre Kollegen sie betrachteten), "Identifizierung mit den eigenen Ideen", "Motivation" (bzw. Motivationsmangel), "Risikobereitschaft" oder "Konfliktfreudigkeit". Interne und externe Bedingungsfaktoren arbeiten zusammen, um berufliche Kreativität zu fördern oder aber auch zu hemmen. Aus seinen Befunden leitete Plate Schlussfolgerungen für die Merkmale eines kreativitätsfördernden Führungsstils von Managern ab.

Cropley (2002) führte Gruppengespräche mit insgesamt siebzig deutschen Sozialarbeitern und -arbeiterinnen durch, die mit Asylantragstellern arbeiteten. Er fragte nach ihrer Motivation, mit diesen Klienten zu arbeiten und nach ihrer Wahrnehmung der besonders belastenden Aspekte ihrer Arbeit. Die Analyse ergab, dass sich die Teilnehmer wegen ihrer vermeintlichen speziellen persönlichen Qualifikation für eine Arbeit mit diesem Klientel für besonders geeignet hielten. Darüber hinaus konnten viele von ihnen, ob bewusst oder nicht, in der Arbeit mit den Antragstellern eine Chance finden, ihre eigene Vergangenheit und deren noch ungelöste Probleme zu bearbeiten. Unter den besonders belastenden Aspekten ihrer Arbeit hoben die Teilnehmer existenzielle Aspekte hervor, d.h. etwa Sinnfindung bzw. das Finden eines Ausweges aus der beruflichen Isolation, die sich aus der Notwendigkeit ergibt, sich dem tagtäglichen Kampf mit den Arbeitsanforderungen gänzlich hinzugeben, um sie überhaupt bewältigen zu können. Andere Sorgen waren eher beruflicher Art, z. B. neue Perspektiven - sowohl theoretisch als auch praktisch - zu entwickeln bzw. effektiver und objektiver zu arbeiten. Die Teilnehmer äußerten starkes Interesse an wissenschaftlichen Erkenntnissen und schlugen eine Erhöhung des Anteils solcher Inhalte im Seminar vor.

Im Rahmen der Interpretation des Materials machte ich im Bericht darauf aufmerksam, dass es psychische Überschneidungen zwischen den Mitgliedern dieser Gruppe von Sozialarbeitern und Auswanderungswilligen Personen gibt. Ich brachte diesen Befund mit einer allgemeineren Theorie über Persönlichkeit und Auswanderungsverhalten in Zusammenhang, die Trennung, Bindung und Individuation hervorhebt (s. oben) und erarbeitete Schlussfolgerungen für die berufliche Weiterbildung.

> Die oben dargestellten Gedanken lassen sich durch fünf Grundprinzipien zusammenfassen:
> 1. *Gegenstand von Untersuchungen*: In qualitativen Untersuchungen ist die Frage der Absichten und Ziele der Teilnehmer von zentraler Bedeutung. Wichtiger sind etwa "warum?" "wie?" und "was für?" und weniger wichtig etwa "wie viel?" Letzteres bleibt eher Gegenstand **quantitativer** Studien.
> 2. *Erkenntnistheoretische Orientierung von Forschung*: Um den bestehenden Wissensstand zu erweitern, zielen Untersuchungen auf die direkte Erfahrung von Menschen in ihrer unmittelbaren, tagtäglichen Umgebung.
> 3. *Bezugssystem des Forschungsleiters*: Der Beobachter versucht, sich in das Erlebnis- und Aktionssystem der "Akteure" zu begeben, um die Situation der Teilnehmer mit- und nachzuerleben.
> 4. *Rolle der Teilnehmer*: Die Menschen, die in **quantitativen** Erhebungen als "Objekte" (engl. *subjects*) betrachtet werden, werden zu *Partnern* mit dem Forschungsleiter und haben die Aufgabe, ihr Verständnis der eigenen Erlebnisse und ihre Wege, die Welt zu verstehen, offen zu legen. Ich spreche im vorliegenden Buch nicht mehr von "Versuchspersonen" bzw. "Subjekten," sondern von "Teilnehmern" bzw. "Akteuren".
> 5. *Datenerhebungsverfahren und Datenanalyse*: Die Erfahrungen von Teilnehmern und ihr Verhältnis zur Außenwelt lassen sich am besten nachvollziehen, wenn die Teilnehmer ihre Erfahrungen selbst beschreiben, wie sie sie erleben und daraus Sinn ziehen. Der Forscher wertet diese Beschreibungen aus, um die Situation der Teilnehmer zu verstehen. Er interpretiert sie und leitet aus ihnen Schlussfolgerungen für die Theorie ab.

Das Verhältnis von quantitativen und qualitativen Methoden
In **quantitativ** aufgebauten Untersuchungen werden überwiegend experimentelle und quasi-experimentelle Designs verwendet. Man gerät deswegen leicht in Versuchung, quantitative Ansätze mit experimentellen Designs gleichzusetzen. Dies ist jedoch nicht notwendigerweise der Fall. Ebenso auffällig ist, dass in quantitativen Untersuchungen fast ausschließlich numerische Daten erhoben werden, sehr häufig mithilfe elektronischer oder anderer Geräte, psychologischer Tests, Fragebögen u.ä. Formale Hypothesen werden größtenteils statistisch geprüft. Im Gegensatz dazu basieren **qualitative** Untersuchungen sehr häufig auf verbalen Daten, die durch Interviews erhoben werden. Häufig gibt es zumindest anfänglich keine (formale) Hypothese, obgleich der Forschungsleiter durchaus Erwartungen hat. Die Daten werden typischerweise einer Inhaltsanalyse unterworfen (s. Kapitel 5), woraus sich Hypothesen erst gegen Ende der Untersuchung ergeben. Dies alles führt dazu, dass *ein Zusammenhang besteht zwischen dem Ansatz (quantitativ vs. qualitativ) und dem Untersuchungsaufbau.*

Das komplementäre Verhältnis der Ansätze: Die empirische Erkenntnisgewinnung im Allgemeinen beginnt in aller Regel mit der Beobachtung eines "Falles" (bzw. von "Fällen") und der darauf folgenden Herausarbeitung einer Erklärung, die zu gegebener Zeit als Theorie formalisiert wird. Ein sehr einfaches Beispiel bildet die Anekdote über die Entdeckung der Gesetze der Schwerkraft durch Sir Isaac Newton, auch wenn die Anekdote nicht notwendigerweise als strikt historisch zu betrachten ist. Newton soll unter einem Apfelbaum in seinem Garten gesessen haben, als ein reifer Apfel herunterfiel und auf seinem Kopf landete. Dieses Ereignis (ein konkreter Fall!) warf in Newtons Kopf die Frage auf, warum Gegenstände immer zum Boden fallen, wenn sie nicht gehalten werden. Newton arbeitete eine theoretische Erklärung dessen heraus, was er beobachtet hatte und so ergab sich die damals revolutionäre Gravitationstheorie. Hier haben wir eine rudimentäre **qualitative** Untersuchung: Newton beobachtete das reale Leben, beschrieb anhand von Begriffen der Physik und Mathematik (seines Faches) das, was er sah, interpretierte seine Beobachtungen und zog allgemeinere Schlussfolgerungen, z.B. die Kraft, die den Apfel beeinflusste, bestimmt auch die Laufbahn des Mondes um die Erde. Von Newton ist bekannt, dass er *die einfachsten alltäglichen Dinge* beobachtete und sie über die Ableitung von allgemeineren Schlussfolgerungen universal zu erklären versuchte, d.h. er dachte induktiv.

Selbstverständlich war bereits vor Newton bekannt, dass Gegenstände zu Boden fallen - die Leute waren nicht blind -, was fehlte war jedoch eine mathematisch-physikalische Erklärung dessen, warum sie es tun. Die klassische aristotelische Erklärung lautete: Gegenstände fallen, weil sie ihren richtigen Platz in der Organisation des Kosmos suchen. Der Apfel hängt so lange am Baum, bis der perfekte Entwurf der Dinge von ihm verlangt, dass er herunterfällt. Auf Basis dieses Modells waren jedoch keine Vorhersagen (Hypothesen) möglich, sondern lediglich Erklärungen im Nachhinein: Die Zeit war gekommen, der Apfel musste herunterfallen. Der Mond "gehört" an den Himmel und hängt deswegen dort. Newton aber arbeitete ein Regelwerk heraus, das für spätere hypothesengeleitete (d.h. deduktive) Untersuchungen sehr ergiebig war, selbst jedoch aus einem solchen Regelwerk nicht hervorging, weil es diesem Verständnis der Dinge gegenüber vordatiert war.

Quantitative Untersuchungen basieren andererseits auf schon bestehenden Kenntnissen, die in der Vergangenheit durch Interpretationen, Erklärungen und Verallgemeinerungen zu *Er*kenntnissen wurden, d.h. es besteht schon zu Beginn einer Untersuchung das Regelwerk, woraus sich Erwartungen darüber ergeben, was in spezifischen neuen Situationen geschehen wird und weshalb. Quantitative Untersuchungen basieren immer auf einem bereits bestehenden Wissensfundament, das es ermöglicht, wissenschaftlich abgeleitete Hypothesen über spezifische Verhältnisse zwischen Ereignissen bzw. Zuständen zu formulieren.

Auf die Erkenntnisse bezogen bedeuten diese Überlegungen, dass quantitative und qualitative Ansätze einander ergänzende Phasen des Prozesses der Erkenntnisgewinnung bilden. Intuitiv besteht ihr Zusammenspiel aus einer qualitativen Phase der Beobachtung, Beschreibung, Interpretation und Formulierung allgemeiner Hypothesen (Induktion), auf die eine Phase der Ableitung von spezifischeren Hypothesen, Datensammlung, statistischer Prüfung und Hypothesenpräzisierung (Deduktion) folgt. Folgerichtig müssten diese Phasen durch eine Transferphase in Einklang gebracht werden können, in der das in der qualitativen Phase gewonnene Wissen für die Zwecke quantitativer Untersuchungen adaptiert wird (z.B. durch Ausformulierung von prüfbaren Hypothesen). Dieses Verhältnis wird in Tabelle 2.1 dargestellt[3]. Die Phasen haben charakteristische Merkmale (Denkformen, Ziele, Prozesse und Ergebnisse): Um etwa die Spalte "Ergebnis" als Beispiel zu nehmen, fängt die Erweiterung wissenschaftlicher Erkenntnisse in der **qualitativen** Phase mit der Beschreibung einer Umgebung und der Entwicklung möglicher Erklärungen an und setzt sich über die Formulierung entsprechender Hypothesen (Transferphase) bis hin zur Phase der statistischen Prüfung (**quantitative** Phase) fort.

Tabelle 2.1: Die Phasen der Erweiterung von Erkenntnissen

Phase	Merkmal			
	Denkform	Ziel	Prozess	Ergebnis
Qualitative Phase: - prä-experimentell - prä-statistisch	Induktion	Beschreibung und Erklärung einer Situation/eines Phänomens	Beobachtung von Fällen (in den Sozialwissenschaften mittels ihrer Aussagen)	Beschreibung der allgemeinen Merkmale der Fälle/der Situation
Transferphase	Bildung von Hypothesen	Transfer vom qualitativen in den quantitativen Modus	Herausarbeitung der Folgen der 1. Phase für die 3.	Hypothesen zum Phänomen
Quantitative Phase: - experimentell - numerisch - statistisch	Deduktion	Prüfung von Hypothesen	Anwendung der schlussfolgernden Statistik	- Bestätigung, - Zurückweisung, - Neuformulierung von Hypothesen

---

[3] Der Sinn der in dieser Tabelle dargelegten Inhalte ist es nicht, ein neues erkenntnistheoretisches Modell zu formulieren. Es handelt sich hier nicht um die Revision der Erkenntnislehre, sondern darum, auf anschauliche Art und Weise zu verdeutlichen, dass quantitative und qualitative Ansätze im Prozess der Erkenntnisgewinnung zwar verschiedene, aber trotzdem gleich ergiebige Aufgaben haben, auch wenn die universitäre Forschung in den Sozialwissenschaften dazu neigt, sich auf die quantitative Phase zu beschränken.

Es ist durchaus möglich, dass Forscher in der **quantitativen** Phase von der qualitativen nichts wissen und deswegen nicht bemerken, dass es sie überhaupt gegeben hat. Dies ist im Falle von Diplomanden und Doktoranden eher wahrscheinlich, weil die qualitative Phase häufig vor Jahren stattfand und die Lehrlinge erst in den Forschungszyklus eingetreten sind, nachdem die Übergangsphase zur quantitativen Phase erreicht ist. In der Regel fangen Studierende mit der Erforschung eines Bereichs an, nachdem der Kenntnisstand sich diesbezüglich in einem fortgeschrittenen Stadium befindet - schon steht in den entsprechenden Fachzeitschriften genug, worauf eine Diplom- bzw. Doktorarbeit basieren könnte! Dass Diplomanden und Doktoranden selten Pionierarbeit leisten, sondern eher in den Fußstapfen der Vordenker treten, ist nicht beschämend: Wie sowohl Sternberg (1999) als auch Miller (2000) betonen, bildet die Differenzierung, Präzisierung oder Ergänzung des schon bekannten die am häufigsten auftretende Form der Kreativität (für eine eingehende Diskussion, s. Kapitel 6). Qualitative Forschung kann also als eine Systematisierung der induktiven Phase betrachtet werden, auch wenn Forscher sich dessen nicht bewusst sind.

Selbstverständlich ist es möglich, Hypothesen ohne Beobachtung von Fällen zu formulieren, z.B. mittels Spekulation, durch die Ableitung von Hypothesen aus bestehender Lehrmeinung, intuitiv oder sogar durch Wunschdenken. Solche Hypothesen sind jedoch kaum mehr als Mutmaßungen, auch wenn sie sich behaupten können; ihre eventuelle Bestätigung ist eigentlich mehr eine Sache von Zufällen. Auch möglich sind theoretische Aussagen, die sich ohne Empirie aus einem strikt logischen Prozess des Schlussfolgerns ergeben, wie etwa "Alle As sind auch Bs", "Alle Bs sind auch Cs", "Folgerichtig ist ein spezifisches A auch ein C". Hier handelt es sich jedoch um eine Aufgabe aus der formalen Logik und nicht um empirische Forschung.

Ausschlaggebende Unterschiede zwischen den Ansätzen: Es bestehen zwischen qualitativen und quantitativen Ansätzen wesentliche Unterschiede und diese haben für den Aufbau von Untersuchungen nicht zu leugnende Folgen. Kvale (1995) verdeutlichte diese Unterschiede anhand ihrer Folgen für die Validität von Untersuchungen. Er kristalisierte sieben *Phasen* des **qualitativen** Forschungsprozesses heraus und kam zu dem Schluss, dass jede Phase ihr eigenes Kriterium der Validität habe. Diese Kriterien unterscheiden sich wesentlich von denjenigen **quantitativer** Herangehensweisen. Sie werden in Tabelle 2.2 zusammengefasst. Ausdrücke wie etwa "solide", "akkurat", "logisch" und "brauchbar" bedürfen einer konkreteren Definition: In den folgenden Kapiteln wird versucht, sie transparenter zu machen.

Tabelle 2.2: Validitätskriterien der Phasen qualitativer Forschung

Phase	Kriterium
Thematisierung	logische Ableitung des Untersuchungsgegenstandes
Aufbau	systematische Herangehensweise
Datenerhebung	organisierte Befragung der Teilnehmer
Transkription	genaue Protokollierung
Interpretation	nachvollziehbare Interpretation der Aussagen
Verifizierung	umsetzbare Anwendungsvorschläge
Berichterstattung	genaue Darstellung aller Phasen der Untersuchung

Zusammenfassend kann zum Thema "Validität" Folgendes gesagt werden:
• In der 1. Phase (*Thematisierung*) ergibt sich eine hohe Validität aus "grundsolidem" Denken bei der Festlegung des Untersuchungsgegenstandes.
• In der Phase des *Entwurfs des Aufbaus* ist hohe Validität ein Ergebnis der Wahl einer "wissenschaftlichen" Herangehensweise.
• In der 3. Phase (*Datenerhebung*) hängt sie von der Qualität der Befragung der Teilnehmer (häufig durch Interviews) und der Kontrolle der Glaubwürdigkeit ihrer Aussagen ab.
• Die Validität der 4. Phase (*Transkription*) bezieht sich auf die Frage, ob das Protokoll die Aussagen der Teilnehmer sinngemäß akkurat wiedergibt - es handelt sich bei 3 und 4 also um die "Vertrauenswürdigkeit" von sowohl Forschungsleiter als auch Teilnehmern.
• Die Validität der Phase der *Interpretation* ergibt sich aus der Nachvollziehbarkeit der Interpretationen der Aussagen.
• Die Validität der *Verifizierung* ergibt sich aus der Übertragbarkeit der Interpretationen auf die reale Welt.
• Letztlich ist die *Berichterstattung* als valide zu kennzeichnen, wenn sie die Details der Untersuchung wahrheitsgetreu zusammenfasst.

Warum qualitative Forschung?

Der Traum: Heutzutage interessieren sich viele Studierende der Sozialwissenschaften für qualitative Untersuchungen und "qualitative Forschungsmethodologie" hat sich fast zum Kampfruf entwickelt. Doch ist die wahre Motivation nicht selten eine Flucht vor **quantitativen** Methoden anstelle einer Attraktion zu **qualitativen** Herangehensweisen. Rein emotional ist die Angst vor quantitativen Ansätzen leicht verständlich: Sie betonen numerische Daten und komplizierte, auf Wahrscheinlichkeitstheorie basierende, mathematische Verfahren, die häufig kontraintuitiv sind und nicht selten mithilfe einer Maschine erfolgen (insbesondere eines Rechners). **Qualitative** Methoden sind verführerisch, weil sie scheinbar einen Ausweg aus der Kombination von experimentellen Designs, strikter Stichprobenbildung, statistischen Analyseverfahren usw. bieten. Sie versprechen auch die Möglichkeit, langwierige Rechnerei zu vermeiden. Kurz gesagt: Sie scheinen weniger Arbeit zu verursachen. Darüber hinaus haben die Forscher in **quantitativen** Untersuchungen häufig das Gefühl, die Teilnehmer seien Forschungseinheiten, Datenerhebung und -auswertung seien unpersönlich, der Forschungsleiter müsse sich unemotional und logisch verhalten - der ganze Prozess scheint außer Kontrolle zu geraten. Im Gegensatz dazu sind **qualitative** Methoden fast "romantisch".

Diese Anschauung ist nicht völlig von der Hand zu weisen und kann durch zwei Gründe gestützt werden:

1. In der **qualitativen** Herangehensweise *ist das Verhältnis zwischen Forscher und Teilnehmern anders* als in der quantitativen. In quantitativen Studien untersucht ein Wissenschaftler ein Objekt, wohingegen qualitative Forschung eher den Charakter einer Zusammenarbeit zwischen gleichgestellten Partnern hat, die einander vertrauen. Bei qualitativen Untersuchungen arbeiten beide Parteien zusammen, um zu neuen Erkenntnissen zu gelangen. In diesem Sinn sind qualitative Untersuchungen "humaner."

2. In der qualitativen Forschung sind die technischen Aspekte des Untersuchungsaufbaus häufig weniger stringent (z.B. Stichprobenbildung, Kontrolle konfundierender Variablen, messtechnische Güte von Instrumenten, technische Qualitäten der Daten usw.). Um sie braucht man sich nicht

so sehr zu kümmern bzw. sie können "flexibler" gehandhabt werden.

Die harsche Wirklichkeit: Die eben dargestellten Argumente haben zwar einen gewissen Wahrheitsgehalt, sie nehmen jedoch mehrere wichtige Punkte nicht ausreichend zur Kenntnis. Kurz zusammengefasst: Auch qualitative Ansätze erfordern Fachwissen und methodische Kenntnisse - genau wie quantitative -, darüber hinaus jedoch in größerem Umfang auch Mut, Selbstvertrauen und Beharrlichkeit. Dafür gibt es mehrere Gründe:

1. Qualitative Forschungsansätze basieren auf komplizierter methodologischer Theorie und setzen sich mit schwierigen Aspekten der Erkenntnislehre auseinander (z.B. Postmodernismus).
2. Qualitative Erhebungen erfordern häufig längere Gespräche mit Teilnehmern, die bereit sein müssen, ihre Zeit zu investieren und offen zu sein.
3. Es ist denkbar, dass der Forschungsleiter viel Zeit mit Menschen verbringen muss, die keine angenehme Gesellschaft bieten. Teilnehmer entsprechen nicht immer dem Ideal von "JARVIS" (jung, attraktiv, reich, verbal, intelligent, sozial).
4. In einigen Untersuchungen werden Teilnehmer gebeten, dem Forschungsleiter einen tiefen Blick in die Intimsphäre zu gewähren, bzw. ihm Material zugänglich zu machen, das als schmerzhaft empfunden wird. Solche Untersuchungen verlangen vom Forschungsleiter eine spezielle persönliche Qualifikation (s. unten).
5. Intensiver in qualitativen als in quantitativen Untersuchungen stellen sich wichtige ethische Fragen. Eine Diskussion über Selbstmord mit einem deprimierten Teilnehmer etwa könnte suizidale Gedanken aktivieren, besonders wenn im Untersuchungsaufbau keine Nachbereitung der Gespräche mit den Teilnehmern vorgesehen ist. In Kapitel 3 werden ethische Überlegungen eingehend zur Diskussion gestellt.
6. Qualitative Untersuchungen erfordern häufig Datenerhebungsverfahren, die auf penibel genauer Aufnahme von Details basieren und deswegen sehr viel Zeit in Anspruch

nehmen und sogar langweilig werden können. Ähnliches gilt für die Datenauswertung. In der Regel wird dies alles vom Forschungsleiter übernommen und nicht etwa von Schreibkräften, Forschungsassistenten und/oder Computer-Programmen.
7. Qualitative Ansätze werfen häufig spezielle Probleme für die Berichterstattung auf. Diplomanden und Doktoranden können gezwungen werden, den altbekannten Forschungspfad zu verlassen und ohne Schablone zu arbeiten.
8. Es werfen sich schwierige Fragen bezüglich der Reliabilität und Validität von durch qualitative Methoden herausgearbeiteten Kenntnissen auf (s. auch spätere Diskussionen dieses Themas). In der Regel werden keine formalen Hypothesen geprüft und nichts wird im traditionellen, quantitativen Sinn "bewiesen". Folglich stellt sich die Frage, wie Schlussfolgerungen, die verallgemeinert werden können, abzuleiten sind. Mit anderen Worten: Wie ist es möglich, plausibel und brauchbar zu sein?
9. Häufig bleibt die Ergiebigkeit einer qualitativen Untersuchung bis fast zum Ende der Studie ungewiss, d.h. dem Forschungsleiter ist lange Zeit unklar, ob sich der umfangreiche Arbeitsaufwand gelohnt hat.

Kurz gesagt: Qualitative Methoden bieten sich nicht als die leichte Alternative an, die sich einige Studierende vorstellen. Im Gegenteil, wie es Denzin und Lincoln (1998, S. 30) ausdrückten, sind sie häufig "chaotisch und unsicher". Aber solange Diplomanden und Doktoranden dies von Anfang an berücksichtigen, lassen sich mit genügend Planung und Anstrengung für alle Probleme ausreichende Lösungen finden.

Die für qualitative Forschung notwendige Qualifikation: Qualitative Methoden bestehen aus viel mehr als der Durchführung von Gesprächen mit den nächstbesten Gesprächspartnern, die bereit sind, mitzumachen und der Erstattung von Berichten über die Inhalte. Notwendig sind u.a. die Rekrutierung von Teilnehmern und die Gewinnung ihrer Unterstützung, ohne potenziell negative Folgen der Teilnahme außer Acht zu lassen. Ebenso notwendig ist die Fähigkeit, qualitative Daten auszuwerten (s. insb. Kapitel 5) und aus diesen Daten Erkenntnisse zu gewinnen. Die Folge ist, dass eine bestimmte persönliche Qualifikation für qualitativ orientierte Forscher unentbehrlich ist. Diese

Qualifikation umfasst mehrere Inhaltsbereiche:
- Der erste beinhaltet *spezielle Fachkenntnisse*, insbesondere bezüglich der Grundbegriffe, die Sozialwissenschaftler entwickelt haben, um menschliche Verhaltensweisen zu verstehen. Im Falle **quantitativer** Untersuchungen existieren das theoretische Gerüst und die sich daraus ergebenden Hypothesen bereits. In qualitativen Studien müssen diese in der Regel vom Forschungsleiter selbst herausgearbeitet werden.
- *Qualitative Untersuchungen basieren auf induktivem Denken,* das neue Perspektiven bietet. Diese müssen aus den von den Teilnehmern zur Verfügung gestellten Hinweisen, die meistens umgangssprachlich formuliert wurden, herausgearbeitet werden. Dies erfordert sowohl genaue Beobachtung als auch Aufmerksamkeit, Offenheit und Sensibilität für die Bedeutung von Hinweisen, zusammen mit der Fähigkeit, Konzepte aufzubauen und die wissenschaftliche Fantasie kreativ, aber diszipliniert, einzusetzen. In **quantitativen** Untersuchungen kann hingegen neues Material in der Regel in eine bestehende gedankliche Struktur integriert werden.
- *Die Persönlichkeit des Forschers spielt eine Rolle.* Notwendig sind Merkmale wie etwa Einfühlsamkeit und Offenheit, sowie die Fähigkeit, zu adaptieren und das Vertrauen anderer für sich zu gewinnen. Darüber hinaus sind Mut, Beharrlichkeit, Toleranz für Unsicherheit und Selbstvertrauen unentbehrlich.
- *Soziale Qualitäten des Forschers sind wichtig* (z. B. gutes soziales Urteilsvermögen und ein starkes Verantwortungs-Bewusstsein). Diese ermöglichen die geschickte Wahl von Teilnehmern, guten Umgang mit diesen Personen und ein Gespür dafür, wie intensiv man einen bestimmten Gesprächspartner befragen kann. Dies ist besonders bei solchen Verfahren wichtig, die einem Gesprächsthema auf den Grund gehen (z.B. Tiefeninterviews).
- *Eine ethische Haltung ist wichtig.* Der Forschungsleiter muss auf bestimmte Aspekte einer Untersuchung gewissenhaft achten, wie etwa informierte Zustimmung der Teilnehmer

oder Vermeidung negativer Folgen der Teilnahme, zum Beispiel wo es sich um Material aus der Intimsphäre bzw. um schmerzhafte Erinnerungen handelt - das Beispiel von Forschung mit suizidgefährdeten Personen wurde oben erwähnt. Die ethischen Aspekte qualitativer Forschung werden in Kapitel 3 eingehender erörtert (s. S. 83ff.). Selbstverständlich sind solche Überlegungen auch in der **quantitativen** Forschung wichtig. In qualitativen Studien jedoch sind sie wegen der intensiveren Interaktion mit den Teilnehmern (Offenbarung von persönlichem Material in einer Atmosphäre von Vertrauen) und des Anspruchs auf moralische Überlegenheit (Humanität und Respekt dem Individuum gegenüber) von besonderer Bedeutung.

Dies trifft bei klinischer Forschung besonders stark zu. Ein Beispiel aus der Vergangenheit: Es kam in den frühen Jahren der Encounter-Gruppen nicht selten vor, dass unerfahrene Gruppenleiter psychisch labile Teilnehmer dazu aufforderten, sich an Gruppengesprächen über Themen zu beteiligen, die sich mit Material von außergewöhnlicher persönlicher Brisanz oder sogar Bedrohlichkeit befassten: Z.B. der Trauerarbeit durch den Verlust einer lieb gewonnenen Person, dem Umgang mit gestörten Denkprozessen oder Mord- bzw. Vergewaltigungsfantasien. Nicht selten wurden solche Personen Ende der Gruppensitzungen einfach ohne Nachbereitung nach Hause geschickt, wo sie dieses aus dem Unbewussten ins Bewusstsein hervorgekommene Material allein bewältigen mussten. Selbstverständlich können ähnliche Situationen auch in nicht-klinischen Untersuchungen vorkommen. Bei klinischen Untersuchungen jedoch besteht eine besondere Gefahr, gerade, weil sie klinisch sind und sich häufig mit Inhalten befassen, die besonders schmerzlich sind. Die Folge ist, dass die persönliche Qualifikation für qualitative Forschung möglicherweise für Kliniker von besonderer Bedeutung ist, auch wenn dies nicht bedeuten darf, dass sich Forscher mit anderen Schwerpunkten weniger um ethische Überlegungen kümmern, bzw., dass klinische Forscher als besonders unethisch zu kennzeichnen sind.

Die besondere persönliche Qualifikation für qualitative Forschung beinhaltet folgende Dimensionen:
- spezielle Fachkenntnisse
- Einfühlsamkeit und Offenheit
- Toleranz für Unsicherheit und Selbstvertrauen
- Mut und Beharrlichkeit
- gutes soziales Urteilsvermögen und ein starkes Verantwortungsbewusstsein (ethische Haltung)

Folgende Kapitel
In den ersten beiden Kapiteln wurde auf Fragen eingegangen wie etwa "Was ist qualitative Forschung?" oder "Wer darf qualitativ forschen? In den folgenden Kapiteln handelt es sich um die Anwendung qualitativer Methoden, um Daten zu erheben und den Erkenntnisstand der Sozialwissenschaften zu erweitern, d.h. um die Frage: "Wie macht man es?" Mit anderen Worten handelt es sich um die Technik des qualitativen Ansatzes und um die Fragen:
1. Wie kann man qualitative Daten reliabel und valide erheben?
2. Wie kann man qualitative Daten reliabel und valide analysieren?
3. Wie kann man die Ergebnisse qualitativer Forschung wissenschaftlich vertretbar verallgemeinern und darüber Bericht erstatten?

Für radikal qualitativ orientierte Forschungstheoretiker leiden die Inhalte der folgenden Kapitel dieses Buches darunter, dass sie als von der Fakten-Ausgrabungs-Mentalität (s. S. 40) beeinflusst abgewertet werden können, d.h. sie können dafür kritisiert werden, dass sie sich mit der Anwendung von Forschungstechnologie beschäftigen, um "die Wahrheit" auszugraben. Ich muss zugeben, dass ich davon ausgehe, dass Realität existiert, auch wenn diese Realität von Person zu Person eine andere ist und sie stark sozial bestimmt ist. Ich bin der Meinung, dass reliable und valide qualitative Forschung, woraus brauchbare Verallgemeinerungen abgeleitet werden können, möglich ist. Kurz gesagt, es ist möglich, die Tatsachen akkurat zu erfassen und Forschung ist demnach nicht mit Dichtung gleichzusetzen.

Kapitel 3

Die Methodologie qualitativer Untersuchungen

Einige Autoren weigern sich, den Aufbau einer qualitativen Untersuchung überhaupt zu besprechen, weil sie meinen, eine solche Diskussion impliziere, dass es objektive Standardverfahren gäbe, die für alle qualitativen Untersuchungen gelten und von allen Forschern akzeptiert würden. Durch diesen Einwand entsteht der Eindruck, es gäbe keine reliable qualitative Forschung, da jeder Forscher sie auf seine eigene Art und Weise betreibe. Im vorliegenden Buch jedoch wird eher die von Kvale (1995, 1996) vertretene moderate Position akzeptiert: Er lehnt zwar die Grundidee des **quantitativen** Ansatzes, dass es eine Art Einheitsrealität gäbe, ab, akzeptiert jedoch, dass es "lokale" Realitäten gibt, die über den eingeschränkten Horizont einer Einzelperson hinausgehen und Gruppen von Menschen gemeinsam sind. Diese können von Forschern systematisch beschrieben und analysiert werden. Es bleibt jedoch die methodologische Frage, wie Daten über solche Realitäten reliabel und valide erhoben werden können, d.h., wie qualitative Untersuchungen wissenschaftlich durchgeführt werden können. Mit dieser Frage beschäftigt sich das vorliegende Kapitel. Besonders in der 2. Hälfte erfolgt die Diskussion anhand von Beispielen aus meiner eigenen Tätigkeit als Forscher.

Die Phasen qualitativer Untersuchungen

Laut Riessman (1993, p. 10) hat eine qualitative Untersuchung fünf Ebenen. Weil sie eigentlich eher die Schritte innerhalb eines Prozesses definieren, nenne ich sie lieber "Phasen". Obwohl sich diese Phasen in erster Linie auf Interview-Studien beziehen, lassen sie sich leicht auf andere Erhebungsvarianten übertragen. In Anlehnung an Riessman fasse ich die Phasen wie folgt zusammen:
- Phase des *Aufbaus* einer internen Nachbildung der Außenwelt durch die Personen, die später Teilnehmer werden
- Phase des *Erzählens* über diese Nachbildung, die jeweils die persönliche Realität eines spezifischen Teilnehmers darstellt. Das Erzählen erfolgt meistens im Rahmen eines Interviews - muss jedoch nicht - und führt zu irgendwelcher Fixierung, in der Regel durch den Forschungsleiter,

zuweilen aber durch die betreffende Person selbst (z.B. Briefe, Reden, andere Texte)
- Phase der *Transkription* der Erzählungen durch den Forschungsleiter
- Phase der *Auswertung* der Transkriptionen durch den Forschungsleiter
- Phase der *Kommunikation* der Ergebnisse an eine sachkundige Leserschaft durch den Forschungsleiter

Zu diesen Phasen möchte ich eine weitere hinzufügen und zwar
- Phase der *Validierung* der Inhalte eines Berichts durch die sachkundige Leserschaft

Wie bei jedem Phasensystem unterliegen auch die vorliegenden Phasen einer systematischen Reihenfolge, mit dem Aufbau der eigenen Realität durch Einzelpersonen am Anfang, Erzählen, Transkription und Auswertung als Zwischenstationen und Kommunikation und Validierung am Ende. Die ersten drei Phasen beziehen sich auf die Teilnehmer, insbesondere wie sie

(a) ihr Leben wahrnehmen,

(b) ein eigenes Verständnis darüber entwickeln und

(c) dieses dem Forscher selektiv und vororganisiert mitteilen.

Zusammen mit Aspekten der Transkription bilden Auswertung und Kommunikation einen zweiten Schwerpunkt, der sich in erster Linie mit dem Forscher befasst, wie er

(d) die Aussagen der Teilnehmer festhält,

(e) Einsichten in die Inhalte dieser Aussagen entwickelt, insbesondere in ihre allgemeinere Bedeutung und

(f) diese Einsichten mittels eines Forschungsberichts anderen zugänglich macht.

Einen dritten Schwerpunkt bilden die Aspekte von Kommunikation und Validierung, die sich aus dem Beitrag der Leser zum eben dargestellten Prozess ergeben.

Diese Phasen können folgendermaßen psychologisch ausgelegt werden:

1. *Menschen organisieren und strukturieren ihre Erfahrungen und speichern die Ergebnisse in ihrem Gedächtnis.* Die aufgezeichnete Abbildung ist nicht mit einem Foto gleichzusetzen, da die Menschen die Welt selektiv wahrnehmen und speichern und das Gespeicherte ebenso interpretieren,

d.h. sie gestalten ihre eigene Realität, wohingegen ein Foto-Apparat externe Gegebenheiten originalgetreu festhält. Das Ergebnis beinhaltet, dass durch diese Selektion und Organisierung sich die individuelle, subjektive Realität der Einzelperson von einer zumindest theoretisch vorhandenen, objektiven Wirklichkeit "verschiebt".

2. *Wenn sie über ihre Erfahrungen berichten, wählen Teilnehmer Aspekte dieser Realität aus, die ihnen interessant erscheinen bzw. die für sie eine spezielle Bedeutung haben.* Erzählen ist kein Prozess des Wiederholens von allem, was ihnen einfällt bzw. ihnen in Zusammenhang mit dem vom Forscher eingeführten Befragungsschwerpunkt je passiert ist. In der Regel sind ihre Erzählungen verhältnismäßig organisiert und nach eigenen Prioritäten strukturiert. Darüber hinaus neigen Teilnehmer dazu, ihre Erzählungen auf den spezifischen Hörer zuzuschneiden. Dies führt dazu, dass sich die Inhalte erneut "verschieben".

3. *Aussagen der Teilnehmer werden vom Forscher "fixiert".* Meistens erfolgt dies mittels einer Niederschrift, es kann jedoch auch in Form eines Videos, eines Tonbandmitschnitts oder aber auch in anderer Form erfolgen. (Riessman war der Meinung, dass Videoaufnahmen am ergiebigsten sind, obwohl sie einen großen technischen Aufwand verursachen und sehr viel Zeit in Anspruch nehmen.) Wie immer die Aussagen auch ursprünglich fixiert wurden, so nimmt das endgültige Protokoll fast immer die Form eines schriftlichen Dokuments an. Dieses Dokument enthält nicht alles, was der Gesprächspartner sagte, sondern seine Inhalte werden vom Forscher dem Untersuchungsgegenstand entsprechend selektiert - noch einmal findet eine Verschiebung statt, diesmal jedoch durch den Forscher bedingt.

4. *Der Forscher arbeitet den Sinn der Aussagen der Teilnehmer heraus.* Diese Phase wird von den Erwartungen, Interessensschwerpunkten und Einstellungen, sowie der erkenntnistheoretischen Orientierung und sogar den sozialpolitischen Überzeugungen des Forschers stark beeinflusst, d.h. noch eine weitere Verschiebung findet statt.

5. *Der Forscher schreibt einen Bericht über die Ergebnisse der Auswertung.* Die Inhalte dieses Berichtes werden durch die dargestellten Erwartungen, Interessensschwerpunkte, Einstellungen, erkenntnistheoretische Orientierung und sogar sozialpolitische Überzeugungen des Forschers einer weiteren Verschiebung unterworfen.
6. *Der Bericht wird von einer sachkundigen Leserschaft gelesen*, die die Brauchbarkeit seiner Inhalte im Sinne von Kapitel 2, d.h. auf Glaubwürdigkeit, Nachvollziehbarkeit usw. hin, einschätzt. Auch das von den Mitgliedern dieses Personenkreises entwickelte Verständnis und die Auswertung der Inhalte werden durch ihre eigenen Erwartungen, Einstellungen, Interessen, Überzeugungen usw. beeinflusst. Ein neuer Verschiebungsfaktor tritt auf.

Die Phasen werden in Tabelle 3.1 zusammengefasst (s. nächste Seite).

Dieses Phasenmodell der Entstehung einer wissenschaftlichen qualitativen Untersuchung lässt sich leicht mit dem von Cropley (2001, S. 73) dargestellten "erweiterten Phasenmodell der Kreativität" in Einklang bringen. Auch dieses Modell umfasst Phasen, die eine interne Abbildung der Außenwelt beinhalten, eine Auseinandersetzung mit diesen Inhalten stattfinden lassen, die Ergebnisse anderen Menschen mitteilen und eine Beurteilung (Validierung) dieser Ergebnisse ermöglichen. Auch in dieser Kreativitätsdiskussion wird die Wichtigkeit der Reaktionen von sachkundigen Beobachtern betont. Ohne diese Phase fehlt es sowohl einem kreativen Einfall als auch einer qualitativen Untersuchung an "Nützlichkeit", einem für qualitative Untersuchungen unentbehrlichen Kriterium der Validität.

Die Psychologie hat vor allem die an der ersten Phase beteiligten psychischen Prozesse untersucht, z.B. mittels der Erforschung von Wahrnehmung, Gedächtnis und den kognitiven und nicht-kognitiven Aspekten der Informationsverarbeitung (Aufnahme, Selektion, Strukturierung, Speicherung und Abruf von Information). Die Ergebnisse der entsprechenden Untersuchungen belegen, wie Menschen durch z.B. selektive Wahrnehmung oder Bildung von abgeschlossenen Gestalten (Gestaltpsychologie) "Rundungs"prozesse in Gang setzen, um auch aus fragmentierten Informationen eine harmonische Gesamtheit im Gedächtnis zu bilden. Praktisch gesehen kann jedoch ein Untersuchungsaufbau diese Phase sehr wenig, wenn überhaupt, beeinflussen, weil sie in der Regel lange vor dem Beginn des Forschungsprojektes stattfand. Es ist trotzdem wichtig, in der Planung der Untersuchung diese Phase und ihre Folgen für spätere Phasen im Auge zu behalten.

Tabelle 3.1: Die Phasen qualitativer Untersuchungen

Hauptakteure	Phase	Inhalt
Teilnehmer	Aufbau	Teilnehmer speichern eine geordnete und strukturierte Nachbildung ihrer Erfahrungen ab, die ihre "Realität" beinhaltet.
	Erzählen	Teilnehmer wählen die als relevant betrachteten Aspekte ihrer Nachbildung aus und teilen diese dem Forschungsleiter mit.
	Transkription (1. Schritt)	Der Forscher nimmt die Aussagen der Teilnehmer zur Kenntnis.
Forscher	Transkription (2. Schritt)	Der Forscher nimmt diejenigen Aspekte der Aussagen zu Protokoll, die ihm wichtig erscheinen.
	Auswertung	Der Forscher arbeitet den Sinn der von ihm selegierten und protokollierten Aussagen heraus.
	Kommunikation (1. Schritt)	Der Forscher verfasst einen Bericht.
Leserschaft	Kommunikation (2. Schritt)	Der Bericht wird von Fachspezialisten gelesen.
	Validierung	Dieser Personenkreis entwickelt ein Verständnis über die Inhalte des Berichtes und entscheidet, ob die Untersuchung nützlich ist.

Im Gegensatz zur ersten Phase können hinderliche Aspekte der restlichen Phasen (Erzählen, Transkription, Auswertung, Kommunikation und Validierung) - insbesondere die oben dargestellten "Verschiebungen" - für die Reliabilität und Validität in der Planung und Durchführung einer Untersuchung berücksichtigt und sogar reduziert werden. Auf diese

Punkte wird im vorliegenden und in den drei darauf folgenden Kapiteln eingegangen. Die Grundfrage der verbleibenden Abschnitte dieses Kapitels ist folgende: Wie kann man, trotz der zuvor dargestellten Verschiebungen, mittels qualitativer Erhebungen zu reliablen und validen Schlussfolgerungen gelangen?

> Eine qualitative Untersuchung besteht aus folgenden Phasen, die alle durch Prozesse wie etwa selektive Wahrnehmung gekennzeichnet sind:
> - Aufbau einer selektiven internen Nachbildung der Außenwelt durch die späteren Teilnehmer
> - Selektives Erzählen durch die Teilnehmer über ihre internen Nachbildungen
> - Selektive Transkription der Aussagen der Teilnehmer durch den Forschungsleiter
> - Selektive Auswertung der Inhalte der Transkriptionen durch den Forschungsleiter
> - Kommunikation der ausgewählten Ergebnisse der Analyse an eine Fachleserschaft. In der Regel findet dies in der Form einer Dissertation, Diplomarbeit oder ähnlichen Arbeit statt
> - Validierung der Ergebnisse durch die Leser

Neues Wissen wird durch den Prozess der Datenerhebung kreiert
Mit der Hilfe einer (gemischten) Metapher stellen Holstein und Gubrium (1995) den Kern der Datenerhebungstechnologie des qualitativen Ansatzes demjenigen des quantitativen gegenüber. **Quantitative** Untersuchungen würden im vorliegenden Fall auf einem Prozess des "Schürfens nach Tatsachen und Gefühlen innerhalb von Probanden (p. 2)" basieren. Die Daten würden als "Rohr, durch die Erkenntnisse fließen (p. 3)" fungieren. Somit würden die Daten eine real bestehende Realität widerspiegeln, die sie ans Tageslicht gebracht hätten. Kurz zusammengefasst: Dieser Ansatz basiert auf der Annahme, dass es "da drin" eine Wirklichkeit gäbe, die es, "durch die Anwendung einer adäquaten Forschungstechnologie auszugraben" gälte. Im Gegensatz dazu betont der **qualitative** Ansatz, dass das Wissen über einen Untersuchungsgegenstand vom Prozess seiner Erforschung abhängig sei und "alles Wissen durch die Erhebungstechnologie, wodurch es ans Tageslicht gebracht wurde, "kreiert" werde (Holstein und Gubrium, 1995, p. 3). Mit anderen Worten *entdecken*

Forscher Wissen im qualitativen Sinne nicht, sondern sie *kreieren* es. Andere Autoren, die sich mit diesem Ansatz aus dem Blickwinkel der Psychologie bzw. der Erziehungswissenschaft beschäftigt haben, sind Gergen (1985), Patton (1990) und Kvale (1996).

Soziale Gestaltung von Information: Die zuvor dargestellten Bedeutungsverschiebungen ergeben sich aus dem Prozess der Aufnahme, Speicherung, Erzählung, Kodierung, Interpretation und Validierung von Erfahrungen. Ein wichtiger Aspekt dieses Prozesses ist, dass er in einem sozialen Rahmen stattfindet. Als einfaches Beispiel dient die sozial bedingte Auslegung von etwa dem Ausdruck "die Reichen". Für einige Mitglieder einer sozioökonomischen Schicht sind diese Personen Bewahrer der traditionellen Kultur der Nation, die eine anspruchsvolle soziale Aufgabe übernommen haben. Für Menschen aus einem anderen Milieu sind "die Reichen" Parasiten, die ein unverdientes Luxusleben auf Kosten anderer genießen. Einem Marxisten erscheinen sie in erster Linie als die Besitzer der gesellschaftlichen Produktionsmittel, die durch unaufhaltsame historische Prozesse beseitigt werden sollen. Feministinnen betonen, dass der Großteil dessen, was als Wissen über Frauen gilt, ähnlich sozial gestaltet wird, d.h. den Frauen werden Stereotypien aufgezwungen, die sich aus einem von Männern einer bestimmten sozialen Schicht dominierten Verständnis des Frauseins ergeben.

Sogar der sozial gestaltete Einfluss einer Gruppe von an der Erhebung überhaupt nicht beteiligten Personen spielt eine Rolle und zwar der der Leser des Berichts. Auch ihr Verständnis der Inhalte der schriftlichen Arbeit wird wesentlich durch ihre schon bestehenden Meinungen, Erwartungen usw. beeinflusst - dadurch sind nicht weniger als drei Instanzen am Prozess des Kreierens von Wissen (und nicht seiner Entdeckung) beteiligt: Teilnehmer, Forscher, Leser.

Die besondere Rolle des Forschers: Im Rahmen von Diskussionen der sozialen Gestaltung von Wissen ist es wichtig zwischen Prozessen, die im Laufe der Datenerhebung erfolgen (d.h. in den Phasen des Erzählens, der Transkription, der Auswertung und der Kommunikation - s. Tab. 3.1) und denjenigen, die bereits vor Beginn der Erhebung beendet waren (d.h. sie fanden in der Phase des Aufbaus statt). *Sowohl Teilnehmer als auch der Forschungsleiter bestimmen bereits den Erhebungsprozess als Träger sozial gestalteten Wissens.* In der Vergangenheit haben sich beide mit ihren spezifischen Lebenserfahrungen selektiv auseinander gesetzt und sich dabei auf Aspekte bezogen, die gemäß ihrer Sozialisation wichtig, interessant sogar "richtig" sind. Es dürfte leicht nachzuvollziehen sein, dass Teilnehmer dem Forschungsleiter über ein sozial beeinflusstes Verständnis der Realität erzählen. Weniger evident jedoch ist, dass auch die sozial gestaltete Realität des Forschers Einfluss auf die Fragen nimmt, die er stellt und auf die Art und Weise, wie er dies tut. Mit anderen Worten, die soziale Gestaltung von Wissen beeinflusst nicht nur, was Teilnehmer erzählen, sondern auch was Forscher fragen! Darüber hinaus besteht ein verstärktes Risiko, dass die sozial gestaltete Realität des Forschers ebenso das lenken könnte, was er zu Protokoll nimmt und in welcher Art und Weise er sein protokolliertes Material interpretiert. Seine bereits bestehenden Meinungen, Erwartungen, sogar Vorurteile beeinflussen dementsprechend die Phasen der Transkription, der Auswertung und der Kommunikation.

Wenn wir die Datenerhebung genauer betrachten, erkennen wir, dass die Daten durch eine *Interaktion* zwischen Forschungsleiter und Teilnehmern erhoben werden. Selbstverständlich bestimmen die Meinungen, Einstellungen und dergleichen die Äußerungen der Teilnehmer. Zudem muss betont werden, dass auch der Forschungsleiter die Inhalte, den Ton usw. dieser Äußerungen mitbeeinflusst (Briggs, 1986). Am offensichtlichsten erfolgt dies durch Rückmeldungen seitens des Forschers, die die Aufmerksamkeit des Teilnehmers auf spezifische Inhalte lenken. Auf diese Art und Weise ist es durchaus möglich, ein Interview derartig zu beeinflussen, dass sich der Teilnehmer mit Themen befasst, die nicht ihn, sondern den Forschungsleiter interessieren, d.h. eine Beeinflussung der Inhalte ist durchaus möglich, sogar ohne spezifische Absicht. Zudem spielen andere Faktoren eine Rolle, wie etwa das Sprachniveau des Forschungsleiters bzw. das Abstraktionsniveau seiner Befragung und der Rückmeldungen. Durch diese wird dem Forscher ermöglicht, wie Cicourel (1974) betont, den Teilnehmern sein eigenes konzeptuelles Gerüst aufzuzwingen. Nehmen wir als Beispiel einen Forscher, der die Altenpflege als "Frauenarbeit" ansieht, die für Männer untypisch oder sogar "suspekt" sei. In einer Untersuchung über die Motivation erwachsener Kinder, die zu Hause bleiben, um sich um ihre kranken Eltern zu kümmern, könnte seine Einstellung sowohl die Aussagen von Teilnehmern über ihre eigenen Verhaltensweisen in eine bestimmte Richtung lenken, als auch seine eigene Herangehensweise an das Material beeinflussen.

Einflussmechanismen: Die Mechanismen, durch die Interviewer mit Teilnehmern interagieren und ihre Aussagen beeinflussen, sind bekannt. Der eine Mechanismus ist das so genannte "Shaping" von Verhalten durch den "Greenspoon-Effekt" (Verplanck, 1956). Wenn ein Interviewer auf bestimmte Inhalte mit etwa "ja" oder "gut" reagiert, kann dies dazu führen, dass sich Teilnehmer auf solche Inhalte konzentrieren. Auch möglicherweise unbewusste Reaktionen des Forschungsleiters, wie etwa Nicken oder sogar eine einfache erhöhte Aufmerksamkeit, können erkenntlich werden lassen, dass ihn bestimmte Inhalte besonders interessieren und dadurch die Aussagen der Teilnehmer lenken. Diese Gefahr ist bei Teilnehmern mit externer Kontrollüberzeugung besonders groß.

Die Hervorhebung von "internen" psychischen Faktoren betont Prozesse wie etwa "Ja-Sagen" (Couch und Keniston, 1960), Vermeidung von "kognitiver Dissonanz" (Festinger, 1978), Beeinflussung durch "soziale Erwünschtheit" (Crowne und Marlow, 1964), "Modelllernen" (Bandura und Walters, 1963) und einfache Konformität im Sinne von z.B. Asch (1955), die bei der sozialen Gestaltung von Informationen eine wichtige Rolle spielen. Zusammengefasst: Menschen neigen dazu, Meinungen zuzustimmen, die von Personen geäußert werden, die als mächtig angesehen werden bzw. einen hohen sozialen Status genießen (Ja-Sagen). Es ist durchaus möglich, dass sie die Meinungen dieser Personen übernehmen (Modelllernen, Nachahmung/Imitation). Ferner neigen Gesprächspartner dazu, Antworten zu geben und Meinungen und Einstellungen zu äußern, die ihnen selbst als auch anderen Personen logisch und rational erscheinen (Dissonanzvermeidung). Darüber hinaus versuchen sie Antworten zu geben, die herrschenden sozialen Normen entsprechen (soziale Erwünschtheit bzw. das, was heutzutage als "politische Korrektheit" bezeichnet wird).

Die Wirkung solcher Faktoren kann sehr stark sein. Ein eindrucksvolles Beispiel bietet eine frühe Untersuchung über Einstellungen der Bevölkerung zu Sicherheitsgurten im Auto, die zu einer Zeit durchgeführt wurde, in der Anschnallen noch kontrovers betrachtet wurde. Forscher stellten fest, dass etwa 5% der Männer, die in einem Interview behauptet hatten, sie würden sich niemals anschnallen, unmittelbar vor dem Interview bzw. kurz nachher angeschnallt waren. Offensichtlich wollten diese Männer nicht zugeben, dass sie sich anschnallten, da sie befürchteten, der Interviewer würde sie als "Weicheier" betrachten.

Ein weiteres, allgemeineres Beispiel ergibt sich aus der im vorigen Kapitel dargestellten Untersuchung deutscher Auswanderungswilliger, die nach Australien auswandern wollten. Fast alle Befragten gaben zunächst an, sie wollten Deutschland wegen Arbeitslosigkeit, Wohnungsknappheit und hoher Zinsen verlassen. Es herrschte sozusagen eine Einheitsliste. Eine eingehendere Befragung jedoch machte deutlich, dass es unter den Gesprächspartnern kaum Teilnehmer gab, die arbeitslos waren, keine Wohnung oder finanzielle Probleme hatten. Besonders auffällig war, dass die "Gründe", die sie angaben, kurz vorher in Zeitungen nachzulesen waren und im Fernsehen behandelt wurden. Ihre Antworten hatten sie der Berichterstattung in den Medien angepasst, da solche Gründe vernünftig und rational sein müssten, weil sie in der Zeitung standen bzw. im Fernsehen waren. Die angegebenen Gründe waren eindeutig sozial beeinflusst. Im Gegensatz dazu lieferten Tiefeninterviews wesentlich profundere Einsichten in die Motivationsstruktur der Teilnehmer und ermöglichten einen Blick hinter die sozial gestaltete Fassade.

Die beiden dargestellten Beispiele veranschaulichen auf einfache und konkrete Art und Weise, wie Antworten auf Fragebogenitems sozial gestaltet werden können. Solche Untersuchungen scheinen durch dieses Phänomen besonders behindert zu werden und das Problem wird durch die Tatsache noch erschwert, dass der Forschungsprozess selbst einem Prozess der sozialen Gestaltung unterliegt (s. oben). Obwohl dies ohne Zweifel auch bei **quantitativen** Untersuchungen zutrifft, ist es bei qualitativen besonders problematisch, weil diese Herangehensweise in der Regel eine intensive persönliche Interaktion zwischen Forschungsleiter und Teilnehmern beinhaltet. Eine soziale Beeinflussung der erhobenen Daten ist kaum zu vermeiden.

Berücksichtigung sozialer Gestaltung: Eine denkbare Reaktion auf diesen Zustand wäre, ihn als Störfaktor zu betrachten, dessen Wirkung mittels "guter" Forschungstechnologie wie etwa raffinierter Befragungstechnik oder geschickten Fragebogenentwurfs auszuschließen sei. Mit anderen Worten, die Wirkung der sozialen Gestaltung kann ausgeschlossen bzw. zumindest minimiert werden. Holstein und Gubrium (1995, p. 4) kennzeichnen diese erhebungstechnische Reaktion als das Auferlegen von "methodologischen Einschränkungen" auf den Untersuchungsaufbau. Beispiele für eine derartige technische Reaktion sind Vermeidung von Fragebogenitems mit ambivalenter Bedeutung, die Wahl eines den Gesprächspartnern angepassten Sprachniveaus bei der Durchführung von Interviews oder der konsequente Verzicht auf tendenziöse Fragen, die den Gesprächspartnern Antworten vorgeben.

Die Wichtigkeit dieser Regeln der "guten" Befragungstechnologie ist nicht zu leugnen - erhebungstechnisch sollte jede Untersuchung so gut wie möglich sein. Eine zu starke Hervorhebung von erhebungstechnischen Lösungen zum Problem der sozialen Gestaltung läuft jedoch Gefahr, die erkenntnistheoretische Bedeutung dieses Phänomens aus dem Auge zu verlieren. Der Glaube an eine technische Lösung ergibt sich aus dem Informationen-Ausgrabung-Modell des Prozesses der Datenerhebung, wonach die objektive Realität mehr oder weniger "rein" ausgegraben werden kann, wenn die Ausgrabungstechnologie nur perfektioniert werden kann.

Im Gegensatz dazu geht man in der "vollblutig" qualitativen Herangehensweise (z.B. Alasuutari, 1995) davon aus, dass in einer Untersuchung die soziale Gestaltung von Informationen unvermeidlich ist. Anstatt zu versuchen, sie auszuschließen, sollten Forscher sie als einen integralen Bestandteil jedweder Untersuchung akzeptieren und in der Datenerhebung, -auswertung und -interpretation entsprechend berücksichtigen. Folgendes Beispiel: Eine Diplomandin führte mit zwölf Frauen, die alle den Verlust einer geliebten Person erlebt hatten, Interviews, um den Prozess des Trauerns besser zu verstehen. Einer der Prüfer der Diplomarbeit machte (zurecht) darauf aufmerksam, dass die Ergebnisse der Auswertung der Interviewprotokolle sehr stark durch die Persönlichkeit der Forschungsleiterin beeinflusst waren. Der Prüfer schlug vor, Experten mit eingehenden Sachkenntnissen des Inhaltsbereichs als unabhängige Beurteiler einzusetzen, um die Genauigkeit der Auswertung unter die Lupe zu nehmen. Die Logik des Vorschlags lautete: Sollte die durchgeführte Auswertung der Diplomandin mit derjenigen der Experten übereinstimmen, wäre davon auszugehen, dass die Studentin ihre Daten "richtig" analysiert hätte.

So überzeugend dies klingen mag, ist es, aus der streng qualitativen Perspektive, falsch. Die Annahme des Prüfers war, dass die Daten eine einzige, objektiv korrekte Bedeutung hätten, die von jeder sachkundigen Person entdeckt werden würde, d.h. der Prüfer vertrat eine im Prinzip positivistisch gefärbte Position. Ein Theoretiker wie Alasuutari würde davon ausgehen, dass eine Übereinstimmung unter Beurteilern eher unwahrscheinlich sein würde, weil die Inhalte der Interviews das spezifische Ergebnis einer konkreten Interaktion zwischen zwei Individuen (einem Teilnehmer und einem Forscher) sind. Die Auswertung ergibt sich aus dieser einmaligen Interaktion und spiegelt diese wider. Ich gehe davon aus, dass beide Seiten z. T. recht haben. Wie sollen Untersuchungen so aufgebaut werden, dass sie trotz der sozialen Gestaltung von Information wissenschaftlich (reliabel und valide) bleiben?

- Daten werden nicht entdeckt, sondern "kreiert"
- Dieser Prozess wird "sozial" gestaltet
- Entsprechende Bedingungsfaktoren sind u.a. selektive Wahrnehmung, soziale Erwünschtheit oder Dissonanzvermeidung
- Nicht nur Teilnehmer tragen zu diesem Prozess bei, sondern auch der Forschungsleiter ist daran beteiligt
- Dieses Phänomen kann nicht einfach durch eine angebrachte Erhebungstechnologie ausgeschlossen werden

Grundlegende Aspekte eines Untersuchungsaufbaus

Qualitative Untersuchungen können auf drei *Ebenen* erfolgen, die unten in hierarchischer Reihenfolge bezüglich ihres "Radikalitätsgrades" aufgelistet werden. Eine Untersuchung kann auf der 1. Ebene ohne Berücksichtigung von 2. und 3. erfolgen bzw. auf der 2. ohne eine Auseinandersetzung mit den auf der 3. Ebene dargestellten theoretischen und praktischen Überlegungen.

1. *Quasi qualitative Untersuchungen* betonen "Typus" oder Ausprägungs*muster* anstatt Anzahl oder Ausprägungs*grad*. Sonst behalten sie die Merkmale einer **quantitativen** Untersuchung mehr oder weniger unberührt bei (Stichprobenbildung, Messung, statistische Verfahren usw.). Sie betrachten den Untersuchungsgegenstand als ein real existierendes Phänomen, das sich bei den Teilnehmern unterschiedlich manifestiert und ihre Verhaltensweisen verursacht. Als Beispiel gelte eine Untersuchung, die auf der Basis eines psychologischen Tests Teilnehmer in zwei "Typen", Typ A bzw. Typ B, aufteilte und zeigen konnte, dass A-Typen andersartig auf bestimmte Reize reagierten als B-Typen[1]. Sie könnte z.B. zeigen, dass A-Typen in Stress-Situationen eher psychosomatisch erkranken, wohingegen B-Typen

---

[1] Wie beim fiktiven Beispiel einer Untersuchung über geschlechtsbezogene Intelligenzunterschiede (s. Kap. 1) habe ich dieses Beispiel als Verständnisstütze einfach erfunden.

häufiger an Stimmungsstörungen leiden. In der Regel basieren quasi-qualitative Untersuchungen auf einer bzw. mehreren Hypothesen, die mittels bekannter **quantitativer** Verfahren geprüft werden, d.h. sie sind deduktiv. Laut Elliott (1999) bis vor Kurzem schränkte sich in der Psychologie das Verständnis von "qualitativ" auf solche Studien ein.

2. *Phänomenologische Untersuchungen* gehen ebenso davon aus, dass der Untersuchungsgegenstand über ein einzigartiges persönliches Verständnis der Welt durch spezifische Teilnehmer hinausgeht. Der Interessensschwerpunkt ist jedoch die Frage, *wie dieser Gegenstand durch die Teilnehmer erlebt wird*. Eine phänomenologische Untersuchung könnte Eltern von Kindern, die sich bei der Geburt schwerwiegende Hirnverletzungen zuzogen, fragen, wie es "sich anfühlt", sich in dieser Situation zu befinden. Interessante Fragen wären u.a., wie diese Personen ihre Situation konzipieren (z.B. als Fluch oder Strafe Gottes bzw. als Herausforderung und Chance, einem anderen Menschen zu helfen). Meistens liefern solche Untersuchungen nicht-numerische Daten. Sie sind eher deskriptiv und verzichten auf die Prüfung von Hypothesen (bis auf gemischte Ansätze - s.S. 111ff.). Typische Ergebnisse solcher Studien sind Hypothesen, d.h. sie sind induktiv.

3. *Radikal qualitative Untersuchungen* lehnen den Begriff "objektive Fakten" konsequent ab. Theoretiker, die eine radikale Position einnehmen, behaupten, es gäbe keinerlei objektive Fakten. Die Gegenstände, mit denen sich Forscher beschäftigen, existierten als definierte Entitäten nicht, sondern sie seien von Forschern und Teilnehmern erfunden worden (z.B. Postmodernismus). Die Aufgabe von Forschern sei es, mit Teilnehmern zu interagieren, z.B. durch Interviews. Auch andere Möglichkeiten existieren (z.B. teilnehmende Beobachtung, Fallstudien, Autobiografien), um die Realität des spezifischen Teilnehmers "nachzubilden".

In diesem Buch betone ich die Notwendigkeit, *"interne" Zustände und Prozesse aus dem Blickwinkel der daran beteiligten Menschen zu untersuchen.* Ich akzeptiere zudem auch die Idee der sozialen Gestaltung von Information. Meine Position ist jedoch nicht im Sinne der eben skizzierten Ebenen "radikal". Ich lehne die Idee einer Realität nicht konsequent ab und gehe nicht davon aus, es sei unmöglich, verallgemeinernde Schlussfolgerungen zu ziehen. Ganz im Gegenteil: Folgende Abschnitte und Kapitel gehen darauf ein, wie reliable Daten mittels qualitativer Methoden erhoben und valide Schlussfolgerungen gezogen werden können. Es wirft sich jetzt die Frage auf, wie dies geschieht.

Festlegung des "Untersuchungsgegenstandes": Der 1. Schritt besteht darin, festzulegen, womit sich die Untersuchung befassen wird. In **quantitativen** Untersuchungen erfordert dies in der Regel die Formulierung einer Hypothese, die sich aus der entsprechenden Literatur ergibt. Für statistische Auswertungsverfahren ist eine Hypothese unentbehrlich und zwar in der Form einer Nullhypothese. Im Fall von **qualitativen** Untersuchungen ist eine formale Hypothese am Anfang optional. Dies bedeutet jedoch auf keinen Fall, dass der Forscher an die Untersuchung ziellos herangeht: Auch qualitative Untersuchungen müssen konkrete Ziele haben, d.h. *sie müssen sich mit einem spezifischen Untersuchungsgegenstand beschäftigen* (Hamel, 1993, p. 41).

Laut Taylor und Bogdan (1998, p. 25) kann der Untersuchungsgegenstand entweder "substanziell" oder "formal" sein. Das Ziel eines substanziellen Untersuchungsgegenstands ist

(a) die Gewinnung eines eingehenden Verständnisses bezüglich *einer spezifischen Umgebung,* bzw.

(b) die Herausarbeitung *einer detaillierten Beschreibung* von Verhaltensweisen unter speziellen Bedingungen.

Mit anderen Worten, eine substanzielle Untersuchung beschäftigt sich mit der inneren Wesensart des Untersuchungsgegenstandes, d.h. mit einer Beschreibung seiner Substanz. Eine solche Untersuchung könnte z.B Freundschaftsverhältnisse in einer Strafanstalt untersuchen.[2] Wer ist mit wem befreundet und warum? Der Untersuchungsgegenstand ist das Gefängnisleben und das gewünschte Ergebnis ist eine Erweiterung von Kenntnissen diesbezüglich.

---

[2] Auch dieses Beispiel ist fiktiv.

Im Gegensatz dazu zielen formale Untersuchungen auf die *Entwicklung von theoretischen Einsichten in das Wesen eines abstrakten Phänomens*, d.h. in seine Form. Im zuvor eingeführten Beispiel könnte sich der Forschungsleiter für Zusammenhänge zwischen Freundschaft und etwa Persönlichkeit oder Einstellungen interessieren oder für psychologische Faktoren, die die Bildung freundschaftlicher Verhältnisse bedingen. Im Gegensatz zum 1. Beispiel ist das Ziel nicht in erster Linie eine Beschreibung der Gefängnisumgebung, so brauchbar und interessant solche Informationen sein dürften, sondern eine Erweiterung unseres Erkenntnisstandes über das psychologische Phänomen "Freundschaft". Die Untersuchung wird nicht deswegen in der Strafanstalt durchgeführt, weil wir diese Umgebung besser kennen möchten. Die Gefängnisumgebung ist lediglich interessant, weil freundschaftliche Verhältnisse dort von besonderer Bedeutung sind und wir glauben, dass die Insassen diesbezüglich viel wissen. Das mittelbare Ziel könnte die Herausarbeitung von Vorschlägen für die Novellierung einiger Prinzipien der Sozialpsychologie sein, wie etwa die Grundlagen der Gruppen- bzw. Meinungsbildung oder die Prinzipien der Rollen- und Machtverteilung.

Taylor und Bogdan (1998) vertreten die Meinung, dass die Entscheidung, substanzielle bzw. formale Ziele zu verfolgen, erst nach der Durchführung der ersten Interviews zu treffen sei, nachdem der Forschungsleiter mit den Gesprächspartnern und dem Gesprächsthema etwas Erfahrung gesammelt hat. Entscheidend ist, dass unerfahrene Forscher mithilfe der ersten Fälle "sich an die Sache herantasten" (aus dem Englischen - Taylor und Bogdan, 1998, S. 27 - frei übersetzt). Doch wollen Forscher in der Regel mehr erreichen als eine einfache Beschreibung. Strauss und Corbin (1998) betonen, dass die Tradition der Sozialwissenschaften erfordere auch von **qualitativen** Forschern mehr als rein beschreibende Untersuchungen. Auch die universitäre Umwelt, in der sich Diplomanden und Doktoranden zurecht finden müssen, scheint formale Untersuchungsgegenstände vorzuziehen. Es ist diesen Personen deswegen zu raten, in ihren Untersuchungen über eine Beschreibung hinauszugehen und zu versuchen, erstens, unser Verständnis fundamentaler Prozesse zu erweitern und zweitens, die bestehende Theorie, zumindest ansatzweise, zu erneuern.

Die sich auf Seite 44-45 befindenden Beispiele für qualitative Forschungsfragen verdeutlichen, was mit dem Ausdruck "formaler Untersuchungsgegenstand" gemeint ist. Im 1. Beispiel ist er vielleicht "Migrationspsychologie", im 2. "Einstellungen zur Sicherheit", im 3. "Konzepte von Behinderung" usw. Das angestrebte Ziel müsste jedoch *über eine Liste von Motiven oder Einstellungen hinausgehen* und auch die Dynamik ihres Zusammenspiels und die Folgen dieser für die entsprechende Theorie untersuchen, sowohl bezüglich der spezifischen Theorie (z.b. die Psychologie des Wanderungs- bzw. Fahrverhaltens) als auch der allgemeinen (z.B. Motivations- oder Einstellungstheorie). Letztlich sollte eine Arbeit im Sinne des Kriteriums der Nützlichkeit (s. Kapitel 2) Folgen ableiten für

(a) die praktische Anwendung der Befunde (z.B. Beratungsansätze, Trainingsverfahren oder pädagogische Maßnahmen) und

(b) die weitere Erforschung des Gegenstandes.

Ursprung des Untersuchungsgegenstandes: Eine wichtige Frage in diesem Zusammenhang ist *der Ursprung des Untersuchungsgegenstandes*. Das zuvor erwähnte Kriterium "Kohärenz" (S. 35) erfordert eine konsistente interne Logik bei der Herausarbeitung des Untersuchungsgegenstandes. Im Falle **quantitativer** Untersuchungen erfolgt dies in der Regel durch die logische Ableitung des Gegenstandes aus bestehenden Forschungsbefunden (s. das unten skizzierte Beispiel). Die entsprechenden Untersuchungen versuchen zu meist zu zeigen, dass das bereits Bekannte auch in neuen Situationen zutrifft.

Als konkretes Beispiel soll eine Untersuchung über Intelligenzentwicklung und Milieu dienen, die ich zusammen mit einem Diplomanden in Kanada durchführte (Cropley und Cardy, 1975). Während der Lektüre von Forschungsberichten, die sich mit diesem Thema beschäftigten, haben mich die zahlreichen Befunde über den Zusammenhang zwischen IQ-Werten von Minderheitenkindern und dem Ausmaß an Kontakt zur Kultur der Mehrheit interessiert. Mir wurde bewusst, dass sich in der damaligen Umgebung eine Art natürlichen Labors befand: Die Mehrheitskultur bildete diejenige der Weißen, die Minderheitskultur die der Indianer. Für die in der Hauptstadt lebenden Indianerkinder war der Grad des Kontakts mit der dominierenden Kultur der weißen Mehrheit hoch, für Kinder aus der Kleinstadt niedriger, für Dorfkinder noch geringer und für Kinder aus abgelegenen Buschsiedlungen am geringsten. Eine Übertragung der schon bekannten Befunde auf diese Situation legte nahe, dass in den verschiedenen Umgebungen, die stets abgelegener wurden, mit stets kleiner werdenden Gruppen-IQ-Mittelwerten zu rechnen sein müsste: der höchste Mittelwert in der Stadt, der kleinste im Busch und dazwischenliegende Werte in der Kleinstadt und in dem Dorf. Ebenso bekannt war, dass diese Tendenz bei nicht-verbaler Intelligenz weniger stark ausgeprägt ist als bei verbaler: Folgerichtig müsste die Größe der Gruppenunterschiede im Fall von nicht-verbalen IQ-Werten kleiner sein.

Obwohl diese Untersuchung lediglich als Beispiel für die Ableitung eines Untersuchungsgegenstandes aus bestehenden Kenntnissen dargestellt wird, kann kurz über die Ergebnisse berichtet werden. Nach Bildung einer entsprechenden Anzahl von Gruppen von Kindern wurden sowohl verbale als auch nicht-verbale IQ-Werte mittels entsprechender Testverfahren gemessen, Gruppenmittelwerte ausgerechnet und die Nullhypothese geprüft: Es gäbe keine signifikanten Unterschiede der Gruppenmittelwerte. Im Fall der verbalen IQ-Werte konnte die Hypothese abgelehnt werden: Jeder Gruppenvergleich war statistisch signifikant. Es gab demnach eine stetige Verminderung der IQ-Mittelwerte von der Gruppe der Großstadtkinder (höchster Gruppenmittelwert), über die Kleinstadtkinder (zweithöchster Wert), die Dorfkinder (dritthöchster) bis zur Gruppe der Buschkinder (niedrigster Mittelwert). Darüber hinaus war diese Tendenz bei nicht-verbaler Intelligenz deutlich weniger stark ausgeprägt. Wir sind zu dem Schluss gelangt, dass allgemeinere Theorien auch für unsere Probanden galten. Dies ist ein Beispiel für **quantitatives** Denken – Bestätigung der Relevanz bestehender Kenntnisse über ein Phänomen in einer neuen Situation.

Darüber hinaus führten wir die beobachteten IQ-Unterschiede darauf zurück, dass sich die Leistungsunterschiede zumindest zum Teil daraus ergeben, dass die für die Tests erforderlichen Kenntnisse, Fertigkeiten, Einstellungen und Motivationen für das Großstadtleben sehr wichtig, für die Buschumgebung jedoch kaum relevant sind. Im Busch ist es wichtiger, zu wissen, wie man Fisch richtig ködert, als was man tun müsste, sollte jemand im stark frequentierten Kino, "Feuer!" schreien (Letzteres ist ein echtes Beispiel aus einem bekannten Intelligenz-Test). Folglich würde man erwarten, dass die Buschkinder wesentlich besser abschneiden würden, wenn die Tests für sie relevante Inhalte betonten: Interessant wäre eine **qualitative** Fragestellung wie etwa, "Was für Kenntnisse und Fertigkeiten betrachten Kinder aus unterschiedlichen Milieus als wichtig und warum?" Ein denkbares Ergebnis wäre die Feststellung, dass es zwischen den Gruppen keine Unterschiede des Potenzials gibt, sich sozial relevantes Wissen anzueignen, sondern eher Unterschiede der Inhalte des

Erworbenen, d.h. qualitative Unterschiede. Ein solches Ergebnis würde bestehende Erkenntnisse über Intelligenzentwicklung und ihre Bedingungsfaktoren erweitern: Kinder erwerben Kenntnisse und Fertigkeiten, die in ihrer Umwelt brauchbar sind.

Entwicklung des Untersuchungsgegenstandes: Wie zuvor dargestellt, ergibt sich in quantitativen Untersuchungen der Untersuchungsgegenstand zumeist aus logischen Ableitungen aus bestehenden Kenntnissen. In der **qualitativen** Forschung, auf der anderen Seite, kann er einfach aus einer Intuition, der Neugierde oder aber aus einem aus den eigenen Lebenserfahrungen stammenden Vorgefühl hergeleitet werden. Ein Forscher mit einem hoch begabten bzw. einem minder begabten Kind könnte sich z.B. für die Frage interessieren: "Was halten solche Kinder von der Schule?" bzw. "Wie betrachten Lehrende solche Kinder?" Eine Person, die erst vor Kurzem die Folgen des Verlustes eines geliebten Menschen verkraften musste, könnte auf die Bewältigungsstrategien anderer Personen in dergleichen Situation neugierig sein.

Meine eigene Untersuchung zum Thema "Auswanderungsmotivation" ergab sich aus der Tatsache, dass ca. 1982 innerhalb von etwa drei Monaten mehrere fremde Personen mit mir telefonierten, um über ihre bevorstehende Migration nach Australien zu sprechen, nachdem sie gehört hatten, dass es im Fachbereich Psychologie der Universität Hamburg einen Australier gab. Diese Gespräche erweckten meine Neugierde und ich telefonierte mit dem australischen Einwanderungszentrum (damals in Köln). Die Beamten dort bestätigten, dass es in jüngster Zeit einen steilen Anstieg in der Anzahl der Anträge auf Visen gegeben hatte. Ich fragte mich: Warum wollen plötzlich so viele Leute nach Australien auswandern, obwohl sie über das Land so wenig wissen bzw. soviel Falsches glauben? So kam ich auf einen Untersuchungsgegenstand, der mich mehrere Jahre lang beschäftigen sollte.

Dieses Beispiel verdeutlicht, dass in qualitativen Untersuchungen sich der Untersuchungsgegenstand aus einem *Prozess* ergeben kann. Im vorliegenden Fall sahen die Stationen dieses Prozesses in etwa wie folgt aus: Im Einwanderungszentrum führte ich mit Antragstellern von Visen "herantastende" Interviews. Eine Inhaltsanalyse dieser ersten Gespräche verdeutlichte, dass die Motivation der Antragsteller häufig auch ihnen selbst nicht geläufig war und durch eine Schicht von Rationalisierungen verdeckt blieb. "Verdeckte Motivation" wurde als Untersuchungsgegenstand "entdeckt". Das Erhebungsverfahren (Fragebogenaktion) wurde zu

Gunsten eines Prozedere geändert, das für eine Auseinandersetzung mit schwer zugänglichem Material angebrachter erschien nämlich zu Gunsten von Tiefeninterviews. Es entstand jetzt auch die Frage, ob und wie sich Auswanderungswillige von anderen Menschen unterscheiden, die entweder sich für Auswanderung überhaupt nicht interessieren oder auswandern und als "Versager" in die Heimat zurückkehren. Um diese Frage zu beantworten, interviewte ich zudem zwei neue Gruppen von Teilnehmern: sowohl Menschen ohne Auswanderungsinteresse als auch zurückgekehrte ehemalige Auswanderer. Nicht nur der Untersuchungsgegenstand, sondern auch "die Stichprobe" änderte sich demnach im Laufe der Untersuchung.

Die Einsichten in die Motivationsstruktur Auswanderungswilliger führte zu einer Infragestellung bestehender Modelle, besonders des Kosten-Nutzen-Prinzips. Wir fanden, dass Auswanderung ein denkbarer Weg sein könnte, um sich mit "normalen" psychischen Entwicklungsaufgaben wie etwa Individuation (psychische Abnabelung) auseinander zu setzen. Sie scheint für ca. 6% bis 7% aller Menschen die bevorzugte Herangehensweise an diese Aufgaben zu sein, bei der ökonomische oder ähnliche Überlegungen eine lediglich sekundäre Rolle spielen. Solche Faktoren *lenken* zwar das Auswanderungsverhalten, der unmittelbare Auslöser sind sie jedoch nicht. Auf der Basis dieser Auswertung wurden, wie in Kapitel 2 schon erwähnt, Beratungsmaßnahmen entworfen.

Die Quelle meines Untersuchungsgegenstandes war Neugierde und persönliche Betroffenheit, weil ich nicht nur selbst Australier bin, sondern auch selbst nach Deutschland ausgewandert war. Das Vorhaben wurde durch die Anrufe in Gang gesetzt. Es gab keine vorformulierten Hypothesen und anfänglich verfügte ich über keine Kenntnisse der Fachliteratur zum Thema Auswanderung. Die Details der Untersuchung entwickelten sich in ihrem Verlauf und Befunde über "interne" vs. "externe" Modelle des Auswanderungsverhaltens, "kognitive" vs. "dynamische" Motive, bzw. den Zusammenhang zwischen Auswanderung und Persönlichkeit kristallisierten sich "überraschend" (s. Kapitel 6) heraus. In **quantitativen** Untersuchungen gilt eine solche Adaptierung des Untersuchungsgegenstandes und der Stichprobe im Laufe einer Untersuchung fast als wissenschaftlich unredlich, doch der dynamische, prozessartige Charakter qualitativer Studien erlaubt sie, so lange im Forschungsbericht alles offen dargestellt wird.

Die "Stichprobe" in qualitativen Untersuchungen
Im Idealfall lösen **quantitativ** Forschende das Problem der Suche nach Personen, von denen sie Informationen gewinnen können (d.h. das Problem der Bildung einer Stichprobe), durch verschiedenartige Sampling-Verfahren, wie etwa Bildung einer Zufalls- bzw. Quotenstichprobe oder Wahl einer repräsentativen Stichprobe. Wird die Stichprobe nicht derartig gebildet, stellt dieses Versäumnis einen Mangel für sowohl die interne als auch die externe Validität dar. Auch im Fall von **qualitativen** Untersuchungen, wie bei quantitativen, ist es wichtig zu verdeutlichen, mit wem über den Untersuchungsgegenstand gesprochen wurde. Formale erhebungstechnische Aspekte der Stichprobenbildung sind jedoch weniger wichtig und die Samplingtechnologie wird häufig weniger eingehend dargestellt. In qualitativen Studien handelt es sich in erster Linie darum, Gesprächspartner zu finden, die sehr gut in der Lage sind, den Untersuchungsgegenstand zu beleuchten - ihre Vertrautheit mit dem Untersuchungsgegenstand hat gegenüber der Sampling-Theorie den Vorrang.

"Narrativkompetenz": Den Kern dieser Herangehensweise an die Stichprobenbildung bildet die Idee, dass jeder Mensch über die Fähigkeit verfügt, sein eigenes Leben und wie er es mit Sinn füllt, darzustellen. Diese Fähigkeit wird *Narrativkompetenz* genannt. Als Praxisbeispiel für dieses Prinzip dient eine Untersuchung über Armut. Eine qualitative Fragestellung wäre: "Wie verstehen arme Menschen ihre Situation und ihr Verhältnis zu anderen Gruppen in der Gesellschaft?" Anstatt mit anerkannten Experten aus diesem Bereich zu sprechen (z.B. Ökonomen, Sozialarbeitern, Beratern, sogar freiwilligen Aushilfskräften), könnte ein Forscher direkt mit den Betroffenen sprechen und sie nach ihrem Verständnis von Armut befragen. Unter dieser Betrachtungsweise könnte sich herausstellen, dass solche Personen über ein fassettenreiches und differenziertes Verständnis ihrer Situation verfügen und in der Lage sind, dieses Material in Gesprächen zu artikulieren. So gut nachvollziehbar dieses auch klingt, so bleiben noch zwei Prinzipien der Stichprobenbildung, die für die Validität Auswirkungen haben und deswegen im Folgenden geklärt werden.

Repräsentativität: **Quantitative** Untersuchungen zielen in erster Linie auf die Übertragbarkeit einer bestehenden Theorie auf eine neue Personengruppe ab. Aus dem Blickwinkel der Stichprobenbildung bedeutet dies, dass die an der Untersuchung beteiligten Personen die

Personengruppe, auf die die Theorie übertragen werden soll, "repräsentieren" müssen (externe Validität). Um ein Beispiel zu nennen: Eine Untersuchung über Intelligenz-Test-Werte und soziale Schicht könnte versuchen zu zeigen, dass der bekannte Befund, wonach Kinder aus gebildeten Schichten in IQ-Tests besser abschneiden, auch bei Kindern in abgelegenen Gegenden von Kanada zutrifft. Um eine Verallgemeinerung eventuell auftauchender statistisch signifikanter Unterschiede auf alle kanadischen Kinder vorzunehmen, müssten die für die Zwecke der Untersuchung gebildeten Gruppen von Kindern aus der unterprivilegierten sozialen Schicht bzw. aus den gebildeten Schichten alle unterprivilegierten bzw. alle Bildungsschichtkinder "vertreten". Nehmen wir an, dass sich z.b. lediglich französisch sprechende Kinder aus der Provinz von Quebec in der Gruppe der unterprivilegierten befänden, so wäre durchaus denkbar, dass eventuell signifikante Unterschiede zwischen den Gruppen nur auf Frankokanadier zu übertragen wären und nicht auf Anglokanadier. Diese Schwäche, die für die *externe* Validität äußerst hinderlich wäre, ergäbe sich aus schwerwiegenden Mängeln in der Stichprobenbildung, insbesondere aus der Nicht-Repräsentativität der Stichprobe. Wie könnte man mittels mit Frankokanadiern erhobener Daten Schlüsse ziehen, die für alle kanadischen Kinder gelten? Dies wäre nur möglich, wenn die Frankokanadier den Anglokanadiern sehr ähnlich wären, d.h. sie repräsentierten. (Diese Mängel wären auch für die *interne* Validität äußerst hinderlich: Aufgrund der Mischung von sozialer Schicht mit Muttersprache wäre nicht eindeutig zu bestimmen, ob eventuell signifikante Unterschiede zwischen den Gruppen lediglich auf die soziale Schicht zurückzuführen wären bzw. auf die Muttersprache oder sogar auf eine Kombination beider.)

Bei der **qualitativen** Forschung ist es etwas anders. Diese Untersuchungen beziehen sich nicht auf eine eindeutig definierte, von den Probanden repräsentierte Grundgesamtheit, bei der Befunde gelten sollen, sondern auf spezielle Fälle (Akteure, Gesprächspartner, Teilnehmer), die mit dem Untersuchungsgegenstand vertraut sind. Die entscheidende Qualifikation ist die Informiertheit über den Gegenstand. Daraus ergibt sich ein anderes Verständnis von Repräsentativität. Der Forschungsleiter fragt sich nicht: "Welche Probanden brauche ich, um eine für meine Grundgesamtheit repräsentative Stichprobe zu bilden?", sondern: "Welche Personen wissen über meinen Untersuchungsgegenstand Bescheid?" bzw.

"Sind die Gesprächspartner, mit denen ich vorhabe, über meinen Untersuchungsgegenstand zu sprechen, ausreichend darüber informiert?"

Wie es Hamel ausdrückte, ist in qualitativen Untersuchungen die Repräsentativität oder Nicht-Repräsentativität einer spezifischen Gruppe von potenziellen Teilnehmern meistens sofort zu erkennen. Es ist zum Beispiel ohne weiteres evident, zumindest vom Prinzip, dass Deutsche, die ein australisches Einwanderungsvisum beantragt haben, viel über ihre Motivation, nach Australien auszuwandern, wissen müssten. Auch liegt auf der Hand, dass Klassenlehrer über Wissen zur Auswirkung der Klassenfrequenz verfügen müssten. In einem qualitativen Sinne bilden Visumsantragsteller eine "repräsentative" Stichprobe für eine Untersuchung über Auswanderungsmotivation sowie Klassenlehrer eine "repräsentative" Stichprobe für eine Studie über Klassenfrequenz.

Stichprobengröße: Eine häufig gestellte Frage ist: "Wie groß muss die Stichprobe sein?" Bei qualitativen Untersuchungen gilt die informelle Faustregel, dass es ein umgekehrtes Verhältnis gibt zwischen der Intensität des Kontakts zum Einzelteilnehmer (z.B. Länge des Gesprächs, Tiefe der Befragung) und der erforderlichen Anzahl von Gesprächen: Je oberflächlicher bzw. kürzer das Gespräch, desto mehr Teilnehmer. Es besteht so etwas wie ein "Anstrengungsquantum". Diesem kann durch die Bearbeitung eines Einzelfalls entsprochen werden, z.B. durch ein sich etwa über 50 Stunden erstreckendes Gespräch mit einem einzigen, weltberühmten Erfinder, das auf Tonband oder Video aufgenommen und sehr eingehend analysiert wird. Ein anderes Modell für die Erfüllung des Quantums jedoch bestünde aus etwa 30 einstündigen Gesprächen mit Einzelpersonen. Die notwendige Stichprobengröße hängt von der *Intensität des Kontaktes zu den Fällen* ab.

Die notwendige Stichprobengröße hängt zudem davon ab, *wie viele Personen es gibt, die über den Untersuchungsgegenstand informiert sind.* Es liegt auf der Hand, dass eine Untersuchung über die Entstehung von Picassos Malerei nur einen einzigen Fall erfordern würde - Picasso selbst. Kaum jemand würde behaupten, dass für diese Untersuchung Picasso als "Stichprobe" nicht ausreichen würde! Untersuchungen mit N=1 finden sich mit einer einführenden Diskussion bei u.a. Kelle und Kluge (1999) und Mayring (2002, S. 41-46). Aber die Anwendung des zuvor eingeführten "Anstrengungsquantums" macht deutlich, dass der Intensitätsgrad des Kontaktes zum Gesprächspartner hoch sein müsste.

Ein 3. Kriterium ergibt sich aus der Breite bzw. der Enge des Untersuchungsgegenstandes. *Wenn das untersuchte Thema sehr breit angelegt ist, kann ein einziger Fall schon als Stichprobe ausreichen.* Mit hoher Wahrscheinlichkeit müsste Newton nicht wiederholt von einem Apfel auf den Kopf getroffen werden, um auf die Idee von Schwerkraft zu kommen! Paradoxerweise kann eine sehr enge, detaillierte Idee für eine Untersuchung eine große Anzahl von Fällen erfordern. Hätte Newton enger hypothetisiert, dass z.b. Schwerkraft lediglich auf Obst wirkt, hätte er wesentlich mehr Fälle beobachten müssen.

Ein relevantes Konzept der qualitativen Forschung ist *theoretische* Stichprobenbildung (Glaser und Strauss, 1967). Diese Idee wird im Kapitel 4 eingehender besprochen, da sie sich mehr mit Datenauswertungsverfahren als mit Stichprobenbildung beschäftigt. Es kann jedoch hier vorweggenommen werden, dass die Stichprobe groß genug ist, *wenn im Laufe der Datenauswertung das Hinzufügen weiterer Fälle zu keinen Änderungen der provisorischen Schlussfolgerungen führt.* Unter diesem Aspekt bezieht sich der Terminus "theoretisch" nicht auf eine Theorie der Stichprobenbildung, sonder auf die Frage, ob eine Vergrößerung der Stichprobe eine bereits ausformulierte theoretische Interpretation der zuvor abgeschlossenen Interviews abschwächt bzw. verstärkt, oder aber von keiner Bedeutung ist. Im zweiten Fall sind weitere Fälle unnötig - die Stichprobe ist groß genug.

In der Regel wollen Diplomanden und Doktoranden in den Sozialwissenschaften ihren Untersuchungsgegenstand "formal" erforschen, d.h. nicht nur eine Umgebung beschreiben, sondern darüber hinaus dazugehörende Theorie aufbauen. Vor allem muss der Forschungsleiter entscheiden:
• Was will er genau untersuchen?
• Wessen Erzählungen sind für diesen Untersuchungsgegenstand relevant und ergiebig?
Die Gruppe der Teilnehmer (die "Stichprobe") ist groß genug, wenn sie für die Bildung einer Theorie ausreicht.

Ethische Aspekte einer Untersuchungsanlage
In jüngerer Zeit hat sich die Deutsche Gesellschaft für Psychologie mit ethischen Normen in der Forschung befasst und in Anlehnung an die

Normen der *American Psychological Association* (APA) entsprechende Richtlinien für die Arbeit mit sowohl Tieren als auch Menschen veröffentlicht. Qualitative Untersuchungen im Sinne des vorliegenden Buches erfolgen immer mit Menschen. Diese Studien werfen ethische Fragen von besonderer Brisanz auf. So wichtig es ist, bei der Planung einer Untersuchung die Optimierung von Reliabilität und Validität zu betonen, so darf dies nicht auf Kosten der Teilnehmer geschehen. Der Wunsch, Teilnehmer vor Körperverletzungen zu schützen, benötigt keinerlei Rechtfertigung, jedoch ebenso wichtig ist die Vermeidung negativer *psychischer* Folgen. Selbstverständlich unterliegen auch **quantitativ** Forschende der Pflicht, sich um das Wohl der Teilnehmer zu kümmern. Im Falle von **qualitativen** Studien nimmt diese Pflicht jedoch spezielle Konturen an, weil sich diese Studien häufig auf sehr persönliches Material beziehen - wie Teilnehmer sich und die Welt verstehen und Lebensaufgaben bewältigen. Ein leicht nachvollziehbares, dramatisches Beispiel stellen suizidgefährdete Personen dar: Eine durch die Teilnahme an einer Untersuchung in Gang gesetzte kritische Auseinandersetzung mit der eigenen Persönlichkeit könnte für solche Personen sehr bedrohliche Ausmaße annehmen, auch ohne Absicht des Forschungsleiters.

Spezielle ethische Probleme: Die wichtigsten ethischen Probleme qualitativer Untersuchungen sind folgende:

1. *Anonymität*: Am offensichtlichsten ist vielleicht die Gefahr, dass privates Material an die Öffentlichkeit gerät. Besonders wenn Gesprächspartner über ihre Gefühle, Einstellungen und Ängste sprechen, wollen sie die Sicherheit haben, dass ihre Aussagen privat bleiben. Die eventuelle Veröffentlichung von Schlussfolgerungen muss so erfolgen, dass die Identität einzelner Teilnehmer nicht bekannt wird und spezifische Aussagen auf keinen Fall auf spezifische Teilnehmer zurückgeführt werden können.

Nicht selten jedoch ist es der Zweck einer Untersuchung, die Aussagen von Teilnehmern anderen, zumindest sinngemäß, zugänglich zu machen. In der Regel wird die Veröffentlichung von allgemeinen Trends innerhalb einer Gruppe als ethisch vertretbar erachtet und Wege müssen gefunden werden, dies unter Bewahrung der Anonymität der Teilnehmer zu erreichen. In der Regel enthalten Interviewprotokolle keine persönlichen Einzelheiten, wie z.B. den Namen. Wo Protokolle mit anderen

Daten in Zusammenhang gebracht werden müssen, empfiehlt sich die Anonymisierung durch ein Kodierungssystem (z.B. Teilnehmerziffern). Das Thema ist jedoch komplizierter als es zunächst erscheint, wie folgendes Beispiel zeigt. Im Rahmen einer Untersuchung über Einstellungen von Polizeibeamten, die an einer Weiterbildungsmaßnahme in Kanada teilnahmen, analysierte eine Professorin der Psychologie die Aufsätze der Beamten zum Thema "Kanadische Indianer und das Gesetz". Auf der Basis dieser Aufsätze gelangte die Professorin, ob zurecht oder nicht ist für die vorliegende Diskussion irrelevant, zu dem Schluss, dass viele der Polizisten zutiefst rassistisch eingestellt waren. Kein Einzelpolizist wurde identifiziert, aber der Ruf, sowohl der Seminarteilnehmer als auch der Polizei im Allgemeinen, wurde durch die Stigmatisierung als rassistisch verletzt. Darüber hinaus fühlten sich die an der Untersuchung beteiligten Beamten hereingelegt, wenn nicht gar betrogen. Das Niveau ihrer Bereitschaft, sich weiterzubilden - eigentlich sehr wünschenswert angesichts des Vorwurfs des Rassismus - sank stark und ihre Offenheit für Befunde aus der sozialwissenschaftlichen Forschung wurde wesentlich beeinträchtigt. Diese Untersuchung zeigte eine sehr schädliche Wirkung. Offensichtlich reicht Anonymität als alleiniger Faktor nicht aus. Wichtig dabei ist, dass Anonymität eine rein "technische" oder prozedurale Maßnahme ist: Es wird versucht, ein Problem durch eine gute oder korrekte Erhebungstechnik zu vermeiden.

2. *Täuschung von Teilnehmern*: Das zuvor dargestellte Beispiel erinnert an einen zweiten ethischen Aspekt von Untersuchungen und zwar an der Vermeidung einer Täuschung der Teilnehmer.

In der Vergangenheit, etwa vor 1970, war es mehr oder weniger "normal", dass Teilnehmer an Untersuchungen vom Forschungsleiter über den Sinn der Untersuchung und das Wesen ihrer Teilnahme nur insoweit informiert wurden, wie für die Datenerhebung absolut notwendig war. Nicht selten wurden sie zudem absichtlich und systematisch getäuscht. Für viele berühmte Untersuchungen in der Sozialpsychologie war die Täuschung der Teilnehmer unentbehrlich. Nehmen wir als Beispiel die Studien über die Beeinflussung von Meinungsbildung in Gruppen: Die Teilnehmer glaubten, dass die anderen Teilnehmer wie sie Studierende waren, die in einer Untersuchung als Probanden mitwirkten. Tatsächlich jedoch, waren die anderen Schauspieler, die bezahlt wurden, um verschiedene Rollen zu spielen, wie etwa "Freund" des Teilnehmers bzw.

"Kontrahent". Im 1. Beispiel (s. oben) gab es auch eine Täuschung, da die Polizisten über den Sinn ihrer Aufsätze falsch informiert wurden, mit der Begründung, sie wären sonst nicht bereit gewesen, ihren Rassismus offen darzulegen.

3. *Zustimmung der Teilnehmer*: Heutzutage wird auf diesen Aspekt sehr viel Gewicht gelegt, auch in der **quantitativen** Forschung. Aber die reine Zustimmung macht wenig Sinn, es sei denn, sie ist *informiert*. Mit anderen Worten, echte Zustimmung schließt Täuschung aus. Insbesondere müssen potenzielle Teilnehmer über alle denkbaren Gefahren informiert werden.

Informierte Zustimmung erweist sich jedoch als äußerst fassettenreich. Erstens ist es nicht möglich, potenzielle Teilnehmer über Gefahren zu informieren, die nicht vorhersagbar sind. Zweitens sind Laien häufig nicht in der Lage, die möglichen Folgen von Risiken realistisch einzuschätzen, da sie diese aufgrund von technischen Aspekten bzw. durch ihre Komplexität nicht verstehen. Drittens sind Risiken nicht nur direkt, sondern auch indirekt, nicht nur unmittelbar, sondern auch mittelbar zu begreifen. Der Versuch, potenzielle Teilnehmer über sehr schwer verständliche, mittelbare und äußerst unwahrscheinliche Risiken zu informieren, kann bei ihnen den Eindruck erwecken, diese äußerst unwahrscheinlichen Ereignisse stehen kurz bevor und könnten sie ohne Grund beängstigen. (Lesern dieses Buches, die die Erfahrung gemacht haben, von einem Arzt vor den Gefahren eines chirurgischen Eingriffs gewarnt zu werden - z.B. über eine 1:1000 Chance, unter der Narkose zu sterben - und sich danach nicht mehr operieren lassen wollten, ist dieses Phänomen bestimmt geläufig!) Viertens ergibt sich aus der Informiertheit der Teilnehmer zudem eine erhöhte Wahrscheinlichkeit von *Placebo-Effekten*, die im Extremfall zu den Situationen führen können, vor denen zuvor gewarnt wurde. Die informierte Zustimmung erweist sich als ein vielschichtiger Begriff. Man fragt sich sogar, wie bestimmte Untersuchungen ohne Täuschung überhaupt möglich sind.

Diese Überlegungen erfordern in der Diskussion **qualitativer** Methodologie besondere Aufmerksamkeit. Es ist plausibel, dass etwa Elektroschocks oder die Einnahme von Medikamenten zu Schäden führen könnten, aber weniger leicht nachvollziehbar ist die Möglichkeit, dass die Teilnahme an einem Gespräch über die eigene persönliche Einstellung zur Realität die Gesundheit der Teilnehmer bedrohen könnte. Die sich aus solchen Anlässen ergebenden Probleme sind überwiegend psychisch, wie z.B. Aktivierung eines destruktiven Prozesses der Ablehnung des eigenen Selbst. Dieses Problem ist bei der Anwendung von Tiefeninterviews besonders akut: Der Sinn dieses Verfahrens ist es, Material ans Tageslicht zu bringen, das eventuell jahrelang versteckt geblieben ist, möglicherweise aus gutem Grund, weil es für die entsprechende Person so schmerzlich, sogar für das Selbstbild gefährlich, ist. Diese Prozesse können sich lange nach der Teilnahme an der Untersuchung fortsetzen und eventuell erst lange nachher destruktiv wirken, mit Folgen, die während der Untersuchung nicht erahnt werden konnten. Fontana und Frey (1998) sind so weit gegangen, dass sie zu dem Schluss gekommen sind, Tiefeninterviews seien grundsätzlich unethisch! Akzeptierten wir diese Meinung, so dürften viele qualitative Untersuchungen überhaupt nicht stattfinden.

Gefahrenvermeidung: Es stehen Forschern einige Möglichkeiten für die Reduzierung des Risikos zur Verfügung. Bei der Wahl von Teilnehmern sollte der Forschungsleiter auf die Stabilität ihrer Persönlichkeit achten. Insbesondere sollte er Teilnehmer meiden, die offensichtlich psychisch beeinträchtigt bzw. ängstlich sind. Einzelinterviews dürfen nicht in der Art und Weise geführt werden, dass sie den Teilnehmer unter unangemessenen Druck setzen. Vor der Befragung müssen die Teilnehmer über Sinn und Zweck der Untersuchung informiert werden, um eventuell auftauchende Ängste und Unsicherheiten erörtern zu können. Den Teilnehmern sollte zudem die Möglichkeit einer Nachbereitung geboten werden, besonders im Fall von Untersuchungen, die sich mit emotional stark belastendem Material befassen. Wichtig ist jedoch, den Eindruck zu vermeiden, dass das Interview in erster Linie therapeutischen Zwecken dient bzw., dass der Forscher auf der Suche nach Klienten ist. Besonders darauf zu achten ist, die Entstehung einer Situation zu vermeiden, wo Letzteres sich bewahrheitet, z.B., wenn sich der Forschungsleiter nicht bewusst ist, dass er Forschung und nicht Therapie betreibt!

Eventuelle positive Folgen der Teilnahme: Erfreulicherweise lehrt die praktische Erfahrung, dass die Teilnahme an qualitativen Untersuchungen nicht selten positive Auswirkungen für die Teilnehmer hat, auch ohne Absicht seitens des Forschers. Diese Folgen ergeben sich aus der im Rahmen der Untersuchung angebotenen Gelegenheit, sich mit sonst selten behandeltem Material auseinander zu setzen. Sowohl die wiederholt erwähnte Untersuchung an deutschen Auswanderungswilligen als auch die Untersuchung an Eltern von autistischen Kindern bieten konkrete

Beispiele. Mitglieder beider Gruppen äußerten, dass ihnen die Teilnahme eindeutig half, die Situation besser zu bewältigen. Mit anderen Worten kann die Teilnahme an einer Untersuchung für Einzelteilnehmer als bereichernd erlebt werden. Auch wie im Fall von potenziellen Schäden, wird diese positive Wirkung vom Forschungsleiter meistens nicht beabsichtigt, sondern sie ist ein glücklicher Nebeneffekt. Es ist zudem erneut wichtig, konsequent zwischen einer Untersuchung und einer Behandlung zu unterscheiden. Solche günstigen Nebeneffekte sind ein Aspekt des von Kvale (1996) eingeführten Kriteriums von "Nützlichkeit"(s. Kapitel 2).

Über den Nutzen für den Einzelteilnehmer hinaus bieten diese Effekte eine Quelle von Einsichten in potenzielle Anwendungsmöglichkeiten in praktischen Situationen. Wie erwähnt, entwickelten sowohl Cropley und Lüthke (deutsche Auswanderer) als auch Probst (autistische Kinder) Beratungsstrategien und Weiterbildungsseminare für Betroffene. Es handelt sich hier um einen zweiten Aspekt des Nützlichkeit-Kriteriums, der - im Gegensatz zu den zuvor besprochenen, nebenbei erzielten günstigen Effekten für Einzelteilnehmer - bei dem Untersuchungsaufbau berücksichtigt werden kann, und zwar die Ableitung sowohl theoretischer als auch praktischer und methodologischer Erkenntnisse. Wie schon betont wurde, sollten Untersuchungen in der Regel über die reine Beschreibung einer Situation hinaus gehen und derartige Erkenntnisgewinne liefern.

Das Risiko-Nutzen-Verhältnis: Shaughnessy und Zechmeister (1997) fassten die Situation bezüglich Risiken für die Teilnehmer und ihres Zusammenhangs zum potenziellen Nutzen zutreffend zusammen. Die Teilnahme an einer Untersuchung birgt in sich immer Gefahren für die Teilnehmer. Diese können zwar verschwindend klein sein, aber so unwahrscheinlich sie auch sein mögen, so ist eine Untersuchung ohne erkennbaren Nutzen keinesfalls zu rechtfertigen. Aus diesem Grunde muss der Forschungsleiter sowohl Gefahren als auch das Potenzial für brauchbare Befunde herausarbeiten und einen Abwägungsprozess durchführen, bei dem das "Risiko-Nutzen-Verhältnis" (Shaughnessy und Zechmeister, 1997, S. 44) im Auge behalten wird. Selbstverständlich können diese nur geschätzt werden, weil sie keine konkreten, numerisch messbaren Dimensionen beinhalten. Lediglich dort, wo eine geplante Untersuchung ein leicht erkennbares Brauchbarkeitspotenzial besitzt, das die denkbaren Risiken bei Weitem übertrifft, kann sie überhaupt als ethisch gelten.

Kapitel 4

Qualitative Datenerhebungsverfahren

> Qualitative Datenerhebungen basieren auf der Beobachtung von "Fällen" durch einen Forschungsleiter, um das Verständnis der Realität von Menschen (den "Fallen") zu untersuchen. Die Beobachtungen erfolgen mittels verschiedenartiger Verfahren - am häufigsten Interviews, obwohl auch andere Verfahren möglich sind, u.a. teilnehmende Beobachtung. Auch "indirekte" Beobachtungen, bei denen es keinen persönlichen Kontakt zwischen dem Fall und dem Forschungsleiter gibt, sind möglich, mittels z.B. Tagebücher, Briefe, Zeitungsartikel, Filme u.ä., eigentlich *"jeder Art von Bedeutungsträger"* (Kromrey, 2000, S. 298). Wie auch immer das Rohmaterial erhoben wird, so ist die endgültige Form der Daten fast immer ein schriftliches Protokoll, dass möglicherweise durch Notizen oder Audio- bzw. Videobänder unterstützt wird. Das folgende Kapitel befasst sich mit diesen Verfahren, insbesondere mit Interviews: nicht-strukturierten, teil-strukturierten und strukturierten Interviews sowie Tiefeninterviews und Gruppengesprächen.

Die Wesensart qualitativer Daten

Die qualitative Forschung bezieht sich auf "erfahrungsbezogenes" bzw. "praktisches" Wissen (Heron, 1992): Der Forscher interessiert sich für "Beweismaterial aus dem Alltag" (Hamel, 1993, p. 31). Wie sehen solche Daten aus und wie werden sie erhoben? Kurz gesagt erfordert die Erhebung qualitativer Daten "rationale, verbale Erfahrungsberichte". In diesem Kapitel wird auf die Technologie der Erhebung solcher Berichte eingegangen.

Die physische Form von Daten: Den Kern von qualitativen Datenerhebungsverfahren bildet eine Interaktion zwischen der einen Person, die sich für einen bestimmten Inhaltsbereich besonders interessiert (dem Forscher) und einer anderen, die über persönliches, erfahrungsbezogenes Wissen bezüglich dieses Bereiches verfügt (dem Fall, dem Teilnehmer). Die vom Teilnehmer zur Verfügung gestellten Informationen bilden die Datengrundlage. Diese sind fast immer verbale Berichte (über Ausnahmen wird unten diskutiert).

Die Inhalte von Interviews werden sehr häufig, obwohl nicht immer, vom Forscher festgehalten, z.b. als wortwörtliches Protokoll, als Gesprächsnotizen oder als Gedächtnisprotokoll bzw. mithilfe elektronischer Geräte wie etwa Tonband- bzw. Videogeräten. Elektronisch aufgenommene Interviews müssen so gut wie immer transkribiert werden, mit dem Ergebnis, dass das Endprodukt in der Regel aus einem Protokoll besteht, eventuell vom ursprünglichen Mitschnitt gestützt. Einige Forscher betonen die Relevanz dieses unterstützenden Materials - z.B. Videoaufnahmen - (s. Kapitel 5). Zusammenfassend ist anzumerken: Egal, welche Form die Aussagen ursprünglich hatten (Interview, geschriebenes Dokument, Video- bzw. Audioband usw.), so ergeben sich aus fast jeder qualitativen Untersuchung *Texte*, die analysiert werden müssen.[1]

Indirekte Datenquellen: Obwohl es in der Psychologie und den Erziehungswissenschaften als eher ungewöhnlich gilt, können empirische qualitative Untersuchungen durchgeführt werden, ohne Daten überhaupt zu erheben! Dies erfolgt durch die Übernahme von bereits bestehendem Material. Eine offensichtliche Quelle bilden Aussagen, die ihrerseits für einen anderen Zweck schriftlich fixiert wurden: Z.B. Tagebücher, Biografien oder Briefe, in denen Menschen ihre Eindrücke über ihre Erfahrungen niederschrieben. Zum damaligen Entstehungszeitpunkt wurden solche Dokumente meistens nicht für die breite Öffentlichkeit verfasst, eine Tatsache, die die Frage nach der ethischen Vertretbarkeit aufwirft. Weitere Beispiele bieten Dokumente, die veröffentlicht werden sollten, z.B. politische Reden oder Predigten. Hier ist die ethische Frage weniger schwerwiegend. Mehr oder weniger unter den Augen der Öffentlichkeit liegen Materialien wie etwa politische Verlautbarungen oder Gesetzestexte, die häufig nicht die Meinungen eines Individuums, sondern diejenigen einer Organisation widerspiegeln und geschrieben wurden, um die Öffentlichkeit zu informieren. Ähnliche "offizielle" Quellen sind Behördenakten, z.B. aus der Schulbehörde, Gesundheitsbehörde, Polizei. Hier tauchen massive ethische Einwände auf. Eine weitere Möglichkeit der Forschung ohne aktive Datenerhebung bieten sowohl verbale Datenquellen, wie etwa Romane, Zeitungsberichte oder radioreportagen, als auch "visuelle" Daten (Filme, TV-Dramen, Videos u.ä.).

---

[1] Offensichtliche Ausnahmen bilden u.a. Filme, Fernsehwerbematerial und ähnliche "Daten". Auch diese können im Prinzip mittels den in Kapitel 5 dargestellten Auswertungsverfahren (z.B. Inhaltsanalyse) analysiert werden.

Eine Mischform - zwar Daten, nur nicht selbst erhobene - ergibt sich aus der Möglichkeit, mit Daten "aus zweiter Hand" zu arbeiten, d.h. durch einen anderen Forscher erhoben. Die Untersuchung von Gray und Kunkel (2001) über Balletttänzerinnen in den USA kurz nach einem heftigen Streit zwischen Tänzerinnen und Theaterdirektion bietet ein geeignetes Beispiel. Die Daten, die Gray und Kunkel analysierten, ergaben sich aus einem journalistischen Bericht, der bereits etwa 20 Jahre vor der Gray-Kunkel-Studie von einer anderen Person veröffentlicht wurde (Gordon, 1983). (Diese Untersuchung wird in Kapitel 6 eingehender erörtert.) Die Auswertung von bereits bestehendem Material erweist sich als besonders nützlich für historische Untersuchungen, in denen die Erhebung neuer Daten völlig ausgeschlossen wäre, z.b., wenn die Menschen längst verstorben sind. Freuds (1910) Untersuchung über Leonardo bietet ein Beispiel. Ein weiteres mögliches Beispiel, das sich auf die Auseinandersetzung mit der deutschen Geschichte bezieht, wäre eine Auswertung der Texte von Reden hoher Beamter aus der NS-Zeit.

Nicht-verbale Daten: Zuvor wurde betont, dass Daten fast ausschließlich aus verbalen Berichten bestehen. Es gibt jedoch eine weitere Quelle von Daten, die man leicht übersehen kann und zwar nichtsprachliche, die *Körpersprache*. Die Aussagen von Teilnehmern werden oft von Mimiken begleitet, wie etwa Lächeln oder sogar Lachen bzw. im Gegenteil - Stirnrunzeln oder Tränen. Auch Gesten wie etwa Handbewegungen bzw. Ballen der Fäuste oder Körperhaltungen wie Vermeidung von Augenkontakt oder Muskelanspannungen sind nicht selten zu beobachten. Der Interviewer kann sich Notizen bezüglich solcher Beobachtungen machen. Selbstverständlich ist es nur möglich, solche Daten zu sammeln, wenn es Kontakt zwischen Forschungsleiter und Teilnehmern gibt, da sie sich ausschließlich aus direkter Beobachtung herleiten. Auch bei Interviews erfordert diese Datensammlung, dass der Interviewer nicht vollkommen mit der Protokollierung der Aussagen der Teilnehmer beschäftigt ist und noch Gelegenheit hat, solche Daten zur Kenntnis zu nehmen. In diesem Zusammenhang erweist sich die Aufnahme von Videobändern als besonders ergiebig, weil der Interviewer dadurch in der Lage ist, seine Niederschrift durch die Berücksichtigung von nicht-verbaler Kommunikation anzureichern.

> Daten können verschiedene Formen annehmen. Sie können
> • gesprochen werden (z.b. Interviews)
> • geschrieben werden (z.b. Biografien, Tagebücher, Briefe)
> • gedruckt werden (z.b. offizielle Dokumente, Zeitungs- bzw. Zeitschriftenartikel, Bücher)
> • in elektronischer Form vorliegen (z.b. Audiobänder, Disketten)
> • "visuell" sein (z.b, Kunstwerke wie etwa Malerei, Skulpturen usw.)
> • eine Mischform haben - sowohl visuell als auch sprachbezogen (z.b. Videobänder, Filme usw.)
> • aus Körpersprache bestehen (Mimik, Gestik usw.)

Datenerhebungsverfahren
Obwohl erneut daran erinnert werden muss, dass es im Prinzip eine Reihe von Datenerhebungsverfahren gibt, die für qualitative Untersuchungen geeignet sind, wird in den nächsten Abschnitten auf die Sammlung neuer Daten durch die direkte Beobachtung von Fällen eingegangen. Verschiedene Verfahren existieren hierbei und einige davon werden im Folgenden dargestellt.

Teilnehmende Beobachtung: Das Verfahren der *teilnehmenden Beobachtung*[2] wird häufiger in der Soziologie oder der Anthropologie als in der Psychologie und den Erziehungswissenschaften verwendet. Der Kern dieses Ansatzes ist, dass der Forscher über ein soziales Milieu, in dem er selbst als mehr oder weniger "normales" Mitglied teilhat, Daten erhebt. In der Regel wissen die anderen Mitglieder der betreffenden Gruppe nicht, dass der Forscher über sie Forschung betreibt und (bis auf wenige, die Bescheid wissen) behandeln ihn, als wäre er einer von ihnen. In einer besonders interessanten Untersuchung im Bildungsbereich verbrachte Buckley (1975) ein Jahr als Lehrer an einem Gymnasium in Nordrhein-Westfalen. Dies war zu einem Zeitpunkt als in den Schulen der Einfluss der Reformbewegung der siebziger Jahre besonders stark zu spüren war. Sie befanden sich in einem Wandlungsprozess von autoritären zu "demokratischen" Verwaltungsformen, insbesondere durch die Einführung der "drittelparitätischen" Selbstverwaltung. U.a. wurde der Einflussbereich des Schuldirektors und der dienstälteren Lehrkräfte zu

---
[2] Nicht-teilnehmende Beobachtung ist in der empirischen Pädagogik sehr gut bekannt und wird häufig angewendet, z.b. in Studien in der Tradition von Flanders (1970). Solche Untersuchungen gehören in der Regel jedoch zur **quantitativen** Tradition und werden aus dem Grund hier nicht weiter erörtert.

Gunsten des Mittelbaus abgeschwächt. Auch erhielt das technische und Verwaltungspersonal eine stärkere Rolle und nicht zuletzt wurden Schüler und Schülerinnen in den Prozess der Entscheidungsfindung mitintegriert.

Im Laufe des Jahres fertigte Buckley regelmäßig Gedächtnisprotokolle an, die Aussagen und damit zusammenhängende Verhaltensweisen von Kollegen im Lehrerkollegium, in Gremien, im Klassenzimmer und sogar in Freizeitaktivitäten (Sport) und Entspannungs- und Erholungsumgebungen (z.b. im Lokal) beinhalteten. Diese Protokollnotizen bildeten seine Daten. Daraus ergab sich eine chronologische Darstellung der Ereignisse, die anonymisiert wurde, um dem Anspruch der Teilnehmer auf Anonymität gerecht zu werden. Diese wussten ihrerseits jedoch überhaupt nicht, dass sie Teilnehmer waren, ein Problem, das heutzutage schwerwiegende ethische Fragen aufwerfen würde. Buckleys Dissertation kann fast wie ein Roman gelesen werden, so interessant und spannend ist sie. Ihr wissenschaftlicher Wert liegt darin begründet, dass sie viele sehr plastische, gut nachvollziehbare und menschliche Beispiele der Spannungen und Widersprüche, Koalitionen und Feindschaften, Ängste und Gefühle und Strategien der neuen Bewältigungsmechanismen liefert, die den Prozess des Wandels begleiten.

Die Buckley-Untersuchung veranschaulicht mehrere der von Jorgensen (1989) hervorgehobenen Aspekte der teilnehmenden Beobachtung. Der Forscher hatte *eine feste Rolle im System*, das er beobachtete (er war Lehrer im Gymnasium) und er sammelte nicht nur formal protokollierte, systematisch dargestellte Beobachtungen, sondern auch Informationen anhand von informellen Unterhaltungen mit anderen am System beteiligten Personen in alltäglichen Arbeitssituationen, wo diesen nicht bewusst war, dass es sich um eine Untersuchung handelte.

Die Notwendigkeit, eine "normale" Rolle zu erfüllen beinhaltet, dass der teilnehmende Beobachter in der Lage sein muss, alltägliche Interaktionen mit anderen Menschen auf zwei Ebenen zu gestalten:

    (a) auf der Ebene der normalen Lebenserfahrungen, durch die er als Kollege, Gruppenmitglied, sogar als Freund funktioniert (d.h. seine Rolle als Teilnehmer spielt) und

    (b) auf der Ebene der Datenquelle, für die er sich in seiner Rolle als Forscher interessiert.

Die Daten bestehen in der Regel aus geschriebenen Notizen, die in einem Protokoll festgehalten sind. Sie können aber auch aus Dokumenten und ähnlichem Material bestehen (z.B. Anschreiben, Kurzbriefen, Sitzungsprotokollen, Richtlinien usw.). Ebenso möglich sind Audio- und Videoaufnahmen, die in einigen Studien ohne Kenntnis der Teilnehmer aufgenommen wurden. Der Forscher muss ein System entwickeln, das den Prozess der Protokollierung mechanisiert, z.b. jeden Abend ein Gedächtnisprotokoll schreiben und unterstützende Daten sammeln, archivieren usw. Abschließend muss gesagt werden, dass eine Untersuchung wie die zuvor dargestellte heutzutage wegen ethischer Bedenken kaum denkbar wäre, da von einer informierten Einwilligung der Teilnehmer nicht die Rede sein konnte und eine eindeutige Täuschung der Teilnehmer stattfand.

Fallstudien: *Fallstudien* waren in der Soziologie in den früheren Jahren sehr beliebt und wurden häufig verwandt, um allgemeine Theorien zu entwickeln (s. Hamel, 1993). In sowohl der Soziologie als auch der Anthropologie ist der Gegenstand der Fallstudie häufig

(a) eine breite, informelle, nicht eindeutig definierte Gesellschaftsgruppe wie etwa Drogensüchtige, Alternativheiler oder Fußballfanatiker,

(b) eine semi-definierte, abgrenzbare Gruppe wie z.B. Krankenschwestern, Balletttänzer oder Polizeibeamte oder

(c) eine formal definierte, eindeutig abgrenzbare Gruppe wie etwa eine spezifische Schulklasse.

Auffällig für unsere Zwecke ist, dass es sich in der Regel um eine *Gruppe* handelt.

Stake (1998, p. 88) hingegen unterschied zwischen drei Arten von Fallstudien:

1. die *"intrinsische"* Fallstudie, die sich aufgrund der überwältigenden Signifikanz einer spezifischen Einzelperson auf diesen Fall beschränkt (d.h. N=1). Picasso, Einstein, Leonardo oder Freud sind nachvollziehbare Beispiele solcher Fälle.

2. die *"instrumentelle"* Fallstudie, die mit der Absicht durchgeführt wird, Einsichten in ein Phänomen zu entwickeln bzw. die gängige Theorie über ein Phänomen zu differenzieren und zu erneuern. Fälle werden lediglich aufgrund ihrer Nützlichkeit für die Aufklärung des Phänomens gewählt und nicht, weil sie persönlich intrinsisch interessant sind. Das "klassische" Beispiel ist die Untersuchung von Ebbinghaus (1885) über

Gedächtnisleistungen und Prozesse des Vergessens. Ebbinghaus, der gleichzeitig Forscher und Fall war, beobachtete sich selbst über einen Zeitraum von mehreren Monaten, während er Listen von sinnlosen Silben lernte, vergaß und später erneut lernte. Fast 100 Jahre später befassten sich Ericsson, Chase und Faloon (1980) mit Aspekten desselben Themas, auch mit einem einzigen Fall. In diesen Beispielen war nicht der Teilnehmer selbst der Untersuchungsgegenstand, sondern das Phänomen "Gedächtnis". Etwas übertrieben könnte man sagen, dass der nächstbeste Fall einfach genommen wurde.
3. die *"kollektive"* Fallstudie, die zum Ziel hat, ein Menschenkollektiv besser zu verstehen (nicht die Einzelpersonen im Kollektiv). Ein Beispiel wäre die Untersuchung von Drogenhändlern: Welche Prozesse finden im Kollektiv statt und welche Faktoren bestimmen den Verlauf dieser Prozesse? Funktioniert das Kollektiv "Drogenhändler" wie andere unternehmerische Kollektive, wie etwa professionelle Tennisspieler?

In der Psychologie und den Erziehungswissenschaften sind Kollektive meistens weniger interessant. Dies führt dazu, dass in diesen Fächern die auf eine Einzelperson bezogene Fallstudie häufiger vorkommt. Selbstverständlich entfällt die Frage nach der geeigneten Stichprobengröße in dieser Situation, da N genau 1 ist. Wenn wir uns an das Prinzip des "Anstrengungsquantums" erinnern (je weniger Teilnehmer, desto intensiver die Auseinandersetzung mit jedem Fall), wird schnell erkennbar, dass in Fallstudien mit N=1 der Kontakt mit dem Gesprächspartner sehr intensiv sein muss.

Die Daten einer Fallstudie können aus Interviewprotokollen bestehen oder sich aus Notizen der Beobachtung des Falles ergeben, wie es für Beobachtungsstudien typisch ist (s. oben). In einigen Untersuchungen wird mit Daten "aus zweiter Hand" gearbeitet – Tagebücher, Biografien, usw. In einer berühmten Untersuchung analysierte Allport (1965) 301 Briefe, die eine Mutter an ihren Sohn geschrieben hatte, um die Psychologie der Mutter-Kind-Beziehung zu erhellen.

Die Daten können auch aus Werken der Person, die untersucht wird, bestehen (z.B. Gemälde von Picasso). Diese könnten aus verschiedenen

Blickwinkeln heraus analysiert werden, z.B. im Hinblick auf spezielle Themen wie etwa Freude, Verzweiflung, Gewaltsamkeit usw. oder nach der Qualität von künstlerischen, praktischen, professionellen oder wissenschaftlichen Einfällen, wie z.B. in den von Leonardo hinterlassenen Schriften. Nehmen wir als Beispiel eine Untersuchung über die Gedichte des deutschen Dichters Friedrich Leopold von Hardenberg, als "Novalis" bekannt, dessen Werke die Romantik als literarische Epoche wesentlich beeinflussten. Er schrieb viele kurze Gedichte, die einer Inhaltsanalyse (vgl. Kapitel 5) unterworfen wurden, um die Todesthematik zu veranschaulichen. Da bekannt ist, wann die Gedichte geschrieben wurden, erwies es sich als möglich, die Anwesenheit und Intensität der Todesthematik in den Gedichten mit Ereignissen im Leben des Autors in Zusammenhang zu bringen, wie etwa dem Tod seiner Verlobten, Sophie von Kühn. Es ergab sich, dass seine Dichtung eindeutig und nachhaltig durch Lebensereignisse beeinflusst wurde. Aus diesem Befund konnte die Forscherin Schlussfolgerungen bezüglich der Kreativität ziehen.

Der Fallstudien-Ansatz wird durch mehrere methodologische Schwächen belastet. Die Daten können äußerst falllastig sein, d.h. sie können für den untersuchten Fall hoch relevant, jedoch kaum auf andere Fälle übertragbar sein - ihre externe Validität ist fraglich. Eine Fallstudie über die Entfaltung von Picassos Kreativität würde lediglich den einen Fall (Picasso selbst) erfordern und erbrächte bestimmt sehr interessantes und zudem äußerst informatives Material. Aber eine solche (fiktive) Untersuchung wirft zwei Fragen auf:

(a) Inwieweit finden die bei Picasso beobachteten Prozesse der Kreativität ausschließlich in ihm statt, mit dem Ergebnis, dass sie überhaupt nicht verallgemeinerbar sind (das Problem der *Eigentümlichkeit*, engl.: "idiosyncracy")?

(b) Falls die bei ihm beobachteten Prozesse und Bedingungsfaktoren auch bei anderen kreativen Personen gefunden würden, inwieweit wäre ihr Entfaltungsverlauf bei Picasso auch für diese Personen typisch (das Problem der beschränkten *Verallgemeinerungsfähigkeit*)?

Es handelt sich hierbei um die Probleme der Reliabilität und Validität von Fallstudien. Laut Hamel (1993, p. 23) basieren Fallstudien auf einer "präwissenschaftlichen Erkenntnisgewinnungsstrategie", die dazu führt, dass sie eher für explorative Untersuchungen geeignet sein sollten. Informationen über die Schwierigkeiten der Frauen etwa, die sich in intimen Beziehungen mit Picasso befanden, werfen die Frage auf, ob die meisten als genial kreativ eingestuften Männer typischerweise kalt und egozentrisch sind, manipulativ handeln und bereit sind, Frauen zu demütigen. Allgemeiner ausgedrückt könnte gefragt werden, ob ein systematischer Zusammenhang besteht zwischen den persönlichen Beziehungen und der Kreativität, und wie die Dynamik eines eventuellen Zusammenhangs aussähe: Z.B. zerstört eine extrem hohe Kreativität die Beziehungen zu anderen Menschen bzw. bedrohen starke Beziehungen die Kreativität und müssen daher vermieden werden.[3] Auf diese und ähnliche Fragen könnte in einer Untersuchung mit mehreren Teilnehmern eingegangen werden oder aber auch in einer **quantitativen** Untersuchung.

Laut Kromrey (2000, S. 507) dienen Fallstudien "in erster Linie *explorativen* Zwecken". Sie sind nützlich

(a) um "empirisch begründbare theoretische Konzepte, Theorien, Hypothesen entwickeln zu können,"

(b) zur "Plausibilisierung von Theorien oder Hypothesen" oder

(c) zur "Illustration quantitativer Ergebnisse".

Auf der anderen Seite bieten Fallstudien Möglichkeiten, die über ihre "präwissenschaftliche" Nützlichkeit als "Nährboden für Hypothesen" (Shaughnessy und Zechmeister, 1997, S. 311) hinaus gehen. Einige Beispiele: Ein spezifischer, konkreter Fall kann ein sehr selten auftauchendes Beispiel eines Phänomens bzw. eine einzigartige Kombination von Bedingungen beinhalten, die so selten vorkommen, dass sie nur anhand dieses Falles untersucht werden können. Jahrtausend-Menschen wie etwa Picasso bieten ein Beispiel oder aber auch Personen, die eine eher negativ eingeschätzte Kombinierung von Bedingungen aufweisen, wie etwa "Tier-Kinder" - wie Viktor der "Wild boy von Aveyron" bzw. Amela und Shamela, die Dschungel-Mädchen von Indien-, die angeblich ohne Kontakte zu anderen Menschen aufwuchsen. Wo es sich um häufig gesehene Situationen handelt, können koordinierte Fallstudien auf z.B. die Streubreite eines Phänomens unter "normalen" Bedingungen Licht werfen oder die speziellen Varianten des Phänomens unter "ungewöhnlichen" Bedingungen erhellen. Eine sich über einen Zeitraum erstreckende Untersuchung, wie etwa die zuvor erwähnte Novalis-

---

[3] Diese Anmerkungen sind auf keinen Fall als eine Zusammenfassung von Forschungsergebnissen zu betrachten. Die Diskussion ist rein fiktiv.

Studie, kann Einsichten in den Entwicklungsverlauf eines Phänomens liefern.

Autobiografien: In einer Autobiografie erzählt ein Mensch über sein Leben, entweder spezifische Lebensabschnitte oder das ganze Leben. Die Erzählung kann gesprochen aber auch geschrieben werden oder sogar in visueller Form stattfinden (z.B. Malerei). Sie kann der Öffentlichkeit zugänglich sein (z.B. ein Buch) oder aber im Rahmen eines Forschungsprojekts durch ein Interview erhoben werden. Wichtig ist, dass die Erzählung einen Anfang, ein Ende und einen strukturierten Verlauf hat. Die Verwertung von biografischem Material geht davon aus, dass es zwar reale Ereignisse im Leben eines Menschen gibt, die seiner Autobiografie Grenzen setzen (schließlich ist eine Lebensgeschichte keine reine Fantasie). Aber die Fixierung dieser Ereignisse in der Form einer Autobiografie führt zu einer bewussten Interpretation der eigenen Lebensgeschichte, die ihr einen Sinn verleiht, die über die vereinzelten Ereignisse hinausgeht und den subjektiven Standpunkt der betreffenden Person widerspiegelt. In diesem Sinne "kreiert" der Mensch sein Leben (Widdershoven, 1993).

Die unten dargestellten allgemeinen Prinzipien der Interviewtechnik gelten auch in biografischen Untersuchungen: siehe die Richtlinien bezüglich Interviewmethoden (strukturiert, offen usw.) und Interviewgestaltung (Atmosphäre, Fragetechnik usw.). Möchte der Forschungsleiter einen allgemeinen Bericht über das Leben des Gesprächspartners hervorrufen, so beginnt das Interview mit einer entsprechend allgemeinen "Frage", etwa "Erzählen Sie mir bitte über Ihr Leben." Sind nur spezifische Aspekte des Lebenslaufs des Teilnehmers von Interesse, so wird die Ausgangsfrage entsprechend konkret formuliert: z.B. "Erzählen Sie mir bitte über Ihre Erfahrungen, als Sie 1944 zur Zeit des russischen Einmarsches Lettland verlassen mussten." Es empfiehlt sich, nach dem Interview Notizen über nicht-verbale Kommunikation, spezielle Aspekte des Gesprochenen (z.B. längere Pausen, ungewöhnlicher Sprachrythmus) und den allgemeinen Eindruck des Interviews anzufertigen. Wo es sich um eine gesprochene Erzählung handelt, muss eine Transkribierung durchgeführt werden, da wie bei fast allen qualitativen Untersuchungen die Datenauswertung auf der Basis eines geschriebenen Textes erfolgt.

Sebre (1992) bietet ein Beispiel für eine autobiografische Untersuchung. Insgesamt 10 in den USA lebende Geschwister-Paare wurden gebeten, über ihre Erfahrungen zu erzählen, als sie 1944 aus Lettland nach

Deutschland flüchteten. Die Interviews wurden anhand spezifischer Fragen strukturiert, z.B. "An was können Sie sich bezüglich der sowjetischen Besetzung von Lettland erinnern?" oder "Was passierte, als Ihnen bekannt wurde, dass Ihre Familie Lettland verlassen musste?" Die Transkriptionen der Interviews wurden einer Art Inhaltsanalyse unterworfen (s. Kapitel 5). Daraus ergab sich, dass es zwischen den Erzählungen der Mitglieder eines jeweiligen Geschwister-Paares häufig große Unterschiede gab, obwohl beide Teilnehmer dieselben Ereignisse Seite an Seite erlebt hatten. Diese Unterschiede bezogen sich auf sowohl die Hervorhebung von verschiedenen Teilaspekten des Geschehens als auch die emotionale Bedeutung der Ereignisse für die Gesprächspartner. Um ein Beispiel zu nennen, erlebte ein Mitglied eines Paares das Singen der lettischen Nationalhymne, als das Schiff Riga verließ, als tragisches Moment, das andere als Heuchelei. Sebre konnte jedoch feststellen, dass es größere Ähnlichkeiten gab zwischen einander fremden Teilnehmern im selben Alter als zwischen Geschwistern aus derselben Familie, und sie ist zu dem Schluss gekommen, dass die Art und Weise, wie Ereignisse subjektiv erlebt werden, stark altersabhängig ist.

Laut Sebre stellt die in Kapitel 3 besprochene "Verschiebung" der Bedeutung von Interviewaussagen durch die soziale Gestaltung (s. S. 67-71) bei der Auswertung von biografischen Interviews ein besonderes Problem dar. Sie empfiehlt eine "hermeneutische" Herangehensweise, bei der ständig versucht wird, nicht nur sich in die Daten zu "versenken" und sich von den Daten "vereinnahmen" zu lassen, sondern sich auch ununterbrochen zu fragen: "Was bedeutet der Text *insgesamt*?" Obwohl ein Prozess der Zerlegung des Textes in Inhaltseinheiten durchgeführt wird - wie in fast allen qualitativen Untersuchungen (s. Kapitel 5) - erfordert der hermeneutische Ansatz, dass bei der Interpretation dieser Textfragmente der übergeordnete Sinn des gesamten Textes sehr stark im Auge behalten wird.

Obwohl in den Sozialwissenschaften das Interview als Erhebungsverfahren dominiert, bestehen weitere Verfahren, bei denen die in diesem Buch besprochenen Prinzipien angewendet werden können, u.a.:
• teilnehmende Beobachtung
• Fallstudien
• Autobiografien

Interviews
Briggs (1986) schätzte, dass in gut 90% aller Untersuchungen in den Sozialwissenschaften Interviews verwendet werden. Auch wenn sich diese Einschätzung für die Psychologie und die Erziehungswissenschaften als zu hoch erweisen sollte, steht außer Zweifel, dass Interviews ein sehr wichtiges Datenerhebungsverfahren darstellen. Ein Interview ist "eine Technik, durch die Aussagen hervorgebracht werden" (Holstein und Gubrium, 1995, S. 25). Das typische Interview ist kein ununterbrochener Monolog, der von der Ausgangsfrage des Forschers in Gang gesetzt wird und danach einfach abläuft, sondern es beinhaltet eine Reihe von Antworten auf vom Forscher gestellte Fragen bzw. "Gesprächsanreger" (engl.: "prompts", Knapper und Cropley, 1980) wie etwa "Weiter, bitte," oder "Wie fühlten Sie sich dabei?" Wie weiter unten betont wird, gibt es unterschiedliche Durchführungsbedingungen für Interviews. Andererseits gibt es jedoch auch allgemeine Prinzipien des Interviewverfahrens und einige davon werden in den folgenden Absätzen besprochen.

"Gute" Interviewtechnik: Das Problem der sozialen Gestaltung trifft auf die Interviewsituation besonders zu. Eine der Reaktionen diesbezüglich ist die Entwicklung von Regeln der "guten" Interviewtechnik - diese bestimmen, wie man Interviews so gestaltet, dass die Meinungen der Gesprächspartner am genauesten dargestellt werden. Diese Regeln ergeben sich sowohl aus der "traditionellen" als auch aus der "radikalen" Herangehensweise an Interviews. Die von Douglas (1985) dargestellte traditionelle Position betrachtet den Gesprächspartner (den Teilnehmer) als "Wissensspeicher" bzw. als "Korb voller Antworten". Die Aufgabe des Interviewers besteht darin, uneingeschränkten Zugang zum Wissen bzw. zu den Antworten zu erlangen und akkurate Informationen über die Meinungen und das Wissen des Teilnehmers zu sammeln. Um dies zu ermöglichen, muss der Interviewer

(a) eine gute Atmosphäre schaffen und
(b) die Fragen derartig formulieren, dass die Ansichten der Teilnehmer nicht verzerrt werden.

Ersteres erfordert eine freundliche Atmosphäre, bei der die Teilnehmer das Gefühl bekommen, ernst genommen zu werden, in der jedoch eine bestimmte persönliche Distanz nicht aufgehoben wird. Der Forscher sollte es vermeiden, zu den Äußerungen des Gesprächspartners Stellung zu nehmen, etwa durch offensichtliche Zustimmung bzw. Ablehnung, oder das Interview zu intensiv zu gestalten, z.B. durch aggressives Fragen bzw.

eine zudringliche Auseinandersetzung mit der Intimsphäre. Sowohl die Verhaltensweisen als auch die Körpersprache des Interviewers sollten interessierte Aufmerksamkeit vermitteln, ohne jedoch Phänomene wie den Greenspoon-Effekt zu verursachen (s. Kapitel 3).

Es ist die Aufgabe des Forschers, das Interview zu leiten. Die Intensität dieser Funktion hängt jedoch davon ab, ob es sich um ein stark strukturiertes Interview oder um ein weniger strukturiertes Verfahren handelt (z.B. teilstrukturiertes, nicht-strukturiertes Interview). Auch bei weniger strukturierten Interviews sollte der Interviewer den Untersuchungsgegenstand konsequent berücksichtigen und sich immer wieder auf den erwünschten roten Faden bzw. das Leitmotiv beziehen. Das Interview darf weder in ein Frage-und-Antwort-Spiel noch in ein informelles Gespräch zwischen zwei Freunden umgewandelt werden. Zudem müssen die zuvor dargestellten Prinzipien bezüglich der Interviewatmosphäre berücksichtigt werden, um sie nicht zu zerstören: Nicht übertrieben diffus, aber auch nicht aggressiv handeln.

Eher radikal orientierte Methodentheoretiker betrachten Interviews mehr als einen Austausch zwischen zwei Menschen mit einem gemeinsamen Interessenschwerpunkt. Im Bezug auf Atmosphäre z.B. betonen sie die Wichtigkeit des Gefühls der Teilnehmer, ernst genommen zu werden, und zudem das Gefühl zu haben, gleichberechtigter Partner in einem gemeinsamen Unternehmen zu sein. Dieses Gefühl wird durch eine bestimmte *Selbstoffenbarung* von seiten des Forschers begünstigt. Gemeint ist damit auf der einen Seite, dass der Forscher etwas von den eigenen Meinungen erkennbar werden lässt (ohne diese dem Gesprächspartner aufzuzwingen) und auf der anderen Seite, dass er die eigenen Gefühle zumindest z.T. offenbart (ohne etwa übertrieben nervös oder ungeduldig zu erscheinen, bzw. den Eindruck zu erwecken, er würde den Gesprächspartner nicht ernst nehmen). Der Interviewer darf zudem ein bestimmtes Bewusstsein für die Weltanschauung des Gesprächspartners zeigen, sowie für seine Gefühle und Sorgen, und darf auf diese im Interview nicht nur angebracht reagieren, sondern sie auch aktiv thematisieren. Diese Empfehlungen lassen sich mit dem traditionellen Leitbild des Forschers als unabhängiger Wissenschaftler, der im Interesse einer objektiven Datenerhebung sich selbst zurück hält und über sowohl dem Gesprächspartner als auch dem Untersuchungsgegenstand steht, nur schwerlich in Einklang bringen.

Nicht-verbale Aspekte guter Interviewtechnik: Fontana und Frey (1998) betonen die Wichtigkeit nicht-verbaler Faktoren in der Interviewsituation. Der erste Faktor ist z.b. *die Bekleidung*. Ich hatte selbst ein Erlebnis, welches ein plastisches und amüsantes Beispiel des Einflusses von Bekleidung zeigt. Als ich versuchte, mit Stammgästen eines zwielichtigen Lokals in der Hamburger Hafengegend über ihr Leben als Tagelöhner im Hafen ins Gespräch zu kommen, beging ich den fundamentalen Fehler, einen verhältnismäßig feinen Anzug samt Schlips zu tragen. Als ich sie ansprach, kamen die potenziellen Gesprächspartner sofort zu dem Schluss, dass ich Polizei- bzw. Zollbeamter war - welcher andere Fremde taucht fein angezogen in einem Hafenlokal auf und stellt Fragen über Arbeitsverhältnisse? Sie gaben mir den Rat, meine Fragen in einem anderen Lokal zu stellen und zeigten mir die Tür.

Fontana und Frey erwähnen zudem die *Körperhaltung* als wichtigen nicht-verbalen Faktor, zu dem ich *Gesichtsausdrücke (Mimiken)* hinzufügen möchte. Diese können u.a. den Eindruck von Langeweile, Nervosität u.ä. hervorrufen. Fontana und Frey machen auch auf die möglicherweise unbewusste, problematische Handhabung von *persönlichem Raum* aufmerksam. Dadurch können negative Reaktionen hervorgerufen werden, die für die Atmosphäre des Interviews schwerwiegende Folgen haben können. Wenn der Interviewer etwa dem Teilnehmer sehr nahe sitzt, kann dies den Eindruck der Zudringlichkeit erwecken. Auch *Körperbewegungen,* wie etwa sich nach vorne beugen, können ähnliche ungewollte Interpretationen erwecken.

Weitere nicht-verbale Aspekte einer Interviewsituation hängen mit der Sprache sehr eng zusammen, obwohl sie nicht Teil der verwendeten Wörter sind (Fontana und Frey), u.a.:

(a) Sprachtempo und Verwendung von Pausen und Unterbrechungen (längere Pausen können beim Gesprächspartner z.B. den Eindruck erwecken, der Interviewer hätte Zweifel an seiner Intelligenz),

(b) Schnelligkeit, Lautstärke und Qualität der Sprache, wie etwa langsames und lautes Reden, welches Ungeduld oder Skeptizismus suggerieren kann.

Wie Fontana und Frey betonten, ist es im Rahmen von Interviews wichtig, alle Aspekte von Kommunikation den Merkmalen des Gesprächspartners anzupassen. Ein leicht nachvollziehbares Beispiel ist, dass das optimale Sprachniveau und der Sprachstil, der Grad der Formalität des Kontakts, die Art von Bekleidung, die Benutzung von persönlichem Raum und andere Aspekte im Falle von Interviews mit Kindern ganz anders sein müssen als mit jungen Erwachsenen, oder z.B. älteren Frauen, die kurz zuvor ihren Partner verloren haben.

Fragetechnik in Interviews: Wie Jorgensen (1989) hervorhob, wird in erste Linie die einfache, informelle Frage, die für Alltagsgespräche typisch ist, in Interviews angewendet. Die Fragen können ungeplant auftauchen - auch in verhältnismäßig formalen Interviews - wenn z.B. der Interviewer eine Antwort nicht versteht oder seine Neugierde erweckt wird und er mehr erfahren möchte. Doch erfordert die systematische Erforschung eines Untersuchungsgegenstandes über solche Fragen hinaus eine *geplante, zielgerichtete Befragung*. Diese muss nicht zwingend durch Aussagen in der grammatischen Form einer Frage erfolgen: Jede Bitte um Information vonseiten des Forschers ist als Teil der "Befragung" zu verstehen. Spradley (1979) beschreibt mehrere Arten von formellen Interviewfragen, u.a.:

1. Fragen, die sich allgemein auf einen Untersuchungsgegenstand beziehen, wie etwa: "Erzählen Sie mir bitte über Ihr Interesse für die Auswanderung."
2. Fragen, die sich auf mehr Details zu einem bereits eingeführten Thema beziehen, wie: "Was war der wichtigste Grund dafür, dass Sie ausgesprochen nach Australien auswandern wollten?"
3. Fragen, die um ein Beispiel für etwas, was der Teilnehmer zuvor erwähnt hat, bitten: "Bitte geben Sie mir ein Beispiel für das, was Sie 'Intoleranz gegen Risikobereitschaft in Deutschland' genannt haben."
4. Fragen, die sich auf ein konkretes Beispiel aus dem Alltagsleben des Teilnehmers beziehen: "Beschreiben Sie mir bitte ein konkretes Ereignis aus Ihrem Leben, in dem Sie aufgrund von Intoleranz benachteiligt wurden."
5. Fragen, die auf die Klärung individueller Redewendungen zielen: "Bitte geben Sie mir ein Beispiel für das, was Sie mit "Anstrengungsquantum" beschreiben wollen."

Die meisten Autoren sind sich darüber einig, dass Fragen, wie etwa "Warum?" bzw. "Was meinen Sie damit?" soweit wie möglich zu vermeiden sind, weil sie Nicht-Übereinstimmung bzw. Ungeduld suggerieren. Fragen wie etwa "Was?" "Wann?" "Wo?" und "Wie?" auf der anderen Seite, fordern Teilnehmer auf, ihre Meinungen auszudrücken.

Tendenziöse Fragen: Es ist bekannt, dass bereits die Formulierung einer Frage die Beantwortung der Frage selbst stark beeinflusst. Tendenzen wie etwa Ja-Sagen oder soziale Erwünschtheit (s. frühere Diskussionen) führen dazu, dass, sollte die Formulierung einer Frage den Eindruck erwecken, es gäbe eine "richtige" Antwort, viele Personen diese Antwort gäben, egal, was sie zur Frage eigentlich denken. Ein einfaches Beispiel bilden Fragen wie: "Ich kann davon ausgehen, dass Sie nur angeschnallt fahren, nicht wahr?" Es ist nicht leicht, "nein," zu sagen. In einer Meinungsumfrage über bevorzugte Bierarten wurden die Teilnehmer gefragt: "Trinken Sie lieber ein helles, leichtes oder ein dunkles, schweres Bier"? Die Mehrheit der Befragten antworteten, dass sie lieber "leicht und hell" trinken als "schwer und dunkel", obwohl in der Tat in der entsprechenden Gegend deutlich mehr dunkles als helles Bier verkauft wurde. "Leicht und hell" klingt dabei wohl besser als "schwer und dunkel" und sogar begeisterte Biertrinker müssten wohl ziemlich viel Mut haben, zuzugeben, dass sie schwer und dunkel bevorzugen. Fragen, die durch die Wortwahl schon signalisieren, welche Antwort erwünscht wird, werden "tendenziös" genannt. Wichtig jedoch ist, dass nicht nur die Wortwahl der Frage, sondern auch nicht-verbale Reaktionen auf Antworten, wie etwa Nicken oder Lächeln, erhöhtes bzw. reduziertes Interesse, oder schriftliches Notieren vs. Ignorieren, Teilnehmern signalisieren können, welche Antwort erwünscht wird.

Es scheint auf der Hand zu liegen, dass Interviewer tendenziöse Fragen oder sonstige Beeinflussung von Antworten vermeiden sollten. Die offensichtlichste Reaktion auf dieses Phänomen wäre es, Beeinflussung durch geschickte Fragetechnik und Kontrolle von Körpersprache auszuschließen. Aber diese Fragen haben ihre Funktion: Wie Kvale (1996) betont, ist es möglich, von ihnen absichtlich Gebrauch zu machen, *um die Authentizität von Antworten zu prüfen*. Sollte ein Teilnehmer einer bestimmten Aussage nach Beeinflussung durch eine tendenziöse Frage später widersprechen, auch ohne es selbst zu bemerken, gibt es an der Glaubwürdigkeit seiner Antworten berechtigten Zweifel. Sollte der Teilnehmer andererseits gegen Beeinflussung Widerstand leisten, unterstützte dies seine Glaubwürdigkeit. Wenn der Forscher die Aufmerksamkeit von Teilnehmern auf eigene widersprüchliche Aussagen lenkt, kann dies auch den Zugang zu versteckten Ideen erleichtern, besonders im Fall von Tiefeninterviews.

Kvale behauptet nicht nur, dass tendenziöse Fragen nicht schlecht sind, sondern dass von ihnen nicht ausreichend Gebrauch gemacht wird. Er warnt jedoch, dass sich Forscher ihrer eigenen Verwendung solcher Fragen bewusst bleiben müssen und im schriftlichen Bericht darauf aufmerksam machen sollten, damit Leser dies bei der Interpretation von Befunden berücksichtigen können. Laut Kvale sind in Interviews *alle* Fragen tendenziös. Darüber hinaus sei eine Inhaltsanalyse nichts Anderes als ein Prozess des Stellens von tendenziösen Fragen an den Text! Das wichtigste Prinzip ist nicht die Sauberkeit der Methodologie sondern die Transparenz bei der Darstellung der Ergebnisse.

Bezüglich der Fragen sollte der Interviewer:
1. ein geeignetes Sprachniveau benutzen (z.B. auf übertriebene Fachsprache verzichten);
2. tendenziöse Fragen vermeiden (d.h. den Teilnehmern nicht Worte in den Mund legen);
3. im Interview nicht auf Details der Forschung eingehen;
4. im Laufe des Interviews nicht auf irrelevantes privates Material eingehen;
5. von Zeit zu Zeit "Kontrollfragen" stellen, um zu überprüfen, ob der Gesprächspartner die Fragen verstanden hat und konsistent darauf antwortet;
6. das eigene Verständnis der Aussagen des Teilnehmers durch angebrachte "Folgefragen" kontrollieren.

Durchführung von Interviews
Für die Zwecke des vorliegenden Buches unterscheide ich zwischen fünf verschiedenen Interviewarten, die im Folgenden dargestellt werden:

Offene Interviews: Die Teilnehmer werden gebeten, ihre Gedanken bezüglich eines allgemeineren Themas zu äußern, z.B. "Ich interessiere mich für die Benutzung von Sicherheitsgurten. Bitte sagen Sie mir, was Sie darüber denken". Das Interview hat demnach mehr oder weniger die Form eines Zwiegesprächs, doch sorgen die vom Interviewer gestellten Fragen dafür, dass das Gespräch nicht zu diffus wird. Obwohl sie immer zum Ziel haben, den Gesprächspartner an den Untersuchungsgegenstand zu erinnern, erfolgen die Fragen nicht nach einem Ablaufplan und sind auf das spezifische Gespräch abgestimmt. Sie müssen zudem nicht die grammatische Form einer Frage haben - ihr Sinn ist es, Teilnehmer zum Sprechen zu bringen und ihre Aufmerksamkeit auf den Untersuchungsgegenstand zu lenken, damit sie nicht einfach über andere Themen reden. Den Kern des offenen Interviews bildet der Versuch des Forschungsleiters, festzustellen, wie die Gesprächspartner ihre Gedanken zum Untersuchungsgegenstand selbst strukturieren und welche gedanklichen Kategorien sie wählen, wenn sie versuchen, diese Gedanken einer anderen Person mitzuteilen.

In der schon erwähnten Untersuchung über Sicherheitsgurte fing ein Teilnehmer spontan an, über die Gründe zu reden, warum sich einige Personen konsequent weigern, sich beim Autofahren überhaupt anzuschnallen. Wohingegen sich ein anderer Teilnehmer über Eltern beschwerte, die das Leben ihrer Kinder durch Nicht-Anschnallen riskieren. Ein dritter interessierte sich für die Nützlichkeit des Sicherheitsgurtes als Schutz gegen Verletzungen, ein vierter für den volkswirtschaftlichen Effekt usw. Unterschiedliche Gesprächspartner betrachten den Gurt und seine Verwendung unterschiedlich. Möglicherweise ermutigt der Interviewer zwar den Gesprächspartner mit Aussagen wie etwa "Ja, bitte reden Sie weiter" oder benutzt sogar das in der Gesprächstherapie berühmt gewordene "hm, hmh," aber der Teilnehmer wird nicht in vorher festgelegte gedankliche Bahnen geleitet. Das Ziel des Interviewers ist es, festzustellen, welche Themen von den Teilnehmern spontan aufgeworfen werden.

Die durch offene Interviews gewonnenen Daten sind die Aussagen der Teilnehmer. In der Regel müssen diese in ein schriftliches Protokoll umgewandelt werden. Im Fall von offenen Interviews kann dies sehr arbeitsintensiv und zeitaufwändig werden, da die Aussagen häufig umfangreich und kompliziert sind. Eine wortwörtliche Protokollierung durch die handschriftliche Anfertigung einer Niederschrift, währenddessen der Gesprächspartner spricht, erweist sich zumeist als sehr problematisch, weil es u.a. von Zeit zu Zeit erfordert, den Teilnehmer mitten im Satz zu unterbrechen, damit der Forscher die Aussage schriftlich fixieren kann. Dies bedeutet einmal eine Unterbrechung des Gedankengangs des Teilnehmers und verursacht zum anderen, dass sich das Gespräch unerträglich in die Länge streckt. Nach 2-3 Stunden ist der Forscher in der Regel erschöpft, auch wenn der Gesprächspartner noch begeistert redet. Aus diesem Grund sind Tonband- bzw. Videoaufnahmen zu empfehlen, obwohl auch diese Probleme aufwerfen, die später erörtert werden. Sehr gut handhabbar sind mitgeschriebene Gesprächsnotizen - nicht eine wortwörtliche Niederschrift - oder aber auch nach dem Interview geschriebene Gedächtnisprotokolle, die das Fundament eines Interviewprotokolls bilden. Letztendlich muss ein schriftliches Protokoll entwickelt werden, das als Grundlage der Auswertung dienen kann (s. Kapitel 5). Die Herstellung dieses Dokuments nimmt zumeist sehr viel Zeit in Anspruch und dieser Zeitaufwand ist vielleicht das größte praktische Problem in der Anwendung von offenen Interviews als Datenerhebungsverfahren.

Teil-strukturierte Interviews: Wie aus dem Terminus ersichtlich ist, haben teilstrukturierte Interviews im Vergleich zu offenen Interviews eine erkennbare Struktur. Der Forscher verfügt bereits über Kenntnisse des Untersuchungsgegenstandes und ahnt, welche Befunde sich aus der Untersuchung ergeben könnten. Es ist durchaus denkbar, dass er das Gespräch auf bestimmte Inhalte lenken möchte. Wie im Fall von offenen Interviews, beginnt er das Interview mit einer allgemeinen Fragestellung, wie etwa: "Mich interessiert die Frage, warum sich einige Leute weigern, sich im Auto anzuschnallen. Wie denken Sie darüber?" Von einer kleinen Anzahl vorformulierter Fragen oder Gesprächsanreger ausgehend, wird versucht, die Gesprächspartner zumindest größtenteils bei Themen zu halten, die für den Forscher von Interesse sind (z.B. "Könnte das mit der Persönlichkeit zusammenhängen, was meinen Sie?"). Der Interviewer kann diese "Anreger" am Anfang der Untersuchung auf ein vorgedrucktes Protokollblatt niederschreiben und sie ständig parat haben. Wichtig jedoch ist, dass das Interview nicht aus einer Abfolge spezifischer, konkreter Fragen/Anreger besteht, die den Gesprächspartnern listenartig vorgelegt werden.

Teilstrukturierte Interviews bieten die Möglichkeit, im Laufe des Gesprächs Daten schriftlich zu fixieren. Für bestimmte Antworten ist es denkbar, dass nicht die ganze Aussage, sondern lediglich ein Schlüsselwort oder ein Teilsatz niedergeschrieben werden muss. Dies ergibt sich daraus, dass der Forscher aufgrund der vorher durchgeführten Teilstrukturierung des Interviews bereits weiß, was er im Interview erfassen möchte und deswegen für seinen Untersuchungsgegenstand belangloses Material ignorieren kann. Darüber hinaus kann eine kurze Notiz bereits ausreichen, um ihn auf schon vertrautes Material aufmerksam zu machen. Solche Notizen können durch ein nach dem

Interview angefertigtes Gedächtnisprotokoll festgehalten werden. Die elektronische Aufnahme des Interviews bietet auch hier die Möglichkeit einer genaueren Fixierung der Inhalte, da kurze Notizen nicht mehr als die Grundideen des Gesprächs festhalten können.

Strukturierte Interviews: Kennzeichnend für strukturierte Interviews ist, dass der Forscher spezifische Fragen hat, auf die im Interview konkrete Antworten gesucht werden. Sehr häufig bilden frühere Forschungsergebnisse die Basis dieser Fragen, obwohl sie sich auch aus naiven Theorien oder Intuitionen des Forschers ergeben können. Nicht selten stehen die Fragen auf einem vorgedruckten Protokollblatt, von dem sie einfach laut vorgelesen werden, die eine nach der anderen. Dieselben Fragen werden allen Teilnehmern in derselben Reihenfolge und mit demselben Wortlaut gestellt, es sei denn, ein Teilnehmer hat eine bestimmte Frage bereits spontan beantwortet. In der Regel formulieren Teilnehmer ihre eigenen Antworten, auch wenn Fragen und Reihenfolge vom Forschungsleiter bestimmt werden, d.h. der Antwortmodus ist offen, aber nicht selten enthalten strukturierte Interviews auch einige Fragen mit vorformulierten Alternativantworten, von denen der Gesprächspartner einfach eine auswählt, z.B: "Sind Sie mit der Aussage einverstanden, 'Gurtzwang im Auto verletzt das Grundrecht auf freie Gestaltung des eigenen Lebens'?".

Viele Antworten - auch offene Antworten - brauchen nicht vollständig niedergeschrieben zu werden, da aufgrund der Struktur lediglich Schlüsselwörter bzw. Teilsätze von Interesse sind. Auf einem vorformulierten Protokollblatt können solche Wörter eingetragen werden bzw. es kann sogar lediglich notiert werden, ob sie vorkamen oder nicht. Im Fall von Fragen wie der zuvor dargestellten Frage über Sicherheitsgurte und Grundrecht bräuchte nur fixiert werden, ob der Teilnehmer einverstanden war mit der Aussage oder nicht.

Strukturierte Interviews bieten bestimmte Vorteile: Sie sind weniger zeitaufwändig, liefern vorstrukturierte Daten und lassen sich leichter analysieren, d.h. sie versprechen höhere Reliabilität. Es ist sogar denkbar - zumindest im Prinzip - strukturierte Interviews ohne direkten Kontakt zwischen Forscher und Teilnehmer durchzuführen, z.B. am Telefon oder sogar per Post. Von dieser Herangehensweise wird häufig in Umfragen, wie etwa in der Politik oder in der Marktforschung, Gebrauch gemacht. Die Gefahr jedoch ist, dass sie sich in kaum mehr als gesprochene Fragebogenaktionen umwandeln lassen, mit dem Ergebnis, dass auf die besonderen Stärken des qualitativen Ansatzes verzichtet werden muss. Laut Jorgensen (1989) sind die Daten stark strukturierter Interviews weniger aufschlussreich, oberflächlicher und schwieriger zu interpretieren als diejenigen weniger strukturierter Verfahren. Sie sind auch für die Effekte von Phänomenen wie u.a. Ja-Sagen oder soziale Erwünschtheit anfälliger. Mit anderen Worten: Jorgensen stellt ihre externe Validität infrage. Trotz dieser Schwächen bieten sie immer noch Möglichkeiten, die bei Fragebögen nicht vorhanden sind, z.B. das Stellen von Kontrollfragen oder das Aufnehmen von nicht-verbalen Informationen (Körpersprache).

Tiefeninterviews: Dieses Verfahren wird durch den Versuch des Interviewers gekennzeichnet, unter die Oberfläche zu gelangen, um die sich in der Tiefe der Persönlichkeit befindenden Emotionen, Gefühle, Befindlichkeiten, Einstellungen, Motive u.ä. zu untersuchen. Diese werden oft durch Rationalisierungen und andere psychische Schutzmechanismen verdeckt. Ein Ergebnis ist, dass Tiefeninterviews fast "klinischen" Status erlangen und klinische Verfahren anwenden können, wie etwa freies Assoziieren, gesprächstherapeutisch orientierte Gruppenverfahren usw. Ein Tiefeninterview mit einem Betroffenen über, sagen wir, die Weigerung, sich im Auto anzuschnallen, könnte an den Tag bringen, dass für ihn das ganze Thema durch Verärgerung und Aggressivität überlagert ist, die sich gegen einen stark kontrollierenden, autoritären Elternteil richtet. In einem Tiefeninterview könnte sich diese Weigerung als symbolische Geste der psychischen Entnabelung entlarven. Solches Material kann für den Gesprächspartner sehr bedrohlich wirken, besonders für jemanden, der sensibel und einsichtsvoll ist. Tiefeninterviews werfen also erneut sowohl das Problem des verantwortungsvollen Umgangs mit Teilnehmern als auch der persönlichen Qualifikation des qualitativ Forschenden auf.

Gruppengespräche: Wie der Name verdeutlicht, werden Gruppengespräche mit mehr als einer Einzelperson durchgeführt, d.h. in Gruppen. Theoretisch sind alle zuvor dargestellten Gespräche (strukturiertes, teilstrukturiertes, offenes Interview, Tiefeninterview) auch in Gruppen verwendbar. In der bereits mehrmals erwähnten Untersuchung über Auswanderung nach Australien wurden z.B. mehrere Gruppengespräche mit Personen durchgeführt, die ein australisches Einwanderungsvisum beantragt hatten. Sehr interessant war diesbezüglich, dass neue Themen, die in Einzelgesprächen nicht auftauchten, in den Gruppengesprächen von den Teilnehmern hervorgehoben wurden. Nachdem ihnen deutlich geworden war, dass sie sich unter gleich Gesinnten befanden, antworteten die Teilnehmer wesentlich offener als zuvor. Mechanismen wie etwa Ja-Sagen, soziale Erwünschtheit oder Dissonanzvermeidung wurden seltener und konnten sogar zum Gesprächsstoff werden und in der Gruppe offen thematisiert werden.

Fontana und Frey (1998) bieten einen interessanten Überblick über Gruppeninterviewansätze: Diese reichen von "Fokusgruppen", bei denen in der "klassischen" Form spezifische Fragen gestellt werden, die auf konkreten Erwartungen des Interviewers basieren, die wiederum aus früheren Forschungsergebnissen stammen[4] - d.h. es handelt sich mehr oder weniger um laborähnliche Bedingungen - über Brainstorming und so genannte "Delphi"-Gruppen (weniger strukturiert) bis hin zu Gruppen, die im Feld interviewt werden. Gruppeninterviews können explorativ sein und für Hypothesenbildungen verwendet werden oder aber als Voruntersuchungen dienen, aus denen eine Struktur für spätere Untersuchungen abgeleitet wird, oder in phänomenologischen Studien Anwendung finden.

Gruppengespräche stellen den Forscher vor neue erhebungstechnische Herausforderungen. Die besprochenen Regeln der guten Interviewtechnik gelten weiterhin (offen, freundlich und sensibel sein, Selbstreflexion und offene Kommunikation ermutigen, bereit sein, etwas von sich selbst zu zeigen), aber darüber hinaus sind weitere Fertigkeiten erforderlich. Der Interviewer muss fähig sein, eine Gruppe zu leiten und zu moderieren: u.a. bedeutet dies, es nicht zu erlauben, dass ein oder zwei Mitglieder der Gruppe die anderen dominieren, Mobbing zu verhindern oder schüchterne Mitglieder der Gruppe zur Teilnahme zu aktivieren. Wie meine Erfahrungen in den erwähnten Auswanderungs- bzw. Sozialarbeiterstudien lehrt, können Gruppengespräche die Teilnehmer stimulieren und die Offenheit fördern, d.h. sie sind *effektiv*. Sie sind auch *effizient*, da sie es dem Forscher ermöglichen, große Mengen von Information in verhältnismäßig wenig Zeit zu sammeln.

---

[4] Fontana and Frey betonen, dass sich der Begriff "Fokusgruppe" heutzutage häufig auf alle Gruppengespräche bezieht.

Folgende Formen von Interviews können angewendet werden:
- das offene Interview hat die Form eines offenen Zwiegesprächs über ein spezifisches Thema
- das teil-strukturierte Interview wird vom Interviewer in ihn interessierende Bahnen gelenkt, hat jedoch keinen festen Ablaufplan
- das strukturierte Interview erfolgt nach einem Ablaufplan - allen Gesprächspartnern werden dieselben Fragen gestellt
- das Tiefeninterview versucht, "unter die Oberfläche" zu geraten, um unbewusstes bzw. verstecktes Material an den Tag zu bringen. Es kann mehr oder weniger strukturiert sein
- das Gruppengespräch erfolgt nicht als Zwiegespräch, sondern innerhalb einer Gruppe. Es kann alle oben aufgelisteten Formen haben

"Gemischte" Datenerhebungsansätze
Einige Besprechungen qualitativer Datenerhebungsverfahren, wie z.B. mehrere Kapitel in Bryman und Burgess (1994), beziehen sich auf Ansätze, bei denen qualitative und quantitative Methoden kombiniert werden. Solche Ansätze nenne ich "gemischt". Mason (1994) ging so weit, solche Herangehensweisen zu empfehlen.

Gemischte Methoden vs. gemischte Modelle: Ein neuerer Überblick wurde von Tashakkori und Teddlie (1998) veröffentlicht. Diese Autoren gelangen zu dem Schluss, die "Paradigmenkriege" seien zu Ende und die Zeit sei gekommen, "pragmatisch" zu werden, d.h. von sowohl qualitativen als auch quantitativen Ansätzen Gebrauch zu machen, je nachdem, welche Herangehensweise für einen spezifischen Untersuchungsgegenstand vielversprechender ist. Sie gingen sogar weiter und schlugen eine Kombination beider Ansätze vor, um die Effektivität und Effizienz von Forschung zu verbessern. Laut Tashakkori und Teddlie bestehen zwei Möglichkeiten für die Kombination der Ansätze: einerseits *gemischte Methoden*, andererseits *gemischte Modelle*. Gemischte Methoden kombinieren die qualitative und quantitative Erhebungstechnologie, um Daten zu sammeln und zu analysieren. Im Gegensatz dazu, kombinieren gemischte Modelle die Ansätze in allen Phasen einer Untersuchung: Design, Umgebung, Datenerhebungsverfahren, Art von Daten, Datenauswertung und Verallgemeinerungsstrategien. Als Beispiel stellen Tashakkori und Teddlie eine Untersuchung dar, bei der Daten sowohl durch ein Labor-Experiment als auch durch eine Reihe von Interviews erhoben wurden. Ein Teil der sich aus dem Experiment ergebenden Daten (stereotyp **quantitative** Daten, s. Tabelle 1.1) wurde einer Inhaltsanalyse (stereotyp **qualitatives** Verfahren, s. Tabelle 1.1) unterworfen, während umgekehrt ein Teil der Interviewdaten einer statistischen Analyse unterzogen wurde.

Triangulation: Die bekannteste Technik der Anwendung gemischter Methoden kann mithilfe einer Metapher aus der Landvermessung ("Triangulation") bzw. aus dem Orten eines Ziels in der Artillerie ("Dreieckzielen") veranschaulicht werden. Laut Kvale (1996) spricht man in der erhebungstechnischen Literatur von "Triangulation". Er erklärt diesen Prozess durch eine Übertragung von Ideen aus dem Bereich des Signalortens. Um den Ursprung sagen wir eines Radiosignals zu orten, ist es möglich, die Kompassrichtung, aus der das Signal kommt, an zwei Orten festzustellen. Wenn von beiden Orten aus auf einer Karte jeweils eine gerade Linie in Richtung des Signals markiert wird, kreuzen sich die zwei Linien. Damit ist der Ursprung des Signals geortet, weil er sich auf dem Punkt befindet, an dem sich die zwei Linien kreuzen. Zusammen mit dem dritten Punkt (der Ort, an dem das Signal gesendet wurde), bilden die beiden Stellen, von denen die Signalrichtungen festgestellt wurden, ein Dreieck (eine Triangel) und deswegen wird von "Dreieckzielen" bzw. "Triangulation" gesprochen. Auf die Kombination von qualitativen und quantitativen Methoden übertragen bedeutet "Triangulation" die Anwendung zweier Forschungsansätze, um festzustellen, wo sich die zwei gefundenen Ergebnisse "kreuzen", d.h. welche Befunde beiden Ansätzen gemeinsam sind. Dieser Punkt kann als die "wahre" Quelle des erforschten Phänomens betrachtet werden. Er soll eine bessere Perspektive bieten als die qualitative oder quantitative Methode für sich.

Im Rahmen einer Datenerhebung erfolgt Triangulation durch die Anwendung zweier verschiedener Erhebungsverfahren in derselben Untersuchung, z.B. eine Fragebogenaktion (quantitativ) gefolgt von Interviews (qualitativ) - vgl. das oben dargestellte Beispiel. Um einen starken Triangulationseffekt zu erwirken, sollten die beiden Erhebungen so weit voneinander unabhängig sein wie möglich, als würden zwei getrennte Untersuchungen Seite an Seite durchgeführt werden. Bezogen auf die Auswertung und den Prozess des Schlussfolgerns bedeutet Triangulation, dass die Ergebnisse der beiden Untersuchungen kombiniert werden können, in der Hoffnung den Untersuchungsgegenstand dadurch besser zu "orten".

Kvale (1995) beschreibt eine entsprechende Untersuchung, die sich auf die Beurteilung von Schulnoten durch Kinder in dänischen Schulen bezog. In der Interviewsituation beschwerten sich viele Kinder darüber, dass Noten "ungerecht" wären. Sie vertraten die Meinung, Noten spiegelten die verbale Teilnahme am Klassengeschehen gleich stark oder sogar stärker wider wie Stoffkenntnisse. Das lehnten die Kinder ab. Kvale triangulierte den Untersuchungsgegenstand dadurch, dass er über die qualitative Untersuchung hinaus auch eine quantitative Untersuchung durchführte, bei der er die Nullhypothese prüfte, es bestehe zwischen verbaler Teilnahme und Noten kein Zusammenhang. An einer Stichprobe von 30 Schülern erhob er Daten über die Redeaktivität der Kinder im Interview (eine verhaltensorientierte Einschätzung der "verbalen Teilnahme") und korrelierte diese Werte mit den Noten der Schüler. Es ergab sich ein Korrelationskoeffizient von 0,65, der mit einer Wahrscheinlichkeit von weniger als 0,001 die Ablehnung der Nullhypothese rechtfertigte. Also hatten die Kinder recht. In dieser Untersuchung konnte durch Triangulation der Befund der qualitativen Untersuchung mittels der Verwendung von quantitativen Methoden verstärkt werden.

Ein weiteres Beispiel des gemischten Ansatzes befindet sich in einer Untersuchung von Knapper und Cropley (1982) über psychische Aspekte der Sachversicherung, insbesondere das Problem der ständig steigenden Anzahl von Bagatellschadensmeldungen damals in Kanada. Die mit der Regelung solcher Meldungen verbundenen Verwaltungskosten waren sehr hoch (für eine Verlustsumme von 50 KAD genauso hoch wie für 50.000 KAD). Diese zu beobachtende Verhaltensänderung (erhöhte Frequenz von Schadensmeldungen) wurde für einige Versicherungsgesellschaften sehr bedrohlich. Knapper und Cropley konzipierten den Untersuchungsgegenstand als: "Als was betrachten Versicherungsnehmer Sachversicherung?" Zunächst führten sie teilstrukturierte Interviews mit Versicherungsmaklern (Experten) und auch mit Versicherungsnehmern durch, die im vorangegangenen Jahr eine Schadensmeldung eingereicht hatten. Die Annahme war, dass solche Personen über die Motivation von Versicherungsnehmern, die einen Schaden gemeldet hatten, informiert wären. Die Konzipierung des Projekts, die Stichprobenbildung und die anfängliche Datenerhebung waren **qualitativer** Natur.

Auf Basis einer Inhaltsanalyse der Interviews (auch ein qualitatives Verfahren) wurden mehrere ausschlaggebende *Einstellungen zur Sachversicherung* festgestellt: Versicherungsteilnehmer möchten aus der

Versicherung mehr zurückerhalten, als sie investieren ("Profitmotiv"), Teilnehmer sollten vor jedem nur erdenklichen Risiko geschützt werden ("Schutzmotiv"), bzw. Versicherungsgesellschaften sollten bereit sein, jeden Schadensfall zu bezahlen ("Sicherheitsmotiv"). Danach entwarfen die Forscher einen traditionellen Fragebogen mit konventionellen Items nach dem Muster: "Inwieweit sind Sie mit folgender Aussage einverstanden? 'Die Versicherung sollte mich gegen jeden Schaden schützen.' Ich bin völlig einverstanden, eher einverstanden, weder einverstanden noch dagegen, eher dagegen, völlig dagegen." Mit diesem Instrument wurde die Stärke des Zusammenhangs der in der qualitativen Phase entdeckten Einstellungen mit numerisch messbaren Faktoren wie u.a. Alter, sozioökonomischem Status, Bildungsstand, Anzahl früherer Schadensmeldungen oder Vertrautheit mit Fernsehwerbung bezüglich Sachversicherung festgestellt.

Es ergab sich u.a., dass die Fernsehwerbung der Gesellschaften "zu erfolgreich" gewesen war: Die Werbespots konnten die Profit- und Schutzmotive der Versicherungsnehmer aktivieren und sie von der Zahlungsfreudigkeit der Gesellschaften überzeugen. Sachversicherung wurde von Versicherungsnehmern nicht als Katastrophenschutz betrachtet, sondern als Übernahme der Verantwortung durch die Versicherungsgesellschaften für fast tagtägliche Unannehmlichkeiten. Der größte Unterschied zwischen dieser Untersuchung und der oben dargestellten Studie von Kvale liegt darin, dass Kvale von getrennten Datensätzen Gebrauch machte, um eine zwar in der qualitativen Phase formulierte Hypothese zu prüfen, die jedoch auch ohne diese Phase hätte formuliert werden können. Die zwei unterschiedlichen Datensätze unterstützten einander im Sinne der Triangulation. Im Gegensatz dazu, arbeiteten Knapper und Cropley Begriffe in der qualitativen Phase heraus (Einstellungen zur Sachversicherung), die als Grundlage einer quantitativen Phase dienten, die ohne die qualitative Erhebung nicht möglich gewesen wäre. Ihre Untersuchung kann als Beispiel für ein gemischtes Modell betrachtet werden.

Eine dritte Variante, bei der eine noch stärkere Verflechtung von quantitativen und qualitativen Methoden besteht, untersuchte die psychischen Reaktionen junger Frauen, die während der Adoleszenz ihren

Vater aufgrund von Scheidung der Eltern verloren hatten.[5] In die Stichprobe wurden Frauen einbezogen, die zwischen etwa 14 und 21 Jahren die Trennung ihrer Eltern erlebten, seitdem zum Vater niemals bzw. nur äußerst selten Kontakt gehabt hatten und bereit waren, über ihre Erfahrungen zu sprechen. Einzelinterviews wurden mit diesen Frauen durchgeführt und die Protokolle der Interviews einer Inhaltsanalyse unterworfen, um festzustellen, wie diese Trennung von den Frauen erlebt wurde. Folgende psychische Reaktionen konnten u.a. beobachtet werden: *Gefühle des Verlusts, Sehnsucht, Hilflosigkeit* und *Verärgerung* (gegen den Vater bzw. die Mutter gerichtete extrapunitive Reaktion) bzw. *Schuldgefühle* (gegen sich selbst gerichtete intrapunitive Reaktion, da sie das Gefühl hatten, die Trennung der Eltern verursacht zu haben).

Darauf folgten eher **quantitative** Schritte: Für jedes Gefühl wurde der Grad der *Verbreitung* in der Gesamtgruppe festgestellt. Es wurde gezählt, welcher Prozentsatz der Frauen jedes Gefühl erwähnte. Sagen wir, 90% der Gesprächspartnerinnen erwähnten das Gefühl des Verlusts, 75% Schuldgefühle, 40% Verärgerung und 25% Hilflosigkeit. Diese Daten ermöglichten eine quantitative Aussage über den Verbreitungsgrad der verschiedenen Reaktionen in der Gesamtgruppe.

Auch konnte für jede Teilnehmerin die *Intensität* einer bestimmten Reaktion festgestellt werden. Es wurde gezählt, wie häufig sie das Gefühl des Verlusts, der Hilflosigkeit oder der Schuld in ihrem Interview erwähnte. Darüber hinaus wurde die *Stärke* des Gefühls berechnet: z.B. "Von Zeit zu Zeit fehlt mir mein Vater", wurde als niedrige Stärke eingestuft und erhielt einen Punkt, wohingegen "Ich habe häufig das Gefühl, ohne meinen Vater kann ich nicht mehr lange leben", als sehr hohe Stärke eingestuft wurde (5 Punkte). Dazwischenliegende Ausprägungsgrade erhielten 2 bis 4 Punkte. Dieses Verfahren führte zu Befunden über sowohl die Art von Reaktion (qualitative Aussage) als auch über ihre Verbreitung, Intensität und Stärke (quantitative Aussagen). Danach war es möglich, auf Fragen einzugehen wie etwa, ob extrapunitive Reaktionen häufiger als intrapunitive in der Gruppe vorkamen oder ob Frauen mit den intensivsten Reaktionen eine engere Reaktionspalette erlebten usw. In dieser Untersuchung diente die **quantitative** Untersuchung als Mittel zur Aufklärung der Stärke und der Entstehungs- und

---

[5] Die Einzelheiten dieser Untersuchung habe ich leicht adaptiert, um sie nachvollziehbarer zu machen.

Entfaltungsbedingungen von Phänomenen, deren Anwesenheit zunächst durch die **qualitative** Untersuchung entdeckt worden war. Das Zusammenspiel der Ansätze war komplizierter als in den früheren Beispielen und beide waren für die Untersuchung unentbehrlich.

Mischansätze lassen sich wie folgt *hierarchisch* zusammenfassen:
- Getrennte qualitative und quantitative Untersuchungen werden durchgeführt. Der Punkt, wo sich die Ergebnisse der beiden Studien überschneiden, wird als ein gesicherter Befund betrachtet. Im Prinzip könnten die beiden Studien völlig unabhängig von einander durchgeführt werden (hier haben wir die "reine" Triangulation).
- In einer qualitativen Untersuchung erzielte Ergebnisse führen zu einer Hypothese, die dann in einer quantitativen Untersuchung geprüft wird. Die quantitative Studie wird zwar durch die **qualitative** nahegelegt, sie wäre jedoch auch ohne sie denkbar (siehe das Schulnoten-Beispiel auf S. 113).
- Eine qualitative Untersuchung liefert Begriffe, die als die Grundlage einer **quantitativen** Studie dienen. Ohne diese wäre die quantitative Untersuchung nicht möglich gewesen (siehe das Versicherungsnehmer-Beispiel auf S. 113).
- Derselbe Datensatz wird wosohl qualitativ als auch quantitativ ausgewertet (siehe das Eltern-Scheidung-Beispiel auf S. 114-115).

Weitere Strategien in der Kombination von Ansätzen sind denkbar: Tashakkori und Teddlie (1998) machten auf eine Anzahl von Möglichkeiten aufmerksam. Ihr Buch bietet Forschern, die sich mit diesem Thema vertieft auseinandersetzen möchten, eine breitgefächerte Einführung in Mischansätze.

Kapitel 5

Die Auswertung qualitativer Daten

> Kennzeichnend für die qualitative Datenauswertung sind Verfahren, die die Inhalte von Gesprächen in getrennte, spezifische, konkrete Elemente oder Einheiten zerlegen und versuchen, die allgemeinere, abstraktere Bedeutung dieser Aussagen zu klären, wie etwa die Inhaltsanalyse. Einige radikal qualitativ denkende Theoretiker lehnen solche Verfahren ab und verlangen stattdessen, dass sich Forscher in die Daten "versenken" müssen, z.B. durch wiederholte Lektüre eines Protokolls, bis sich der Kern der Aussagen erkennen lässt. Diese Autoren behaupten zudem nicht selten, dass die Inhalte eines Gesprächs das Ergebnis der spezifischen Interaktion zwischen einem Interviewer und einem Teilnehmer sind und daher ein einzigartiges Ergebnis der Besonderheiten dieser Interaktion darstellen. Aufgrund dieser Annahmen schlussfolgern sie, dass Verallgemeinerungen, die über den vorliegenden Fall hinaus reichen, unmöglich sind. Laut Bryman und Burgess (1994) gibt es sogar Autoren, die im Rahmen qualitativer Untersuchungen den Terminus "Auswertung" konsequent ablehnen mit der Begründung, er implizierte, dass es für die Auswertung qualitativer Daten Standardverfahren gäbe, die mit denjenigen des quantitativen Ansatzes zu vergleichen sind. Trotzdem gehe ich im vorliegenden Buch davon aus, dass eine systematische Auswertung qualitativer Daten möglich ist. Es muss jedoch zugegeben werden, dass die wissenschaftliche Auswertung solcher Daten spezielle Definitionen von Reliabilität und Validität erfordert. Diese Definitionen und wie ihnen im Rahmen der Datenauswertung entsprochen werden kann, bilden den Schwerpunkt dieses Kapitels.

Grundprinzipien der qualitativen Datenauswertung

Wie Bryman und Burgess (1994) betonen, sind viele qualitativ arbeitende Forscher der Meinung, qualitative Daten seien interessanter als quantitative. Nur: Die Auswertung solcher Daten beinhaltet zahlreiche Probleme. Sie zitieren Miles (1979), der über qualitative Daten schreibt, sie bestünden aus einem "faszinierenden Durcheinander"! Dieses Durcheinander führt dazu, dass es keine schablonenartigen Verfahren für die Auswertung qualitativer Daten gibt und hat zur Folge, dass entsprechende Diskussionen nicht über allgemeine Richtlinien hinausgehen können. Im vorliegenden Kapitel entwickle ich solche Richtlinien unter besonderer Berücksichtigung der Förderung von Reliabilität und Validität. Der Wunsch, diesen Kriterien zu entsprechen, ist in qualitativen Untersuchungen nicht weniger stark ausgeprägt als in **quantitativen**. Der Unterschied befindet sich in der Art und Weise, wie Reliabilität und Validität verstanden werden. Aus diesem Grund ist es die erste Aufgabe des Kapitels, für qualitative Untersuchungen angebrachte Definitionen dieser Kriterien erhebungstechnischer Güte herauszuarbeiten.

Merkmale von Reliabilität und Validität: Altheide und Johnson (1998) setzen Reliabilität von qualitativer Forschung mit *Stabilität* gleich. Daten müssen derartig systematisch und organisiert erhoben und analysiert werden, dass ein neuer Forscher in der Lage ist, diese Verfahren originalgetreu zu wiederholen. Lincoln und Guba (1985) nennen dieses Merkmal "Bestätigungsfähigkeit" (engl.: "confirmability"). Im Fall der Validität, hebt Hammersley (1992) hervor, eine qualitative Auswertung sei valide, wenn sie *akkurat* ist: Sie muss diejenigen Merkmale des Untersuchungsgegenstandes, auf den sie abstellt, wahrheitsgemäß beschreiben. Altheide und Johnson fügen diesen Kriterien "Wahrhaftigkeit" (engl.: "truthfulness") hinzu. Lincoln und Guba (1985) betonen "Glaubwürdigkeit" (engl.: "credibility") und Kvale (1995) schlägt "Nützlichkeit" (engl.: "usefulness") vor. Diese Merkmale werden in Tabelle 5.1 zusammengefasst (s. folgende Seite). Ich wende mich jetzt der Frage zu, wie eine qualitative Datenauswertung durchgeführt werden kann, so dass Reliabilität und Validität im zuvor dargestellten Sinn optimiert werden.

Subjektivität qualitativer Datenauswertung: Im Zentrum der Auswertung multivariater Daten liegt ein Prozess der Reduzierung größerer Datenmengen auf eine kleine Anzahl allgemeiner Aussagen, die die Bedeutung der Daten zwar sparsam aber ohne großen Informationsverlust zusammenfassen. Dieser Prozess folgt dem Prinzip der "Sparsamkeit" (engl.: "parsimony"): die kleinstmögliche Anzahl von Dimensionen mit dem größtmöglichen Informationsgehalt. Dieses Prinzip bildet das Ziel sowohl qualitativer als auch quantitativer Auswertungen, auch wenn sich die spezifischen Techniken der beiden Ansätze deutlich voneinander unterscheiden. Der wesentlichste Unterschied liegt darin, dass **quantitative** Auswertungen in der Regel auf der Basis mathematischer Verfahren erfolgen, was dazu führt, dass verschiedene Forscher durch die Anwendung desselben Verfahrens mit denselben Daten zum identischen

Tabelle 5.1: Kriterien von Reliabilität und Validität

Gütekriterium	Merkmal	Definition
Reliabilität	Stabilität	Die Wiederholung des Verfahrens führte zum selben Ergebnis
	Bestätigungsfähigkeit	Ein anderer Forscher würde zu ähnlichen Befunden gelangen
Interne Validität	Akkuratheit	Die Analyse versteht, was die Teilnehmer sagen wollten
	Wahrhaftigkeit	Die Analyse interpretiert die Aussagen richtig
Externe Validität	Glaubwürdigkeit	Die Befunde sind einer Fachleserschaft nachvollziehbar
	Nützlichkeit	Die Befunde lassen sich praktisch umsetzen

Ergebnis gelangen, d.h. das Ergebnis ist *stabil* und deswegen reliabel. Ein Beispiel für ein entsprechendes quantitatives Verfahren wäre die Faktorenanalyse.

Im Fall von **qualitativen** Untersuchungen wird im Gegensatz dazu die Analyse durch Merkmale des Einzelforschers stark beeinflusst:

1. seine allgemeine Lebenserfahrung,
2. sein Verständnis des Untersuchungsgegenstands,
3. aus seinem Fachwissen sich ergebende Einsichten oder Intuitionen,
4. persönliche Vorgefühle,
5. naive Theorien oder sogar
6. politische bzw. konfessionelle Weltanschauungen usw.

Aus dem Grund ist die Datenauswertung in qualitativen Untersuchungen wesentlich subjektiver - nicht mathematische Verfahren sind für das Ergebnis der Auswertung ausschlaggebend, sondern der Forscher selbst. U.a. hat dies zur Folge, dass der Forschungsleiter häufig den gesamten Prozess der Erhebungsplanung, Datenerhebung und -auswertung selbst ausführen muss. Doch bedeutet dies auf keinen Fall, wie unten betont wird, dass qualitative Auswertungen willkürlich sind bzw. sich lediglich aus Fantasien des Forschers ergeben. Im Gegenteil: Sie sind systematisch und ausreichend reproduzierbar, d. h. sie sind stabil (reliabel), obwohl diese Qualitäten auf eine andere Art und Weise erreicht werden als in **quantitativen** Studien.

Die Schwierigkeit einer Automatisierung der Auswertung: Die Komplexität qualitativer Daten und der Wunsch, wissenschaftlich zu arbeiten, werfen die Frage auf, ob es möglich ist, automatisierte Auswertungsverfahren zu entwickeln, die routinemäßig durchgeführt werden können, wie es bei **quantitativen** Verfahren häufig möglich ist. Insbesondere wären rechnerorientierte Datenverarbeitungspakete - wie etwa das SPSS-Paket - wünschenswert. Es handelt sich hier um das Problem der "Routinisierung" bzw. der "Standardisierung" von Datenauswertungsverfahren. Laut Bryman und Burgess (1994) haben gut ein Dutzend Forscher Software entwickelt, die versucht, die qualitative Datenauswertung zu automatisieren, und Weitzman und Miles (1995) stellen nicht weniger als 24 entsprechende Programme dar, u.a. "Ethnograph" (ein für so genannte "ethnografische" Studien, die eher in der Anthropologie und Soziologie zu finden sind, geeignetes Programm) und "NUD.IST" (engl.: *Non-numerical Unstructured Data. Indexing, Searching and Theorizing*).

Aber die Anwendung dieser und ähnlicher Programme beschränkt sich auf das, was ich die "Verwaltung" bzw. die "Organisierung" nenne. Die Programme sind nicht fähig, zentrale Aufgaben der qualitativen Auswertung zu übernehmen, wie etwa Einsichten zu gewinnen oder provisorische Hypothesen zu formulieren. Mehrere in Bryman und Burgess (1994) veröffentlichte Abhandlungen vertreten die Meinung, dass die besondere Wesensart qualitativer Daten und der dynamische Charakter qualitativer Auswertungsverfahren die Möglichkeit einer Automatisierung ausschließen. Im Moment sieht es so aus, als wäre qualitative Auswertung eher eine Kunstform als eine routinemäßige Technik; vielleicht ein Aspekt des Kunsthandwerks.

Prozessartiger Charakter qualitativer Datenauswertung: Über ihre Komplexität hinaus fällt die prozessartige bzw. fluide Natur der qualitativen Datenauswertung sehr stark auf. Wie die Daten gehandhabt werden, kann sich im Laufe der Auswertung stark ändern, z.B., wenn die Anfangsphasen Einsichten in den Untersuchungsgegenstand liefern, die zu einer Verlagerung des Interessensschwerpunktes führen. *Es besteht eine andauernde Interaktion zwischen den Daten und dem Forschungsleiter.* U.a. bedeutet dies, dass:

- spätere Phasen der Daten*erhebung* aufgrund einer Zwischen-

auswertung modifiziert werden können;
- spätere Phasen der Daten*auswertung* auch auf der Basis früherer Phasen modifiziert werden können;
- sogar die Auswahl von Teilnehmern in späteren Phasen der Daten*erhebung* auf der Basis der anfänglichen Auswertung modifiziert werden kann.

Kurz gesagt: Eine qualitative Auswertung besteht aus einer Abfolge ineinander verzahnter Entscheidungen, die z.T. sogar "rückwärts" wirken. Als Beispiel dieser komplizierten Verzahnung dienen sich aus der Datenauswertung ergebende methodologische Entscheidungen, die eventuell zu Änderungen der Daten*erhebung* führen können. Wobei im Auge behalten werden muss, dass strikt logisch betrachtet die Erhebung *vor* der Auswertung stattfindet. Dieser dynamische, prozessartige Charakter qualitativer Datenauswertungen verkompliziert auch den Aufbau des Berichts über die Untersuchung, zu meist eine Diplom- bzw. Doktorarbeit. Auf dieses Thema wird im letzten Kapitel eingegangen.

Fokussierung auf allgemeine, wissenschaftliche Dimensionen: In qualitativ orientierten Untersuchungen bestehen die Daten häufig aus Aussagen über das Leben von Menschen, nicht selten schwierige Aspekte des Lebens. Einige Beispiele wurden bereits erwähnt: wie etwa Eltern autistischer Kinder; Menschen, die versuchen, eine Entscheidung über die Auswanderung zu treffen; oder Fahrer, die sich über den Gurtzwang ärgern. Wie zudem hervorgehoben wurde, ist es das Ziel einer Untersuchung, zu verstehen, wie Menschen aus ihrem Leben Sinn machen, und die Ergebnisse dieses Prozesses mit bestehenden verhaltens- und sozialwissenschaftlichen Erkenntnissen in Zusammenhang zu bringen. Leider wird dies von Zeit zu Zeit von Diplomanden und Doktoranden vergessen, wenn sie qualitative Daten auswerten; insbesondere, wenn es sich um Daten handelt, die kritische Lebensereignisse beinhalten. Zudem haben Forscher manchmal mit der Unterscheidung zwischen einem diagnostischen Interview und einer Datenerhebung Schwierigkeiten. Anstatt ein Interview mit der Absicht zu analysieren, den Erkenntnisstand bezüglich eines wissenschaftlichen Phänomens zu erweitern, beginnen sie zuweilen, eine klinische Analyse durchzuführen, eine Diagnose zu erstellen und Vorschläge für die Behandlung des Falles zu liefern. Dies dürfte für klinisch orientierte Forscher ein besonderes Problem bilden.

Aus dem Grund muss Folgendes beachtet werden:

1. *Datenauswertung ist kein klinisches Verfahren.* Der Sinn der Auswertung ist es **nicht**, eine Anamnese und Katamnese des Falles durchzuführen und Behandlungsvorschläge zu unterbreiten. Womit sich der Forscher beschäftigen sollte, ist das interne Bild der Welt, durch das die Teilnehmer aus ihren Erfahrungen Sinn machen. *Die Aufgabe besteht darin, allgemeine Dimensionen zu finden.* Der Forscher interessiert sich zwar unmittelbar für den Einzelteilnehmer, aber in der Regel geht das mittelbare Ziel über die Beschreibung eines spezifischen Falles hinaus und zielt auf die Entwicklung eines allgemeinen Rahmens, in den der spezifische Fall integriert werden kann. Folgerichtig müssen die sich aus der Auswertung eines Einzelfalls ergebenden Dimensionen so allgemein sein, um auf neue Fälle übertragen werden zu können. Aus dem Grund wäre eine Dimension wie etwa "Selbstwertgefühl" besser geeignet als "niedriges Selbstwertgefühl" oder "positives Selbstwertgefühl". Letztere sind diagnostische Aussagen, die einen spezifischen Fall beschreiben, wohingegen "Selbstwertgefühl" eine allgemeinere Dimension darstellt, die bei allen Menschen verwendet werden kann. "Niedrig" und "positiv" sind keine Dimensionen, sondern Positionen auf einer **quantitativen** Skala.
2. *Forschung ist eine wissenschaftliche Aktivität.* Forscher sollten von der wissenschaftlichen Fachterminologie ihrer Disziplin Gebrauch machen. "Gefühle" z.B. ist zwar ein psychologischer Terminus, der Ausdruck steht jedoch an der Grenze der Alltagssprache: "Affekt" wäre formaler. Auf ähnliche Weise entspricht "zwischenmenschliche Beziehungen" den Normen der wissenschaftlichen Fachsprache besser als "Auskommen mit anderen Menschen", auch wenn "zwischenmenschliche Beziehungen" heutzutage an der Grenze zur Populärwissenschaft steht. Die Verwendung einer formalen Fachsprache ist nicht mit der Benutzung von Jargon als eine Art Wichtigtuerei zu verwechseln.
3. *Die Auswertung sollte sich auf das Wesentliche beziehen.* Der Sinn der Auswertung ist nicht, jedes Wort eines

Protokolls zu berücksichtigen, sondern diejenigen Aussagen ausfindig zu machen, die etwas Wichtiges bzw. Wesentliches ausdrücken. Folgerichtig kann eine Inhaltsanalyse mit einer Phase der Zusammenfassung und Klärung anfangen, bei der vieles, was für den Untersuchungsgegenstand von keiner Bedeutung ist, gestrichen wird (s. S. 128).

Die Datenauswertung ist ein *Prozess*, der
- subjektiv ist
- nicht automatisiert werden kann
- trotzdem versucht, Reliabilität und Validität zu optimieren
- sich auf das Wesentliche konzentriert
- nicht mit einer klinischer Diagnose zu verwechseln ist
- darauf abzielt, in den konkreten Aussagen der Teilnehmer allgemeine, abstrakte Dimensionen ausfindig zu machen — eine Inhaltsanalyse ist deswegen als eine Art "subjektive Faktorenanalyse" zu kennzeichnen

---

Die Rolle der Theorie in der qualitativen Datenauswertung
Strauss und Corbin (1998, p. 168) definieren Theorie als "zusammenhängende allgemeine Thesen, durch die eine Gruppe von Phänomenen erklärt wird". Diese Definition wird in den folgenden Abschnitten und in Kapitel 6 übernommen. Im vorliegenden Kapitel wird nicht auf die Entwicklung neuer Theorien abgestellt, sondern auf die Anwendung bestehender Theorien, um die Auswertung von Daten zu lenken bzw. vorzustrukturieren. Kapitel 6 befasst sich u.a. mit Theorienentwicklung.

Ohne Theorie beginnen: Eine Auswertung kann ohne Theorie angefangen werden: Ein *Tabula-rasa*-Ansatz, bei dem der Forscher vorgibt, er hätte keine Erwartungen darüber, was sich aus den Daten ergeben könnte. Eigentlich lässt sich ein echter *tabula-rasa*-Ansatz kaum vorstellen — welcher Forscher hätte in der Tat überhaupt keine Idee, was aus den Daten entstehen könnte? Aber als verfahrenstechnische Annahme ist der Ansatz denkbar. Der große Vorteil des *tabula-rasa*-Ansatzes ist, dass keine Theorie vorher festlegt, welche Inhalte bedeutsam sind. Die Entscheidung darüber ergibt sich eher aus den Daten selbst. Dies führt dazu, dass "spontan hervortretende Sachverhalte" (engl.: "emergent issues") aus den Daten "herausspringen" können (Ritchie und Spencer,

1994, p. 180). Diese werden dem Forschungsleiter durch ihren Stellenwert in den Aussagen der Teilnehmer sozusagen "aufgezwungen" und können unerwartet (überraschend s. S. 154-157) sein. Die Möglichkeit, dass Sachverhalte spontan hervortreten können, verdeutlicht erneut die dynamische Wesensart qualitativer Ansätze.

Kromrey (2000, S. 300) nennt diese durch das Hervortreten von Sachverhalten gekennzeichnete Herangehensweise "hermeneutisch" und, um ihre Wesensart zu verdeutlichen, vergleicht er sie mit der Auslegung eines Textes im Rahmen des Deutschunterrichts, einer Aufgabe, die den Lesern des vorliegenden Buches geläufig sein dürfte. Die Absicht einer solchen Auswertung ist es, durch Einbeziehung möglichst aller Umstände und Bedingungen, die zum Entstehen des Textes führten, diesen in seiner Ganzheit zu verstehen. Der Sinn ergibt sich aus dem Text, nicht - zum Beispiel - aus Vorkenntnissen des Lesers über dem Gegenstand des Textes. Die Auswertung soll feststellen, was der Gesprächspartner (der Autor) eigentlich sagen wollte und wie dies zu verstehen sei. Aus diesem Grund muss eine hermeneutische Auswertung qualitativer Daten vier zentrale Merkmale besitzen (Madison, 1988), und zwar muss sie sein:
- *kohärent*: die Interpretation der Inhalte muss einheitlich und frei von Widersprüchen sein;
- *umfassend*: die Bedeutung des Textes *insgesamt* muss berücksichtigt werden;
- *eingehend*: die Interpretation muss auch verdeckte, nicht der Oberfläche liegende Bedeutungen berücksichtigen;
- *kontextbezogen*: die Auswertung soll versuchen, den Text im Sinne des breiteren wissenschaftlichen Kontexts zu interpretieren.

Die Ergebnisse der Auswertung sind mehr oder weniger zwangsläufig personenabhängig und subjektiv - auf dieses Problem der qualitativen Auswertung wird später vertieft eingegangen.

Theoriengeleitete Auswertung: Qualitative Auswertungen können zwar ohne eine Eingangstheorie — sozusagen "blindlings"— durchgeführt werden - d.h. ohne eine sich aus bereits bestehenden Theorien ergebende Vorstrukturierung - aber sie können auch auf der Basis von Theorien erfolgen. Kromrey (2000, S. 298) nennt die "vorstrukturierte" Herangehensweise an die Datenauswertung "empirisch", aber ich spreche lieber von "theoriengeleitet". Der Forscher legt bereits vorab Themen oder

Sachverhalte fest, die laut Theorie auftauchen müssten, bzw. für den gegenwärtigen Untersuchungsgegenstand von besonderer Bedeutung sind, und konzentriert die Auswertung darauf, um festzustellen, ob und in welcher Form sie tatsächlich hervortreten (oder aber auch nicht). Die Einschränkung der Auswertung auf Inhalte, die nach der Theorie von Bedeutung sind, bietet eine vorübergehende Struktur für die Auswertung und ermöglicht eine bestimmte Routine in dieser Phase der Untersuchung. Ein Nachteil ist jedoch andererseits, dass eine solche Vorstrukturierung die Berücksichtigung spontan hervortretender Sachverhalte verhindert, da von der Theorie nicht vorgesehene Inhalte einfach ignoriert werden.

Theoriengeleitete Auswertungen werden nicht immer derart konsequent durchgeführt, wie zuvor dargestellt. Laut Strauss und Corbin (1998) muss die Ausgangstheorie nicht unbedingt eine formale, in der Literatur vorhandene Theorie sein, sondern sie kann sich aus einer Intuition oder einer Vorahnung des Forschungsleiters ergeben, die sich im Rahmen einschlägiger persönlicher Erfahrungen mit dem Untersuchungsgegenstand entwickelte. Forschungsleiter mit einschlägiger Vorerfahrung sind "theoretisch sensibel" (Strauss und Corbin, 1998, S. 166) und daher geeigneter, Beziehungen zu bestehenden Theorien und Verbindungen zu früheren Befunden zu erkennen, als Forscher ohne diese Erfahrung - erneut ein Beweis für die Notwendigkeit, für die Forschertätigkeit gut qualifiziert zu sein (s. Diskussionen in Kapitel 2).

Wahl einer theoretischen Orientierung: Da sich qualitative Datenerhebungen nicht notwendigerweise aus einer bestimmten theoretischen Orientierung ergeben, sondern z.B. lediglich persönliche Betroffenheit, Neugierde oder ähnliche lebensnahe Motivationen widerspiegeln können, ist es durchaus möglich, dass sich eine theoretische Orientierung im Rahmen der Auswertung entwickelt: Die Ableitung dieser Orientierung bildet indes einen Teil der Auswertung (s. Anmerkungen zur Dynamik qualitativer Auswertungen). Woher kommt diese Orientierung?

Sie ergibt sich aus einer Interaktion zwischen den Daten und den Kenntnissen und Interessen des Forschers. Ein bestimmter Ansatz wird gewählt (z.B. der psychoanalytische, der sozialpsychologische, ein lerntheoretischer oder ein Ansatz, der auf der Theorie der kritischen Ereignisse beruht), weil ein bestimmter Forscher damit vertraut ist oder gut damit umgehen kann, oder weil der Ansatz sehr gut mit den Interessensschwerpunkten des Forschers zusammenpasst. Ein spezieller Ansatz kann zudem dem Forscher sehr gut geeignet erscheinen, einen bestimmten Untersuchungsgegenstand zu erhellen. Die bereits häufig erwähnte Untersuchung über deutsche Auswanderer nach Australien bietet ein anschauliches Beispiel: Im Laufe der Studie, nachdem die Auswertung der ersten Daten bereits begonnen hatte, wurde evident, dass eine psychoanalytische Orientierung besonders hilfreich sein könnte. Die Gründe waren:

(a) die Psychoanalyse betont unbewusste Motivation, genau der Sachverhalt, auf den die Untersuchung in den späteren Phasen besonders einging;

(b) sie beinhaltet ein Modell der Entwicklung der Persönlichkeit und bietet daher Einsichten in die Prozesse, durch die sich Menschen zu wanderungsfreudigen bzw. sesshaften Personen entwickeln;

(c) sie beinhaltet zudem einen Therapieansatz, aus dem sich eine Herangehensweise für die Beratung migrationsgeschädigter Menschen ergab.

Diese Freiheit, eine theoretische Orientierung im Laufe der Studie zu entwickeln und eine Orientierung auszuwählen, die dem bestimmten Forscher gefällt, wirft das Problem der Willkürlichkeit auf. Kann ein solches Verfahren wissenschaftlich sein? Um den Eindruck von Willkür zu vermeiden, ist es wichtig, im Forschungsbericht - in der Regel eine Diplom- bzw. Doktorarbeit - aufzuzeigen, dass die Entscheidung für eine bestimmte Orientierung systematisch und auf der Basis wissenschaftlicher Überlegungen erfolgte. In qualitativen Untersuchungen kann die Theorie zwar eine Rolle spielen, die derjenigen **quantitativer** Studien ähnelt. Ihre Brauchbarkeit kann jedoch ebenso gut erst im Laufe der Auswertung erkennbar werden, da sie sich als nützliches Werkzeug für die Erhellung auftauchender Forschungsfragen erweist. Die zuvor dargestellten Gründe für die Verwendung einer psychoanalytischen Orientierung in den späteren Phasen der Untersuchung an Auswanderern geben ein Beispiel für eine akzeptable Begründung. Die Nützlichkeit dieser Herangehensweise bestätigte sich mehrmals, als sich die Untersuchung entfaltete. Von entscheidender Bedeutung ist, dass die Schritte der Einführung des theoretischen Ansatzes im Bericht beschrieben und in ihrer Logik erläutert werden.

> Die Auswertung qualitativer Daten kann
> • ohne vorstrukturierende Theorie erfolgen
> • vom Anfang an theoriegeleitet erfolgen
> • in späteren Phasen durch eine erst im Laufe der Auswertung "herausgearbeitete" Theorie gelenkt werden
> Sehr wichtig ist, dass im Endbericht nachvollziehbar genau dargestellt wird, wie sich die theoretische Grundlage der Untersuchung im Laufe der Studie entwickelte.

Die qualitative Inhaltsanalyse
Wie Kromrey (2000, S. 298) es ausdrückt, ist die qualitative Inhaltsanalyse:

> "eine Forschungstechnik, mit der man *aus jeder Art von Bedeutungsträger* [Hervorhebung durch Cropley] durch systematische und objektive Identifizierung ihrer Elemente Schlüsse ziehen kann, die über das analysierte Dokument hinaus verallgemeinerbar sein sollten."

Eine qualitative Inhaltsanalyse beginnt in der Regel mit einem Dokument, z.B. dem Protokoll eines Interviews oder einer teilnehmenden Beobachtung, den Notizen eines Fallbeispiels, einem Tagebuch, einer Biografie oder sogar, wie in der Studie von Gray und Kunkel (2001), mit einem schon veröffentlichten Buch. Besonders im Fall von Interviews kann das Dokument aus der Transkription eines Videos bzw. eines Tonbandmitschnitts bestehen. In den verbleibenden Abschnitten des vorliegenden Kapitels gehe ich auf die Auswertung von Interviewprotokollen und anderen Texten ein, die Aussagen von Teilnehmern beinhalten (z.B. Biografien, Briefe).

Obwohl ich mich in diesem Buch besonders auf Interviews und die Auswertung von Interviewdaten beziehe, lassen sich die unten dargestellten Grundprinzipien sehr leicht auf andere Texte oder auf *jede Art* von Bedeutungsträger übertragen. Folgende Abschnitte können deswegen als eine erste Einführung in die qualitative Inhaltsanalyse im Allgemeinen betrachtet werden. Im Rahmen einer Zusammenfassung der Grundprinzipien der Inhaltsanalyse ist es nicht möglich, ein festes Schema darzustellen, das schablonenartig angewendet werden kann. Dennoch wird die folgende Darstellung so spezifisch und konkret sein wie nur möglich.

Sie wird sich nicht auf feste Techniken konzentrieren, die stets wiederholt werden können, sondern auf *grundlegende Prinzipien der Analyse*.

In Anlehnung an Bryman und Burgess (1994) wird die qualitative Analyse in zwei Aspekte aufgeteilt: "Strategien" auf der einen Seite, "Prozesse" auf der anderen. Zunächst wird auf die *Prozesse* eingegangen. Mit anderen Worten befasse ich mich mit der Auswertungstechnologie einer qualitativen Untersuchung.

"Kodierung" der Rohdaten: Dieser Prozess wird häufig *Kodierung* genannt. Kodierung im Sinn der qualitativen Inhaltsanalyse unterscheidet sich wesentlich von der Kodierung in **quantitativen** Studien. In Letzteren bedeutet "Kodierung" zumeist die Umwandlung von Antworten auf standardisierte Fragen aus einer verbalen in eine numerische Form, wie etwa "Inwieweit sind Sie mit der Aussage einverstanden: 'Kinder müssen immer gehorchen!'" Die Antwort, "Ich bin überhaupt nicht damit einverstanden," könnte als 1 kodiert werden, "Ich neige dazu, die Aussage abzulehnen," als 2 usw. Derartige Items tauchen sehr häufig in konventionellen Fragebögen auf. In **qualitativen** Auswertungen ist der Sinn der Kodierung hingegen, den subjektiven Kern der Aussagen zu begreifen.

Zusammenfassung und Klärung: In Anlehnung an Mayring (2003) hebe ich hier zwei vorläufige Schritte des Kodierungsprozesses hervor und zwar *Zusammenfassung* und *Klärung*.

Meistens enthält der Rohtext viel Material, das für die Erhellung des Untersuchungsgegenstandes unbrauchbar ist, besonders wenn es sich um ein Interviewprotokoll handelt (z.B. Verzögerungen, Unterbrechungen, Wiederholungen, Umformulierungen, Fehlstarts, nicht zu Ende geführte Aussagen usw.). In der Phase der Zusammenfassung wird solches Material aus dem zu analysierenden Text entfernt.

Unbrauchbares Material kann
(a) bedeutungslos bzw. unverständlich sein (z.B. "Äh," "Wissen Sie," oder "Hmn?),
(b) aus Wiederholungen bestehen oder
(c) irrelevant sein.

Selbstverständlich können Wiederholungen u.a. bedeuten, dass einem Teilnehmer ein bestimmtes Thema von hoher Bedeutung war und in dem Sinn sind sie nicht ohne Interesse, sie führen jedoch *keine neuen Sachverhalte* ein. Auf ähnliche Art und Weise bedeutet "bedeutungslos" nicht, dass der Sachverhalt einer Aussage uninteressant ist. Das Material könnte für den Teilnehmer von großer Bedeutung und für den Forschungsleiter faszinierend sein, nur wirft es auf den gegenwärtigen Untersuchungsgegenstand kein Licht und ist in dem Sinn unbrauchbar.

Klärung erfordert Umformulierung des Textes, damit der Sachverhalt eindeutig klar ist, ohne die Sichtweise des Teilnehmers zu verzerren. Meistens machen Gesprächspartner von der Umgangssprache Gebrauch, oder von Redewendungen, die für sie persönlich bzw. für andere besonders betroffene Personen, wie etwa im gleichen Beruf tätige Menschen, eine besondere Bedeutung haben. Zuweilen verwenden sie auch Metaphern bzw. andere "private" bzw. "indirekte" Ausdrücke, anhand derer sie versuchen, schwierige oder komplizierte Sachverhalte verständlich zu machen bzw. für sie persönlich problematisches Material (z. B. aus Scham oder Angst) zum Ausdruck zu bringen. Aus der Diplomarbeit von Petersen (1989) ergibt sich ein anschauliches Beispiel: Eine Teilnehmerin sprach im Interview vom "Fantasie-Käfig", eine dem Interviewer unbekannte Redewendung, die in keinem Wörterbuch zu finden ist. Nicht selten muss solche Sprache in Klartext "übersetzt" werden. Dies kann den Forscher zum Gebrauch eines Wörterbuches zwingen, bzw. die Hilfe einer Person erforderlich machen, die mit der entsprechenden Fachterminologie vertraut ist.

Für den Fall, dass solche Maßnahmen nicht ausreichen, um die Absicht eines Teilnehmers verständlich zu machen, können sorgfältige Lektüre des Textes und die Berücksichtigung des ursprünglichen Kontexts häufig sehr hilfreich sein. Im oben angegebenen Beispiel vom "Fantasie-Käfig" zeigte die genauere Lektüre der Interviewniederschrift eindeutig, dass die Teilnehmerin mithilfe dieser Metapher ihre Angst vor der Offenbarung der eigenen Einfälle gegenüber anderen Personen ausdrücken wollte - ihr schien es, als wären ihre kreativen Ideen durch die hemmende Wirkung anderer Menschen in einem Käfig gefangen. Zusammenfassung und Klärung sind praktische Schritte, die nicht selten **vor dem Anfang** der eigentlichen Auswertung durchgeführt werden und eine Voraussetzung für die eigentliche Auswertung bilden.

Feststellung von Inhaltseinheiten: Der erste Schritt der Hauptphase des Kodierungsprozesses besteht aus dem Ausfindigmachen von Inhaltseinheiten. Diese sind *Textfragmente, die einschlägige Aussagen über den Untersuchungsgegenstand enthalten.* Beispiele: "Mich stört das Gefühl, alles könnte plötzlich schief gehen," oder "Ich halte mich für sehr kompetent." Sie bilden die Grundlage für die späteren Schritte der Analyse: für

den Aufbau von "Kategorien" und "Konzepten". Bei der Herausarbeitung von sinntragenden Inhaltseinheiten sollte auf Folgendes geachtet werden:
1. Sie brauchen nicht aus vollständigen Sätzen zu bestehen.
2. Sie sind häufig grammatisch unrichtige, umgangssprachliche Aussagen.
3. Sie sollten so kurz gehalten werden wie möglich. Sie können aus einem einzigen Wort bestehen und sollten in der Regel nicht mehr als etwa 7 oder 8 Wörter enthalten.
4. Sie sollten soweit wie möglich konkret und spezifisch und nicht vage bzw. allgemein sein.
5. Aussagen dürfen nicht "überinterpretiert" werden. Dieses Problem taucht z.B. auf, wenn der Forschungsleiter in eine Aussage einen Sachverhalt "hineininterpretiert", der in der konkreten Aussage nicht steht. Im unten stehenden Beispiel eines Interviews mit einer Sozialarbeiterin steht die Aussage, "(Die Klienten) machen wenig Fortschritt." Nicht auszuschliessen ist, dass die Gesprächspartnerin damit meinte, dass sie durch die Klienten enttäuscht war und sich deprimiert fühlte, diese Deutung der Aussage liegt jedoch nicht auf der Hand, zumindest zur Zeit der Bildung von Inhaltseinheiten.

Bildung von analytischen Kategorien: Der zweite Schritt besteht aus der Herausarbeitung von analytischen Kategorien. Diese entstehen durch die *Zusammenlegung von Inhaltseinheiten, denen derselbe psychologisch/pädagogische Sachverhalt zu Grunde liegt*, d.h., eine subjektive Faktorenanalyse wird durchgeführt. Diese Kategorien erhalten Etikette, die ihre Inhalte zusammenfassen. Sehr wichtig ist, dass sich die Etikette auf *wissenschaftliche* Dimensionen beziehen, die allgemeiner und abstrakter als die sinntragenden Inhaltseinheiten sind, etwa "Angsterscheinungen" oder "Selbstwertgefühl". Sonst würde diese Phase der Auswertung nicht über eine Zusammenfassung des von den Teilnehmern Gesagten hinausgehen und wäre sie nicht mehr als ein Ergebnis des gesunden Menschenverstandes. Auf diese Weise werden die Aussagen von Einzelteilnehmern mit allgemeineren Prinzipien in Zusammenhang gebracht, um so "eine (wissenschaftliche) Brücke zu anderen Lebenssituationen zu schlagen" (Josselson und Lieblich, 1993, S. xii). Die analytischen Kategorien sollten nicht durch Werthaltungen oder Moralvorstellungen des Forschers beeinflusst werden, obgleich sie seine wissenschaftliche Orientierung bzw. seinen Interessenschwerpunkt widerspiegeln dürfen.

Herausarbeitung von Konzepten: Der letzte Schritt der Feststellung der Inhalte der Gespräche besteht aus der Bildung von Konzepten. Analytische Kategorien, denen derselbe Sachverhalt zu Grunde liegt, werden zusammengelegt, um die *abstrakten, allgemeinen Begriffe festzustellen, die den subjektiven Nachbildungen der Teilnehmer von ihren Erfahrungen* (s. Kapitel 1-3) *zu Grunde liegen.* Konzepte sind breiter und abstrakter (allgemeiner) als analytische Kategorien. Häufig werden sie erst erkennbar, nachdem mehrere Interviews ausgewertet worden sind. Ihr Sinn und Zweck ist es, auf hohem Abstraktions- und Verallgemeinerungsniveau die den analytischen Kategorien zu Grunde liegenden wissenschaftlichen Prinzipien zu erkennen und durch ein Etikett zu erfassen - "greifbar" zu machen. Wie bei Kategorien müssen die Bezeichnungen, die diesen Konzepten gegeben werden, über den gesunden Menschenverstand hinausgehen. Soweit wie möglich sollten die Konzepte in der Lage sein, die Kategorien in eine breitere, in der Regel schon bekannte Struktur (eine Theorie, ein Modell) zu integrieren.

Der gesamte Vorgang (Ausfindigmachen von Inhaltseinheiten, Feststellung von Kategorien, Herausarbeitung von Konzepten) erweist sich als ein Prozess des Ableitens von Inhalten auf einem ständig höher werdenden Niveau der Wissenschaftlichkeit, der Abstraktion und der Verallgemeinerung:
Am Anfang stehen Aussagen der Teilnehmer, die konkret, verhältnismäßig spezifisch, allgemeinsprachlich und nicht-wissenschaftlich sind. Am Ende besteht ein Satz von aus diesen Aussagen abgeleiteten sozialwissenschaftlichen "Konzepten".

Aus diesen Konzepten lässt sich - zumindest im Prinzip - eine Erweiterung von wissenschaftlichen Theorien ableiten. Dies kann beinhalten u.a eine Klärung
  (a) des Charakters,
  (b) des Verbreitungsgrades oder
  (c) der Dynamik
eines psychologisch/pädagogischen Phänomens. Es kann auch auf Einschränkungen bzw. Möglichkeiten der Übertragung einer bestehenden

Theorie aufmerksam machen oder zur Entwicklung neuer Theorien führen.

Quelle der Kategorien und Konzepte: Es wirft sich jetzt die Frage auf, was bildet die Grundlage dieses Prozesses der Interpretierung und Etikettierung der sinntragenden Inhaltseinheiten? Wo kommen die Ideen her? Kurz geantwortet: Sie ergeben sich aus der speziellen Fachqualifikation des Forschungsleiters. Gut qualifizierte Forscher verfügen über profunde theoretische Kenntnisse und umfangreiche praktische Erfahrungen und befinden sich daher in einer für die Entwicklung der eigenen Theorie besonders günstigen Ausgangsposition aufgrund ihrer:
- persönlichen Erfahrung mit dem Forschungsgegenstand,
- Vertrautheit mit der entsprechenden Fachliteratur,
- Vertrautheit mit früheren Befunden.

Um dem Vorwurf der Willkür entgegen zu treten, ist es sehr wichtig, den Prozess der Herleitung von Kategorien und Konzepten im Forschungsbericht nachvollziehbar darzustellen.

Die ersten Schritte der qualitativen Inhaltsanalyse von Protokollen bestehen aus:
- *Zusammenfassung*: Unbrauchbares Material wird aus dem Text entfernt
- *Klärung*: Die genaue Bedeutung des Textes im Sinne der Absichten des Teilnehmers wird festgestellt. Danach erfolgen:
- Feststellung von *Inhaltseinheiten*: Diese sind Textfragmente, die einschlägige Aussagen enthalten. Sie sind spezifisch, konkret und umgangssprachlich
- Bildung von *analytischen Kategorien*: Kategorien sind Zusammenfassungen der Inhalte zusammenhängender Inhaltseinheiten. Sie sind etwas abstrakter und allgemeiner als die Inhaltseinheiten und werden wissenschaftlich definiert
- Herausarbeitung von *Konzepten*: Konzepte sind die den Kategorien zu Grunde liegenden abstrakten, allgemeinen, wissenschaftlichen Prinzipien. Der gesamte Vorgang beinhaltet die Ableitung von abstrakten, allgemeinen, wissenschaftlichen Prinzipien aus konkreten, spezifischen subjektiven und nicht-wissenschaftlichen Aussagen

Allgemeine *Strategien* der Inhaltsanalyse

Wie schon betont wurde, kann eine Inhaltsanalyse von einer schon vor Beginn der Auswertung herausgearbeiteten Theorie oder Hypothese vorstrukturiert werden. In diesem Fall wird gezielt nach Inhaltseinheiten gesucht, die für diese Vorstrukturierung relevant sind. Sagen wir, ein Forscher möchte feststellen, ob Kriegsangst oder ähnliche Faktoren die Ursache sind, warum Deutsche auswandern wollen. Der Forscher spricht mit entsprechenden Personen (z.B. Visa-Antragstellern) und fragt sie nach ihren Meinungen zum Thema "Auswanderung". In den Protokollen wird dann gezielt nach Aussagen gesucht, die sich auf Kriegsangst u.ä. beziehen. In früheren Abschnitten nannte ich diese Herangehensweise "theoriengeleitet".

Möglich ist es jedoch auch, einfach alle Inhaltseinheiten zu berücksichtigen, die für den Untersuchungsgegenstand relevant sind. Die analytische Aufgabe besteht dann darin, festzustellen, was diese Aussagen bedeuten und dies wissenschaftlich auszudrücken, d.h. Kategorien und Konzepte abzuleiten. Dafür gibt es laut Bryman und Burgess zwei verschiedene Taktiken, die ich in diesem Abschnitt "Strategien" nenne: *analytische Induktion* (engl.: "analytic induction") und *begründete Theorie* (engl.: "grounded theory").[1] Eine dritte fügte Jorgensen (1989, p. 112) hinzu: *sensibilisierende Konzepte* (engl.: sensitizing concepts").

Analytische Induktion: Der Erfinder der Methode der analytischen Induktion war wahrscheinlich der Soziologe Znaniecki (1935). Den Kern bildet ein Prozess, der abstrakte Elemente von Texten herauskristallisiert und sie verwendet, um auf andere Fälle bzw. Situationen zu verallgemeinern. Dieser Prozess besteht aus vier Phasen und zwar:
1. Ausfindigmachen und Fixierung der Kernaussagen (diese habe ich oben "sinntragende Inhaltseinheiten" genannt);
2. Feststellung der allgemeineren inhaltlichen Kategorien, auf die sich die Kernaussagen beziehen (auch in der Diskussion oben "Kategorien" genannt). Diesen Kategorien werden Namen gegeben, wie etwa "Selbstwertgefühl";

---

[1] Im deutschen Sprachraum besteht eine Tendenz, diesen Terminus nicht zu übersetzen, sondern beim englischsprachigen Terminus zu bleiben. Die deutschsprachige Fassung von Strauss und Corbins (1996) Buch heisst z.B. "Grounded theory: Grundlagen qualitativer Sozialforschung" und der Titel des bahnbrechenden Werkes von Glaser und Strauss von 1967 wurde mit ""Grounded theory: Strategien qualitativer Forschung" ins deutsche übersetzt. Trotzdem bin ich der Meinung, dass "begründete Theorie" angebracht ist.

3. Kontrolle, ob diese Kategorien ausreichen, um alle Fälle zu charakterisieren;
4. Kombination der Kategorien, um übergeordnete Konzepte zu bilden (diese habe ich auch "Konzepte" genannt).

Die praktischen Schritte dieses Prozesses sind folgende:
1. Am Anfang der Untersuchung wird der Untersuchungsgegenstand festgelegt, auch wenn dies anfänglich approximativ ist (z.B. "Probleme von Familien mit emotional gestörten Kindern," oder "Autofahrer und Sicherheitsgurt"). Die Quelle der Ideen für die Festlegung des Untersuchungsgegenstandes kann formell sein, wie etwa frühere Forschungsergebnisse oder aber auch subjektiv (z.B. Intuition, persönliche Betroffenheit). Dieser Schritt wurde schon eingehender besprochen (s. S. 76-79).
2. Daten (z.B. Interviewprotokolle) werden mit sachkundigen Personen erhoben. In den zuvor angegebenen Beispielen wären das u.a. Eltern emotional gestörter Kinder bzw. wegen Nicht-Anschnallens zu einer Geldstrafe verurteilte Autofahrer.
3. Der Forscher liest (z.T. wiederholt) diese Daten sehr genau, um ihre Inhalte zu verstehen.
4. Auf Basis dieser Lektüre wird eine Hypothese bezüglich des Untersuchungsgegenstandes formuliert, z.B. "Eltern emotional gestörter Kinder leiden an Schuldgefühlen" oder "Autofahrer, die sich weigern, sich anzuschnallen, betrachten sich als 'Freiheitskämpfer'".
5. Weitere Daten werden mit neuen Teilnehmern erhoben.
6. Es wird anhand der neuen Daten geprüft, ob sie mit der zuvor erarbeiteten Hypothese vereinbar sind.
7. Für den Fall, dass die neuen Daten der bestehenden Hypothese widersprechen, wird sie den Diskrepanzen entsprechend revidiert, bis sie mit allen zum derzeitigen Zeitpunkt untersuchten Fällen vereinbar ist (z.B. "Eltern emotional gestörter Kinder, *die ohne eine angebrachte Beratung mit ihrem Problem alleine gelassen werden*, leiden an Schuldgefühlen", oder "Autofahrer *mit einer autoritären Persönlichkeitsstruktur*, die sich weigern, sich anzuschnallen, betrachten sich als 'Freiheitskämpfer'".

8. Die Schritte 5-7 werden solange wiederholt, bis die neuen Daten keine weiteren Diskrepanzen aufdecken. Die zu diesem Zeitpunkt noch bestehende Hypothese ist das Ergebnis der Untersuchung.

Bitte denken Sie jedoch daran, dass das zuvor dargestellte Verfahren:
- eine Idealvorstellung ist, die in der Praxis nur annähernd erreicht werden kann. Um den Punkt zu erreichen, an dem alle neuen Fälle der bestehenden Hypothese perfekt entsprächen, wäre entweder eine sehr große Anzahl von Teilnehmern oder eine sehr komplexe bzw. allgemeine Hypothese bzw. beides, notwendig. In der Praxis ist es gebräuchlicher, den Prozess nach einer kleinen Anzahl von Wiederholungen der Schritte 5-7 abzuschließen. Ein praktischer Grund dafür ist Zeitknappheit - in der Regel wollen Diplomanden und Doktoranden ihre Arbeit in absehbarer Zeit anfertigen und können sich eine Datenauswertungphase mit einer Dauer von höchstens einigen Monaten leisten. Doch Diskrepanzen zwischen der jüngsten Fassung der Hypothese und den neusten Fällen bedrohen die Reliabilität und Validität und ihr Ausmaß bildet ein wichtiges Thema für die Diplom- bzw. Doktorarbeit.
- die Datenerhebung und die Auswertung nicht - wie für **quantitative** Studien typisch ist - in zwei diskrete Phasen geteilt werden, wobei die erste (Datenerhebung) abgeschlossen sein muss, bevor die zweite (Auswertung) begonnen werden darf. In vielen qualitativen Untersuchungen alternieren die zwei Phasen. Dies hat zur Folge, dass es sich im Forschungsbericht als unmöglich erweisen kann, "Instrumente," "Erhebungsverfahren," "Datenauswertung," und "Befunde" in getrennten Kapiteln darzustellen. (S. Kapitel 6 zur Diskussion des Themas "Darstellung der Ergebnisse einer Untersuchung".) Auch kommt es häufig vor, dass die Schritte 2 und 3 eine Pilotstudie bilden, bei der:
  (a) sich der Untersuchungsgegenstand genauer herauskristallisiert,

(b) die Fähigkeit von Teilnehmern, ihr Verständnis dieses Gegenstandes zu artikulieren geprüft wird,
(c) hilfreiche Fragen bzw. Gesprächsanreger herausgearbeitet werden.

Es kann sogar ein Zyklus entstehen, bei dem sich die Schritte 2 und 3 mindestens einmal, aber auch häufiger, wiederholen können.

- nicht mit einer ausformulierten Hypothese beginnt. Im Gegenteil, die Hypothese formt sich im Laufe des Prozesses der Datenerhebung und Auswertung. Ferner ist das Ergebnis der Untersuchung nicht selten eine Hypothese oder ein konzeptuelles Gerüst für die Beschreibung und weitere Erforschung des untersuchten Phänomens.

Begründete Theorie: Mittels analytischer Induktion ist es möglich herauszuarbeiten, wie die Teilnehmer ein Phänomen verstehen und dieses Verständnis in der Terminologie eines wissenschaftlichen Faches umzuwandeln. Es ist jedoch offensichtlich, dass die analytische Induktion im Vergleich zu quantitativen Methoden eine eklatante Schwachstelle hat: Das Verfahren ist nicht in der Lage, eine Hypothese zu "beweisen", wie etwa "Eltern von verhaltensauffälligen Kindern, die eine Beratung erleben, leiden signifikant seltener an Schuldgefühlen als Eltern, die keine Beratung erfahren," oder "Autofahrer mit einer autoritären Persönlichkeitsstruktur lehnen die Benutzung von Sicherheitsgurten signifikant häufiger ab als andere Fahrer." Als Ergebnis fehlt es den Schlussfolgerungen in diesen Studien im Vergleich zu quantitativen Untersuchungen an objektiver Überzeugungskraft.

Ein Verfahren, das dieses Problem zumindest ansatzweise löst, ist die *begründete Theorie* (s. Glaser und Strauss, 1967). Die Autoren betonten die Wichtigkeit der Ableitung von Theorie, nicht nur in qualitativen sondern auch in quantitativen Untersuchungen (s. z.B. Strauss und Corbin, 1998). Die Rolle der Theorie geht über das Aufstellen von Hypothesen hinaus und umfasst auch das Herauskristallisieren von Befunden. Laut Strauss und Corbin (p. 162) liegt das entscheidende Merkmal begründete Theorie darin, dass sich durch diese Herangehensweise zu Stande gekommene Theorien "aus einer Interaktion mit den Daten" ergeben, d.h. sie sind begründet. Mit anderen Worten, trotz des Namens ist begründete Theorie kein Verfahren, das in der Phase der

Planung einer Untersuchung von Bedeutung ist, sondern eine Herangehensweise an die Daten**auswertung**.
Begründete Theorie besteht aus den folgenden Schritten:
1. Der Forscher sammelt Aussagen über einen Untersuchungsgegenstand und fokussiert auf den diesem Gegenstand relevanten Sachverhalt (z.B. durch Zerlegung in sinntragende Inhaltseinheiten - s. die frühere Diskussion zur Kodierung).
2. Der Forscher identifiziert *Kategorien*, die sich aus dem 1. Schritt ergeben (z.B. "Schuldgefühle" oder "Aggressivität" als Kategorien, die die Reaktionen von Eltern verhaltensauffälliger Kinder beschreiben).
3. Entweder durch eine erneute Auseinandersetzung mit bereits bestehenden Daten oder aber mittels neu erhobener Daten (oder beide) klärt der Forscher den Sachverhalt dieser Kategorien und konkretisiert ihre Definitionen, um den Sachverhalt besser zu verstehen und ihre Wichtigkeit für die Teilnehmer besser einschätzen zu können. Glaser und Strauss nennen diesen Prozess "Sättigung" (englisch: "saturation") der Kategorien.
4. Nach der Sättigung der anfänglichen Kategorien bildet der Forscher allgemeinere, übergreifende Kategorien, die nicht selten mehrere der ursprünglichen Kategorien kombinieren bzw. allgemeiner ausdrücken (z.B. "intrapunitive vs. extrapunitive Reaktion" als Kombinierung und Verallgemeinerung der zwei bei Punkt zwei angegebenen Kategorien). Diese übergreifenden Kategorien sollten abstrakt sein und eine wissenschaftliche Perspektive widerspiegeln. Als Beispiel dient eine Untersuchung an Laienautoren, die in späteren Abschnitten eingehend beschrieben wird (s. S. 164ff.). In dieser Studie wurden die Kategorien "Anfangsschwierigkeiten", "Ziele" und "Anerkennungswunsch" zusammengelegt, um die übergeordnete Kategorie "Motivation" zu bilden. In früheren Abschnitten nannte ich diese übergeordneten Kategorien *Konzepte* (s. S. 131).
5. Der Forscher sucht nach Überschneidungen zwischen Konzepten und formuliert Theorien über eventuell festgestellte Überschneidungen. In der eben erwähnten Untersuchung

über Laienautoren z.b. wurde ein Zusammenhang zwischen den Konzepten "Motivation" und "zwischenmenschliche Beziehungen" festgestellt.
6. Die Überschneidungen zwischen Konzepten können zur Formulierung von Hypothesen führen. Die Feststellung eines Zusammenhangs zwischen Motivation und zwischenmenschlichen Beziehungen führte z.b. zu der Hypothese, dass Schreibhemmungen durch unterstützende Kontakte zu anderen Menschen überwunden werden können.
7. Eventuelle im 6. Schritt ausformulierte Hypothesen können dann mit bestehenden Theorien in Zusammenhang gebracht werden, um eine neue bzw. eine differenziertere Hypothese zu entwickeln. Im Fall der Untersuchung über Laienautoren, stellte die Forscherin Zusammenhänge zu Maslows hierarchischem Modell der Motivation fest, das u.a. zwischen Überlebens-, Macht- und Statusmotivation unterscheidet, und schlussfolgerte, dass das Schreiben Bedürfnisse auf mehr als einer Ebene befriedigt. Um auf frühere Beispiele zurückzugehen: Reaktionen von Eltern verhaltensauffälliger Kinder bezüglich der Probleme ihrer Kinder führten zur Weiterentwicklung einer Theorie über Kontrollüberzeugungen und Daten über Auswanderung und Persönlichkeit leisteten einen Beitrag zur Theorie der Persönlichkeitsentfaltung.

Nach Vollendung des 7. Schrittes kann von "begründeter Theorie" die Rede sein. Sie gilt als "begründet", weil sie sich aus einer zielgerichteten, systematischen Auseinandersetzung mit empirischen Daten über einen spezifischen Untersuchungsgegenstand ergibt. Begründete Theorie kann später als Grundlage weiterer Untersuchungen - sogar **quantitativer** Studien - dienen.

Das eben dargestellte Verfahren basiert auf die *Methode der ständigen Vergleiche*. Die Fälle werden der Reihe nach analysiert, beginnend selbstverständlich mit dem ersten. Sobald Daten eines neuen Falles zur Verfügung stehen, d.h. im Prinzip schon ab dem zweiten Fall, werden sie der Analyse hinzugefügt. Die Daten des neuen Falles werden mit der schon bestehenden gedanklichen Struktur verglichen - daher heißt das Verfahren "die Methode der ständigen Vergleiche". Der neue Fall kann sich in die bestehende herauskristallisierte Struktur einfügen, kann jedoch auch zu einer Änderung der bisherigen Theorie führen. Eventuell auftauchende Diskrepanzen können sogar derart gravierend sein, dass sie nicht nur eine Änderung der Theorie erfordern, sondern gar eine Änderung des Datenerhebungsverfahrens.

Im Fall von **quantitativen** Ansätzen würde man ein solches Verfahren als beinahe unredlich betrachten: In der Regel beginnen quantitative Forscher mit der Datenanalyse erst, nachdem alle Daten erhoben sind. Die Begründung liegt darin, dass das Wissen über den bisherigen Verlauf der Analyse leicht den weiteren Verlauf der Untersuchung beeinflussen kann. Nehmen wir etwa an, ein bestimmter Forscher wüsste, für die Ablehnung seiner Nullhypothese sei entscheidend, ob der nächste Fall (Proband) in einem Verfahren schlecht abschneidet. Unbewusst (oder aber sogar bewusst!) könnte der Forscher das Verfahren so manipulieren, dass das Wunschergebnis erreicht wird. Im Rahmen der Methode der ständigen Vergleiche jedoch ist dieses fallweise durchgeführte Verfahren absolut notwendig (s. auch S. 120, wo die Verzahnung der Elemente der Analyse besprochen wurde).

Theoretische Stichprobenbildung: Glaser und Strauss schlugen einen weiteren, 8. Schritt vor. Dieser Schritt ist weder für analytische Induktion noch begründete Theorie unentbehrlich, sie wird jedoch diesen Verfahren nicht selten hinzugefügt. Es handelt sich um die bereits erwähnte *theoretische Stichprobenbildung* (engl.: "theoretical sampling"). Dieser Schritt kann in die Analyse erst eingeführt werden, nachdem aus einer Reihe von analysierten Fällen unter Anwendung der Methode der ständigen Vergleiche sich eine provisorische Theorie herauskristallisiert hat. Weitere Fälle werden absichtlich ausgewählt, um diese provisorische Theorie zu durchleuchten. Von einer Zufallsstichprobe kann auf keinen Fall die Rede sein. Ganz im Gegenteil, es werden Fälle untersucht, die besonders gut in der Lage sind, die neue Theorie zu erhellen. Dies bedeutet, dass die Verwerfung der Hypothese anhand der Daten der nach dem Prinzip der theoretischen Stichprobenbildung hinzugefügten Fälle sehr *unwahrscheinlich* ist. Tatsache ist, dass diese Fälle gewählt werden, um die Hypothese zu unterstützen! Ihr Sinn ist nicht, die bisher durchgeführte Analyse zurückzuweisen, sondern sie zu klären und differenzieren. Der **quantitativ** orientierte Forscher möchte die formale (Null)hypothese ablehnen, der **qualitative** dagegen sie verbessern.

Ein Vergleich: Der deutlichste Unterschied zwischen der analytischen Induktion und der begründeten Theorie besteht darin, dass erstere mit der Entwicklung einer Theorie auf Basis eines allgemeinen Eindrucks des jeweiligen Textes beginnt und in den frühen Phasen wesentlich von Intuitionen abhängt. Sie erscheint weniger zielgerichtet, systematisch und organisiert als der begründete Theorieansatz. Im Falle der analytischen Induktion kann es sich als schwierig erweisen zu verdeutlichen, aus welchen Aspekten des Textes sich die Hypothese ergab, oder wie gut sich neue Fälle in das Bestehende einfügen lassen. Die begründete Theorie erweckt den Eindruck eines objektiveren Fundaments bezüglich sowohl der Identifizierung von Kategorien und Konzepten als auch der Anwendung von "Sättigung", um ihre Bedeutung zu erhellen. Außenstehende, wie etwa Leser des Endberichts, finden es in der Regel leichter, die Prozesse sowohl der Kategorienbildung als auch der Zusammenlegung von Kategorien in übergeordnete Konzepte nachzuvollziehen. Mit anderen Worten: Das Verfahren der begründeten Theorie führt zu fundierteren Konzepten, die für sich höhere Reliabilität und Validität beanspruchen können.

In späteren Phasen der Analyse ist die analytische Induktion auf Negativfälle angewiesen, die eine Differenzierung der in den früheren Phasen bereits ausformulierten Theorien ermöglichen - die bestehende Hypothese wird nur dann geändert, wenn sich ein neuer Fall in das Bestehende nicht einfügen lässt. In diesem Sinne ist das Verfahren mit der **quantitativen** Tradition gut vereinbar: Danach kann eine Hypothese niemals bewiesen, sondern lediglich aufgrund von Negativfällen abgelehnt werden. Nicht der mit der Theorie zu vereinbarende Fall führt zu der Weiterentwicklung der Theorie, sondern lediglich der Negativfall. Hierin ist eine Stärke der begründeten Theorie erkennbar. Ist die Anzahl der untersuchten Fälle groß und sind diese Fälle mit der Streubreite der im "realen" Leben vom Untersuchungsgegenstand betroffenen Personen deckungsgleich (d.h. im **quantitativen** Sinne ist die "Stichprobe" "repräsentativ"), so kann von "Beweismaterial" die Rede sein, das für die vorgeschlagene Hypothese relevant ist. Auf der anderen Seite entsprechen Denkkategorien, wie etwa "Beweismaterial" oder "repräsentative Stichprobe", dem Kern des **qualitativen** Ansatzes nicht. Es wirkt irgendwie befremdlich, qualitative Verfahren wegen ihrer Einhaltung von Normen des quantitativen Ansatzes positiv einzuschätzen.

Bryman und Burgess (1994) untersuchten, wie häufig "klassische" Formen von begründeter Theorie in der Forschungspraxis tatsächlich angewandt werden. Insbesondere Forschungsneulingen sind ihre Schlussfolgerungen hilfreich und ermutigend. Kurz zusammengefasst: Sie sind zu dem Schluss gekommen, dass es sehr zweifelhaft ist, ob begründete Theorie - und dies impliziert auch analytische Induktion - in der Tat jemals in der zuvor dargestellten "klassischen" Form verwendet wird. Die praktische Relevanz der begründeten Theorie ergibt sich wahrscheinlich nicht aus dem Verbreitungsgrad ihrer lehrbuchartigen Anwendung, sondern eher daraus, dass sie Forscher an die Notwendigkeit einer steten Interaktion zwischen Aussagen von Teilnehmern und der (Weiter)entwicklung von Theorie erinnert. Die Betonung eines durch systematische - sogar hierarchisch organisierte - Schritte gekennzeichneten Prozesses begünstigt eine strenge Herangehensweise an qualitative Daten. Dieser Prozess beginnt mit spezifischen, engeren, konkreten Aussagen und schreitet zielgerichtet bis auf das Niveau abstrakter und allgemeinerer Formulierungen fort. Er beinhaltet eine Entwicklung ausgehend vom engen und spezifischen Denken auf das Breite und Allgemeine — d.h. induktives Denken — und nicht einfach ein vages "Schwimmen" in den Daten in der Hoffnung, dadurch inspiriert zu werden.

Sensibilisierende Konzepte: Sowohl analytische Induktion als auch begründete Theorie können als Verfahren betrachtet werden, durch die allgemeinere Theorien aus empirischen Daten abgeleitet werden – letztendlich ist das Endprodukt des Verfahrens eine Theorie. Aber wie Blumer (1969) betont, haben Theorien in empirischen Wissenschaften außer ihrer Nützlichkeit als Instrument zum besseren Verständnis der Welt keinerlei Sinn. Theorien sind sehr wichtig und hilfreich, aber lediglich aufgrund des Zusammenhangs zu konkreten Ereignissen. Folglich besteht der Sinn von Theorien darin, dass sie Forscher auf Phänomene aufmerksam machen, auf die sie achten sollten. Theorien lenken die Aufmerksamkeit von Forschern auf das Vielversprechende. In diesem Sinne machen die Theorien Forscher für bestimmte Ereignisse empfindlich: Sie werden für diese Ereignisse "sensibilisiert". Dieser Gedankengang bildet den Kern des Begriffs "sensibilisierende Konzepte".

Diese Diskussion erweckt vielleicht den Eindruck, sie gehöre eher zu früheren Abschnitten, die sich mit der Rolle von Theorien in der Planung einer Untersuchung bzw. in den Anfangsphasen der Analyse befassen. Zu Beginn der Untersuchung jedoch existiert die sensibilisierende Theorie nicht. Sie wird erst im Laufe der Analyse entwickelt und ist selbst ein Ergebnis der früheren Phasen der Analyse

(Stichwort: "Verzahnung"). Nachdem sich eine derartige Theorie aus diesen Phasen ergeben hat, kann sie jedoch, so Blumer, auf andere Untersuchungen mit etwas anderen Untersuchungsgegenständen übertragen werden, um ihren Verallgemeinerungsgrad zu prüfen und ihre Inhalte zu verfeinern. Eine Möglichkeit diesbezüglich bestünde z.B. in der Beobachtung, in welchen Situationen des täglichen Lebens sich die Theorie bestätigen lässt, oder welche speziellen Formen sie unter verschiedenen Lebensbedingungen annimmt.

> Der *Prozess* der Ableitung aus Inhaltseinheiten von Kategorien und Konzepten erfolgt mittels *Strategien*, die es dem Forschungsleiter ermöglichen, den Ableitungsprozess systematisch und mehr oder weniger "objektiv" zu gestalten, insbesondere durch
> • analytische Induktion
> • begründete Theorie
> • theoretische Stichprobenbildung
> • diese Strategien basieren auf die Methode der ständigen Vergleiche: Beginnend mit dem ersten Fall werden neue Fälle ständig mit aus der Auswertung der vorangegangenen Fällen abgeleiteten Interpretationen verglichen, bis offensichtlich wird, dass der neue Fall in die bestehende Interpretation hereinpasst. Unter anderem bieten diese Strategien Kriterien, wonach der Forscher entscheiden kann, ob und wann seine Interpretation der Inhalte von Protokollen akkurat und ausreichend ist.

Ein konkretes Beispiel
Frühere Abschnitte haben sich mit den *zu Grunde liegenden Prinzipien* der qualitativen Analyse beschäftigt. Um diesen Prozess konkreter zu veranschaulichen, werden im folgenden Abschnitt Textteile aus einem Interview dargestellt, das im Rahmen eines Projekts über die Motivation von Sozialarbeitern (Cropley, 2002) durchgeführt wurde. Obwohl das Material auf einer tatsächlichen Untersuchung basiert, wird es hier stark überarbeitet dargestellt, damit es dem Zweck des vorliegenden Buches besser gerecht wird.

Das erste Textfragment beinhaltet die Aussagen einer Sozialarbeiterin vor der Zusammenfassung und Klärung. Wie sofort ersichtlich ist, enthält die Passage in der ursprünglichen Form viele unbrauchbare Elemente, die die sachbezogenen Mitteilungen des Teilnehmers verdecken. Im Rahmen der Zusammenfassung und der Klärung mussten diese entfernt werden.

> [Der Interviewer fragt nach Gründen für die Berufswahl]
> Na gut, ich meine, äh ich meine, alle Menschen sind ähnlich. Ich war auf der Suche nach einem Job äh, und dieser wurde mir angeboten. Ich nahm an, weil äh, weil mir der Job zur Verfügung stand. Nachdem ich darüber nachdenken konnte, erschien er mir genau der richtige Job. Seit meiner Kindheit hat mich das äh das Exotische, das Ungewöhnliche immer fasziniert. Ich wollte immer über den eigenen, den eigenen äh Tellerrand gucken. So bin ich, zumindest so sehe ich mich. Ich bin auch sozial orientiert, ich bin gerne mit anderen zusammen. Mit anderen Leuten habe ich keine Schwierigkeiten, mit ihnen komme ich klar. Viele mögen Asylbewerber nicht, äh diese Menschen, sie machen die Leute nicht selten ängstlich aber ich habe mit denen kein Problem, das stört mich nicht. Ich finde es gut, mit Fremden zu arbeiten. Das war es allerdings nicht alleine. Ich finde es gut, wissen Sie, wenn einer Probleme hat da ist jemand für ihn da. Ich fühle mich OK, wenn ich anderen helfen kann, besonders wenn sie, wissen Sie, in Schwierigkeiten stecken. Aber mir gefällt es nicht, wenn einer mir sagt, 'Mach dies, oder mach das!' Ich will selbst entscheiden. Ein bisschen OK, aber nicht die ganze Zeit, 'Mach es so oder mach es so!'"

Nach der Zusammenfassung und Klärung war der Text viel leichter zu verstehen, wie aus dem folgenden Abschnitt zu sehen ist. Die Bedeutung der halb fett gedruckten Textteile wird anschließend erläutert.

> [Der Interviewer fragt nach Gründen für die Berufswahl]
> Ich war auf der Suche nach einem Job und dieser wurde mir angeboten. Er erschien mir für mich genau der richtige Job. **Seit meiner Kindheit hat mich das Exotische bzw. das Ungewöhnliche immer fasziniert. Ich wollte über den eigenen Tellerrand gucken.** Ich bin auch sozial orientiert. **Mit anderen komme ich gut aus.** Mich interessiert die **Arbeit mit fremden Menschen.** Das allein war es allerdings nicht. **Mir gefällt es sehr gut, wenn ich anderen helfen kann.** Aber **mir gefällt es nicht, wenn einer mir sagt, was ich zu tun habe.**

In der überarbeiteten Form des Textes (zusammengefasst und geklärt) ist der Sachverhalt viel deutlicher erkennbar. Es kann jetzt mit dem Prozess der Feststellung von sinntragenden Inhaltseinheiten, der Bildung von Kategorien und der Ausformulierung von Konzepten begonnen werden. Darauf wird im nächsten Abschnitt eingegangen.

Unter anderem bezog sich der Untersuchungsgegenstand auf die im Beruf erlebten psychischen Probleme bei der Betreuung von Bewohnern in Asylunterkünften. Folgerichtig konzentrierte sich die Suche nach sinntragenden Inhaltseinheiten auf diesen Bereich. Die halb fett gedruckten Wortgruppen - sowohl oben als unten - kennzeichnen die für diesen Forschungsgegenstand als sinntragend erachteten Aussagen.

[Der Forscher fragt: "Sind Sie mit Ihrem Job zufrieden?"]
Was mich allerdings stört, ist, dass **ich meinen Job besser machen will**. Ich sehe ein, dass **ich mehr über Menschen lernen muss**. Im Rahmen der Arbeit selbst kannst du viel lernen und das gefällt mir gut, aber **ich brauche eine bessere Ausbildung**. Sonst habe ich **das Gefühl**, als Sozialarbeiter **nicht gut genug zu sein**. Die Bedingungen in den Asylunterkünften sind nicht ideal. Wir kriegen nicht genug Geld und werden von der Politik nicht stark genug unterstützt. Aber auch **die Bewohner sind häufig schwierige Menschen**. Sie streiten sich untereinander und einige versuchen, für sich mehr rauszukriegen als ihnen eigentlich zusteht. **Ich weiß nicht, ob ich ihnen tatsächlich helfe**. Sie machen häufig wenig Fortschritte. **Warum tun sie selbst nicht mehr?** Wie zum Beispiel, wenn sie schwarz fahren. Sie versuchen, mich für sich alleine zu gewinnen. **Mich stören ihre Versuche, mich zu vereinnahmen**. Aber, wenn ich so denke, **leide ich unter Schuldgefühlen**. **Ich fühle mich nicht loyal** genug.

[Der Interviewer fragt, wie sich Frau N bezüglich des Interviews fühlt]
Na, es hat mich dazu bewegt, **endlich etwas für mich zu tun**. Es gab mir eine Chance, **aus der Isolation raus zu kommen**, um neue Ideen für den Job zu kriegen. Ich brauche solche Gespräche, **um den Sinn meiner Arbeit zu verstehen**. Sonst ist sie **eine fast sinnlose Routine**. **Mal fühle ich mich so hilflos**. Häufig frage ich mich: "**Brauchst du diesen Job überhaupt?**" Er nimmt mich zu sehr in Anspruch und **erschöpft mich - wie eine Zitrone ausgepresst**.

Die für den Untersuchungsgegenstand als relevant eingeschätzten Aussagen, d.h. die halb fett gedruckten, wurden psychologischen Kategorien zugeordnet. Die ersten provisorischen Konzepte wurden ebenfalls festgehalten. Die Ergebnisse der Analyse des Falles (des ersten) werden in Tabelle 5.2 dargestellt (s. nächste Seite). Die Inhalte der Tabelle können als ein Beispiel für den Ablauf der ersten vier Schritte der sich auf den Seiten 136-137 befindenden schematischen Darstellung der begründeten Theorie betrachtet werden.

Förderung von Reliabilität und Validität im Rahmen der Auswertung
In Kapitel 1 (s. S. 28ff.) wurde betont, dass "gute" Forschungstechnik Reliabilität und Validität fördert und in früheren Abschnitten des vorliegenden Kapitels wurden die Merkmale einer förderlichen Datenauswertungstechnik dargestellt. Bezüglich der Reliabilität sind die anzustrebenden Qualitäten "Stabilität" und "Bestätigungsfähigkeit" (s. Tabelle 5.1). Was Validität angeht, sind in der Phase der Datenanalyse "Akkuratheit" und "Wahrhaftigkeit" - Aspekte der *internen* Validität - ausschlaggebend.[2] Wie kann die "gute" Technik "Bestätigungsfähigkeit", "Wahrhaftigkeit" usw. positiv beeinflussen?

Das Überwinden der Subjektivität: In der Phase der Datenauswertung ergibt sich die schwerwiegendste Beeinträchtigung der Reliabilität und der Validität aus der *Subjektivität* qualitativer Verfahren.

Wie schon betont wurde, beinhaltet eine qualitative Untersuchung eine Abfolge ineinander verzahnter Entscheidungen durch den Forschungsleiter. Im Rahmen der Entscheidungsfindung können wesentliche "Verschiebungen" (s. S. 63-64) stattfinden. Sollten sich die Entscheidungen als unglaubwürdig, willkürlich oder nicht nachvollziehbar erweisen, so werden sowohl Reliabilität als auch Validität ernsthaft beeinträchtigt, weil Bestätigungsfähigkeit, Akkuratheit usw. gefährdet werden. Folgerichtig ist eine wichtige Voraussetzung für Reliabilität und Validität ein "kohärenter" Prozess der Entscheidungsfindung (s. S. 35). Darüber hinaus muss die Kohärenz "transparent" sein, d.h. es muss *ersichtlich* werden, dass der Prozess nicht willkürlich war. Um kohärent

---

[2] Die Förderung von externer Validität, die in erster Linie anhand von "Nützlichkeit" verstanden wird, ergibt sich in erster Linie aus den in Kapitel 6 besprochenen Prozessen der Ableitung von praktischen Folgen. Sie ist lediglich ein mittelbarer Aspekt der Datenanalyse und wird hier nicht besprochen.

Tabelle 5.2: Inhaltseinheiten und Kategorien im Interview mit Frau N

Inhaltseinheiten (spezifisch, konkret und umgangssprachlich)	Kategorien (allgemeiner und psychologisch)	Konzepte (abstrakt und theoretisch)
-mir gefällt es nicht, wenn einer mir sagt, was ich zu tun habe -mir gefällt es, wenn ich anderen helfe -über den Tellerrand gucken	Unabhängigkeitsdrang Helfer-Syndrom Neuheitsdrang	MOTIVATION
-das Exotische immer fasziniert -mit anderen komme ich gut aus -Arbeit mit fremden Menschen	Offenheit für Neues Gefühl einer persönlichen Qualifikation Toleranz für Neues	PERSÖNLICHKEIT
-Gefühl, nicht gut genug zu sein -ich muss mehr über Menschen lernen -ich brauche eine bessere Ausbildung -ich leide unter Schuldgefühlen -ich fühle mich nicht loyal	Selbstzweifel Mangelndes berufsbezogenes Wissen Selbst bezogener Affekt	SELBSTBILD
-ich will meinen Job besser machen -ich weiß nicht, ob ich helfe -die Bewohner sind häufig schwierige Menschen -warum tun sie selbst nicht mehr? -mich stören ihre Versuche, mich zu vereinnahmen	Erfolgsorientierung Unsicherheit Gefühle den Klienten gegenüber Gefühl, manipuliert zu werden	STRESS
-den Sinn der Arbeit verstehen -brauchst du diesen Job? -aus der Isolation raus zu kommen -wie eine Zitrone ausgepresst -ich fühle mich so hilflos	Gefühl der Sinnlosigkeit Gefühl der Isolierung Gefühl, zermürbt zu werden Kontrollverlust	BURNOUT-SYNDROM

zu sein, muss die Analyse *systematisch* durchgeführt werden, d.h. sie muss:
- auf *fundierten* Entscheidungen basieren
- *regelhaft* erfolgen

"Fundierte" Entscheidungen entspringen sachlichen Überlegungen und können artikuliert werden. Wenn diese Artikulierung allgemeine Entscheidungsregeln liefert, die dann als die Grundlage für eine Vielzahl von Entscheidungen konsequent angewendet werden, kann auch von "regelhaft" die Rede sein. Entscheidungen ergeben sich aus einem Regelwerk, nicht etwa der Willkür. Das Bindeglied zwischen der Analyse und der Förderung von Reliabilität und Validität ist

(a) die fundierte Ableitung von Regeln,

(b) die systematische Anwendung der Regeln und

(c) die nachvollziehbare Darstellung des gesamten Prozesses.

Die erste Phase der Analyse beinhaltet die Festlegung von Inhaltseinheiten. Auch hier müssen fundierte Entscheidungsregeln systematisch angewendet werden. Ein einfaches Beispiel ist die wohl überlegte Nicht-Berücksichtigung von bestimmten Aussagen von Frau N in der zuvor zitierten Untersuchung. Hier ein Beispiel: Die Aussage, "Wir kriegen nicht genug Geld," wurde nicht weiter berücksichtigt. Die allgemeine Entscheidungsregel war: In der Analyse werden nur Aussagen berücksichtigt, die psychische Schwierigkeiten hervorheben. Frau N erwähnte zwar eine berufsbezogene Schwierigkeit, ging jedoch nicht auf *psychische* Aspekte des Problems ein. Ein zweites Beispiel: "Ich war auf der Suche nach einem Job, um Geld zu verdienen," wurde auch nicht berücksichtigt. Die allgemeine Entscheidungsregel war: Nur Gründe, die sich unmittelbar auf den Beruf "Sozialarbeit" beziehen, werden berücksichtigt. Die Aussage enthielt zwar einen Grund, einer Arbeit nachzugehen, es gab jedoch keinen zwingenden Bezug zum Beruf des Sozialarbeiters.

In der zweiten Phase der Analyse handelt es sich um die Zusammenlegung von Inhaltseinheiten, um Kategorien und Konzepte zu bilden. Auch hier ist es für die Förderung von sowohl Reliabilität als auch Validität wichtig, dass der Prozess der Entscheidungsfindung kohärent erfolgt: Er muss im eben dargestellten Sinn *systematisch* sein. Im Rahmen einer qualitativen Datenauswertung müssen bezüglich der Feststellung von Inhaltseinheiten und der Bildung von Kategorien und Konzepten zahlreiche Entscheidungen getroffen werden. In der Praxis ist vom Forschungsleiter kaum zu erwarten, dass er jede solche Entscheidung im

Bericht explizit darstellt. Im Prinzip jedoch müsste er dies tun können - sollte ihn jemand dazu auffordern -, um die Bestätigungsfähigkeit (Reliabilität) und Wahrhaftigkeit (Validität) der Untersuchung unter Beweis zu stellen. "Jemand" könnte z.b. ein anderer Forscher sein, der die Analyse wiederholen möchte (Reliabilität), bzw. ein potenzieller Forschungsabnehmer oder ein anderer Forscher, der sicher sein möchte, dass die Auswertung wahrhaftig erfolgte (Validität).

Als Beispiel möchte ich nochmals auf die Untersuchung über die Motivation deutscher Auswanderer nach Australien zurückkommen. Im Laufe der ersten Gespräche wurde evident, dass nicht die zunächst genannten, offensichtlichen Motive zwischen Auswanderungswilligen und Sesshaften unterscheiden konnten, sondern eher "verdeckte" Motive, die erst mittels Tiefeninterviews ans Tageslicht kamen. Als Folge wurde der Untersuchungsaufbau revidiert und der Schwerpunkt der Gespräche entsprechend geändert. In diesem Fall handelte es sich nicht um eine Reihe kleiner Entscheidungen, sondern um eine einzige prinzipielle Entscheidung, die für den gesamten Verlauf der Untersuchung Folgen hatte. Eine nachvollziehbare Begründung, eine explizite Artikulierung und eine regelhafte Implementierung solcher Entscheidungen sind für die Transparenz und folglich die Glaubwürdigkeit der Studie - letztendlich für die Reliabilität und Validität - sehr förderlich.

Auch kann hier erwähnt werden, dass für die Reliabilität und Validität eine gut verständliche, leicht nachziehbare *Darstellung* der Ableitung des der Untersuchung zu Grunde liegenden Regelwerks sehr förderlich ist. Dabei sind konkrete Beispiele besonders hilfreich. Auf solche Aspekte der qualitativen Forschung (Verschriftlichung) wird in Kapitel 6 eingegangen.

Kapitel 6

Berichterstattung in einer Diplom- bzw. Doktorarbeit

> Eine Diplom- bzw. Doktorarbeit hat zur Aufgabe, die Ergebnisse einer wissenschaftlichen Untersuchung einer fachkundigen Leserschaft vorzulegen. Ohne Zweifel erwartet diese Lesergruppe mehr als einen rein literarischen bzw. journalistischen Bericht, auch wenn sich die in der Arbeit dargestellte Untersuchung anhand informeller Sprache mit Alltagserfahrungen befasst. Eine wissenschaftliche Arbeit sollte Anhaltspunkte bieten, die erweiterte oder sogar neuartige wissenschaftliche Perspektiven aufzeigen. Daher ist eine mehr oder weniger kommentarlose, faktische Darstellung erhobener Daten nicht ausreichend, selbst wenn diese Darlegung schön strukturiert, interessant aufbereitet und ansprechend geschrieben ist. Ein Forschungsbericht muss einen *Überraschungsmoment* enthalten. "Überraschung" bedeutet jedoch nicht einfach irgendeine beliebige Abweichung vom Gewöhnlichen - auch bei Überraschungseffekten muss eine Diplom- bzw. Doktorarbeit den Normen der Wissenschaft entsprechen. In diesem Kapitel beziehe ich mich auf die Frage, wie eine Arbeit so zu gestalten ist, dass sie diesen Ansprüchen genügen kann.

Die Aufgaben eines Forschungsberichts

Das typische Ergebnis der in Kapitel 5 dargestellten Schritte der qualitativen Inhaltsanalyse besteht aus einer Reihe von Konzepten, im Beispiel von Frau N etwa "Motivation," "Persönlichkeit," "Selbstbild," "Stress" und "Burnout-Syndrom". Diese fassen anhand psychologischer Fachausdrücke zusammen, wie Frau N ihre Berufstätigkeit versteht. Es wurden auch Berufskollegen von Frau N befragt, insgesamt 60 Personen. Die Berücksichtigung ihrer Aussagen führte zu einer Ergänzung und Differenzierung der in Tabelle 5.2 (s. S. 146) dargestellten Inhalten.

Die im 5. Kapitel dargestellten Schritte befassen sich mit den eher "technischen" Aspekten der Datenauswertung. Was bleibt, ist die Herausarbeitung der wissenschaftlichen *Bedeutung* dieses Materials:

1. Was bedeuten diese Konzepte usw. für unser wissenschaftliches Verständnis des Forschungsgegenstands?
2. Was bedeuten diese Konzepte für die entsprechende sozialwissenschaftliche Theorie?

Die erste Aufgabe hat zwei Aspekte:
- zu **beschreiben**, wie der Untersuchungsgegenstand von den Teilnehmern verstanden wird, *anhand der in der Inhaltsanalyse herausgearbeiteten Konzepte*
- das Verhältnis der Teilnehmer zum Untersuchungsgegenstand zu **interpretieren**, *anhand der in der Inhaltsanalyse herausgearbeiteten Konzepte*

Die zweite Aufgabe hat drei Elemente und zwar:
- die zuvor erwähnten Interpretationen zu **verallgemeinern**, d.h. ein Verständnis des Untersuchungsgegenstandes zu entwickeln, das über den erforschten Teilnehmerkreis hinausgeht. Dieser Schritt beinhaltet die *erste Phase des Prozesses der Theorienentwicklung*
- die Verallgemeinerung zu **formalisieren**, d.h. Zusammenhänge zu bestehenden Theorien herauszuarbeiten. Dieser Schritt beinhaltet die zweite Phase der *Theorienentwicklung*.
- die Ergebnisse dieser Schritte **anzuwenden**, d.h. aufzuzeigen, wie sie zur Lösung konkreter, praktischer Probleme beitragen können (mit anderen Worten: die Ergebnisse *nützlich* machen).

Die Durchführung dieser Schritte muss zunächst den formalen Anforderungen der Wissenschaftlichkeit genügen und darauf wird jetzt eingegangen.

Wie können wir wissenschaftlichen Anforderungen genügen?
Wodurch wird eine Arbeit "wissenschaftlich"? Auch wenn Miles und Hubermann (1994) betonen, dass es für die Erfüllung dieses Anspruchs keine festen Regeln gibt, die nach Kochbuch schemahaft angewendet werden können und automatisch zu einer wissenschaftlich einwandfreien Leistung führen, lassen sich dennoch allgemeine Prinzipien feststellen. Diese wollen wir uns jetzt näher ansehen.

Wissenschaftliche Anforderungen: Obwohl sie wissenschaftliche Anforderungen nicht explizit erwähnen, betonen Altheide und Johnson (1998) vier Merkmale einer Arbeit, die uns hilfreich sein können: "Plausibilität," "Relevanz," "Nachvollziehbarkeit" und "Wichtigkeit". Diesen fügt Kvale (1995) ein fünftes hinzu - "Schönheit". Letzteres verstehe ich als eine Mischung aus wissenschaftlichen und mehr oder weniger schreibtechnischen Merkmalen, wie etwa interne Logik, leserfreundliche Struktur und elegante Sprache. In Anlehnung an Altheide und Johnson werden die Eigenschaften einer wissenschaftlichen Arbeit in Tabelle 6.1 konkretisiert und zusammengefasst.

Tabelle 6.1: Merkmale einer wissenschaftlichen Arbeit

Merkmal	Inhaltliche Beschreibung
Plausibilität	Die Arbeit muss einen rationalen Zusammenhang zum bestehenden Erkenntnisstand aufweisen
Relevanz	Die Arbeit muss Zusammenhänge zur alltäglichen Erfahrungswelt herstellen
Nachvollziehbarkeit	Die in der Arbeit gezogenen Schlussfolgerungen müssen gut begründet, logisch herausgearbeitet und einleuchtend argumentiert sein
Wichtigkeit	Die Arbeit sollte Anhaltspunkte bieten - sowohl inhaltliche (praktisch/theoretische) als auch methodische - für die weitere Erforschung ihres Themas beinhalten
Schönheit	Die Arbeit sollte sehr gut lesbar, gut aufgebaut, klar formuliert und überzeugend sein

Die Inhalte der Arbeit: Es stellt sich die Frage, welche inhaltlichen Qualitäten einer Arbeit dazu führen, dass sie im zuvor zusammengefassten Sinn wissenschaftlich ist, d.h., dass sie plausibel, relevant, nachvollziehbar, wichtig und schön ist. In Anlehnung an Hamel (1993) können wir mithilfe dieser Kriterien die erforderlichen Qualitäten der *Inhalte* einer Arbeit spezifizieren; diese werden in Tabelle 6.2 (s. S. 152) dargestellt.

Die in der Tabelle aufgelisteten Qualitäten bedürfen einer eingehenderen Erörterung:

- *Präzisierung des Untersuchungsgegenstandes*: Eine Arbeit von hoher Qualität verdeutlicht von Beginn an, mit welcher Fragestellung sie sich beschäftigt. Anfangs darf die Fragestellung mehr oder weniger populärwissenschaftlich (d.h. im Klartext) formuliert werden, sie muss jedoch im Laufe der Arbeit in die anspruchsvollere wissenschaftliche Fachsprache überführt werden.
- *Auswahl der Fälle*: Gut ausgewählte Fälle sind auf eine

Tabelle 6.2: **Die entscheidenden inhaltlichen Merkmale**

Inhaltsbereich	Qualität
Präzisierung des Untersuchungsgegenstandes	Womit sich die Studie beschäftigt, muss eindeutig dargestellt werden, sowohl in der Alltagssprache als auch wissenschaftlich
Darstellung der Fälle	Die demografischen Merkmale der Gesprächspartner, wie sie rekrutiert wurden und weshalb sie für den Untersuchungsgegenstand dieser Untersuchung "repräsentativ" sind, muss vollständig beschrieben werden
Beschreibung der Datenerhebung	Die Einzelheiten sowohl der Erhebung als auch der Protokollierung der Daten müssen detailliert und konkret beschrieben werden
Darlegung der Datenauswertung	Die Schritte müssen konkret und mit ausreichenden Beispielen beschrieben werden. Die Ergebnisse der Auswertung sollten leicht verständlich und gut nachvollziehbar dargelegt werden
Interpretation und Generalisierung der Befunde	Die Ableitung von allgemeinen Schlussfolgerungen aus den oben aufgelisteten Schritten muss logisch und nachvollziehbar erfolgen. Soweit wie möglich sollten sie den herkömmlichen Erkenntnisstand erweitern

offensichtliche und zwingende Art und Weise für den Untersuchungsgegenstand repräsentativ. Die Beschreibung der Fälle muss verdeutlichen:
(a) wer die Befragten sind (demografische Daten),
(b) warum gerade sie für diese Studie geeignet sind und
(c) wie ihre Mitarbeit gewonnen wurde (Sampling).
• *Beschreibung der Datenerhebung*: Dieser Abschnitt der Arbeit muss beinhalten:
(a) Anhand welchen Verfahrens die Daten erhoben wurden (z.B. teilnehmender Beobachtung, teilstrukturierter Interviews, sekundärer Analyse eines bestehenden Textes usw.),

(b) unter welchen Bedingungen dies erfolgte (z.B. im Feld, zu Hause bei den Gesprächspartnern, im Labor),
(c) eventuell welche Vorstudie durchgeführt wurde (z. B. Probegespräche, Pilotstudie),
(d) welche Instrumente entwickelt wurden (z.b. Ratingskala, Interviewleitfaden, "Gesprächsanreger"),
(e) wie die Daten protokolliert wurden (z.b. Gedächtnisprotokoll, Interviewnotizen, Videoaufnahmen). Die Angaben müssen ausreichend konkret sein, um andere Forscher in die Lage zu versetzen, die Studie originalgetreu zu wiederholen.

Die Arbeit muss zwischen der Beschreibung des Erhebungsverfahrens und der Darstellung der Ergebnisse deutlich unterscheiden. Sollte der Forschungsleiter methodische Entscheidungen getroffen haben - z.B. bestimmte Inhalte zu betonen und andere zu vernachlässigen -, müssen die betreffenden Entscheidungsregeln dargestellt werden, um zu verdeutlichen, dass sie objektiv definiert und systematisch verwendet wurden. Beispiele sind besonders hilfreich.

- *Beschreibung der Datenauswertung*: Vor allem muss eine wissenschaftliche qualitative Auswertung systematisch, logisch, plausibel, schlüssig, nachvollziehbar und überzeugend sein. Da es dafür kein Rezept gibt, müssen die verschiedenen Schritte der Auswertung (s. Kapitel 5) dargelegt und anhand konkreter Beispiele veranschaulicht werden. Sehr wichtig ist es, eindeutig zwischen Daten - die mehr oder weniger "real" sind - und aus den Daten abgeleiteten Schlussfolgerungen - die zum größten Teil subjektiv sind - zu unterscheiden.
- *Interpretation und Verallgemeinerung*: Wir können zwischen "substanziellen" Schlussfolgerungen, die sich lediglich auf die Teilnehmer an einer spezifischen Studie beziehen, und "formellen" Schlussfolgerungen (auf den allgemeinen Untersuchungsgegenstand bezogen) unterscheiden. Verallgemeinerungen sollten plausibel (einen erkennbaren Zusammenhang zu bestehenden Erkenntnissen haben), glaubwürdig (sie sollten Sinn machen) und

schlüssig (in sich logisch, nachvollziehbar) sein. Darüber hinaus sollten sie "überraschend" sein (s. unten). Zudem ist eine klare Trennung zwischen wissenschaftlichen Interpretationen von Daten und persönlichen Meinungen, politischen Anschauungen oder sogar Hoffnungen, Wünschen oder Idealvorstellungen darüber, wie die Welt zu sein hat, sehr zu befürworten. Letztere sind zwar zulässig, es muss jedoch der Leserschaft evident gemacht werden, dass sie Spekulationen und persönliche Stellungnahmen sind: Sie dürfen nicht derart dargestellt werden, als wären sie strikt wissenschaftlich von den Daten abgeleitet worden.

Nützlichkeit: Vor allem sollte ein qualitativer Forschungsbericht "nützlich" sein (Kvale, 1995). Die Kriterien der Nützlichkeit werden in Tabelle 6.3 zusammengefasst (s. nächste Seite). Daher muss eine Arbeit

(a) *informativ* sein (einen Überblick über den Untersuchungsgegenstand liefern),

(b) *breit gefächert* sein (ein breites Spektrum von Material berücksichtigen) und

(c) *praktisch* sein (Anhaltspunkte bieten, die für das Alltagsleben nachvollziehbar sind).

Das Ziel nützlicher Forschung geht jedoch über diese Kriterien hinaus - sie sollte zum wissenschaftlichen Fortschritt im Bereich des Untersuchungsgegenstandes einen Beitrag leisten. Um diesem Anspruch gerecht zu werden, muss sie zudem

(d) *originell* sein (sie sollte etwas Neues bieten) und

(e) *weiterführend* sein (die Schlussfolgerungen sollten weitere Diskussionen provozieren, auf neue Herangehensweisen hinweisen, neue Denkanstöße geben, zur Weiterentwicklung entsprechender Theorien einen Beitrag leisten oder Hinweise auf verbesserte Forschungsansätze liefern).

Der Überraschungseffekt

Die drei in Tabelle 6.3 erstgenannten Kriterien der Nützlichkeit unterscheiden sich grundlegend von den beiden letztgenannten: Zumindest im Prinzip kann eine Arbeit durch Fleiß informativ, breit und praktisch gemacht werden - in erster Linie ergeben sich diese Merkmale aus eingehenden Kenntnissen des Untersuchungsgegenstandes, die durch eine gründliche Auseinandersetzung mit dem Stoff erreicht werden. Im Gegenteil jedoch kann eine Arbeit nicht einfach durch intellektuelle Anstrengung originell und weiterführend werden. Zweifelsohne ist starkes Bemühen gut und notwendig, alleine ist es jedoch nicht ausreichend. Um originell zu sein und neue Perspektiven zu ermöglichen, bedarf eine Arbeit nicht nur viel Transpiration sondern auch einer Portion Inspiration! Es stellt sich jetzt die Frage, wie in einem Bericht der notwendige Überraschungsmoment erreicht werden kann.

Tabelle 6.3: Kriterien der Nützlichkeit

Eigenschaft	Qualität
informativ	Der Bericht muss sich mit dem Forschungsgegenstand wissenschaftlich auseinander setzen und den Stand der Erkenntnisse nützlich zusammenfassen
breit	Der Bericht muss ein Spektrum von Information zum Untersuchungsgegenstand beinhalten und nicht zu eng sein
praktisch	Der Bericht sollte Verallgemeinerungen und Schlussfolgerungen herausarbeiten, die für das Alltagsleben relevant sind
originell	Die Inhalte des Berichts sollten über den gesunden Menschenverstand hinausgehen und den Erkenntnisstand über den Untersuchungsgegenstand erweitern und erneuern
weiterführend	Der Bericht sollte auf neue Hypothesen über den Untersuchungsgegenstand hinweisen, zukunftsträchtige Forschungsperspektiven bieten und/oder auf raffiniertere Erhebungsverfahren verweisen

Die Erzielung des Überraschungseffekts: Um originell und zukunftsträchtig zu sein, muss eine Diplom- bzw. Doktorarbeit über das Herkömmliche und Bekannte hinausgehen und den bestehenden Erkenntnisstand erweitern, d.h. sie muss Einsichten aus den dargelegten Daten entwickeln, die die Aussagen der Gesprächspartner neuartig erweitern und verallgemeinern und, zumindest in bescheidenem Ausmaß, die Grenzen des bestehenden Erkenntnisstandes überschreiten. Ferner müssen die Ergebnisse dieses Prozesses spezielle Fachkenntnisse widerspiegeln und sich nicht einfach aus dem gesunden Menschenverstand ergeben. Auch wenn Letzterer äußerst lobenswert sein dürfte, hat die Wissenschaft zur Aufgabe, eingehendere und aufschlussreichere Schlussfolgerungen zu liefern als der gesunde Menschenverstand. Am aufschlussreichsten sind Schlussfolgerungen, die den Erklärungsmodellen und naiven Theorien der Gesprächspartner "widersprechen." Im Idealfall würden die Schlussfolgerungen, - die sich erst gegen Ende der Untersuchung ergeben sollten -, auch den Untersuchungsleiter überraschen! Ohne Überraschungsmoment kann eine Untersuchung lediglich das wiederholen, was bereits bekannt war bzw. auf der Hand liegt.

Trotz der Relevanz des Überraschungsmoments, der der Arbeit einen *Überraschungswert* verleiht und sie vor der Banalität bewahrt, muss die Erzielung des Überraschungseffekts immer innerhalb eines wissenschaftlichen Rahmens erfolgen - die Arbeit muss den Kriterien der Wissenschaft genügen (plausibel, relevant, nachvollziehbar, wichtig und schön sein). Ohne Zweifel ist es nicht schwierig, Leser durch weit hergeholte Spekulationen zu überraschen, doch handelt es sich in diesem Fall eher um einen "Schockeffekt". Überraschungen ohne wissenschaftlichen Anspruch beinhalten lediglich "*Pseudo*kreativität" (Cropley, 2001, S. 14), im günstigsten Fall "*Quasi*kreativität". Was in einer Diplom- bzw. Doktorarbeit jedoch äußerst erstrebenswert ist - "unentbehrlich" ist vielleicht zu stark - ist *effektive* Überraschung, die den Grundstein für *echte* Kreativität legt. Ich gehe im Folgenden darauf ein, wie *effektive* Überraschung, zumindest ansatzweise, zu erreichen ist.

Vorantreiben eines Feldes: Effektive Überraschung "treibt ein Feld voran" (Sternberg, 1999). Für die Zwecke des vorliegenden Buches ist ein "Feld" mit "Erkenntnisstand bezüglich eines Untersuchungsgegenstandes" gleichzusetzen. "Vorantreiben" verdeutlicht, dass es sich um die Erweiterung des bereits Bestehenden handelt. Laut Sternberg gibt es sieben Varianten des Prozesses des Vorantreibens, die unten zusammengefasst dargestellt werden. Aus diesen Formen des Vorantreibens ergibt sich eine Antwort auf die Frage: Wie ist effektive Überraschung in qualitativen Untersuchungen zu erreichen? Sie bieten Richtlinien sowohl für die Ableitung "kreativer" Schlussfolgerungen als auch für eine (Selbst)bewertung der Originalität bereits vorhandener Gedanken.

Tabelle 6.4: Taktiken des Vorantreibens eines Feldes

Taktik	Inhalte
konzeptuelle Replikation	Das bereits Bekannte wird unverändert auf eine neue Situation übertragen.
Neudefinition	Neue Aspekte des bereits Bekannten werden erkannt.
Weiterführung	Das Bekannte wird weitergeführt, allerdings in eine bestehende Richtung.
grenzüberschreitende Weiterführung	Das bereits Bekannte wird zwar in eine bestehende Richtung weitergeführt, geht jedoch über das bislang Akzeptierte hinaus.
neu orientierende Weiterführung	Das Bekannte wird in eine neue Richtung weitergeführt.
wiederbelebende Weiterführung	Ein bereits als erschöpft geltender Ansatz wird wiederbelebt.
Neuinitiierung	An einem bislang nicht untersuchten Punkt wird neu begonnen und in eine neue Richtung hingearbeitet.

Diese Prozesse bilden eine Hierarchie. Ganz unten basiert die konzeptuelle Replikation lediglich auf der Übertragung des Bekannten auf neue Inhalte. Alle Zwischenstationen zwischen konzeptueller Replikation und Neuinitiierung erweitern das bereits Bekannte, normalerweise durch Neudefinition, Weiterführung, Differenzierung, Neuorientierung oder Wiederbelebung, d.h. lediglich auf dem höchsten Niveau (Neuinitiierung) handelt es sich um die Herausarbeitung von etwas vorher Unbekanntem. In seiner Analyse wissenschaftlicher Kreativität gelangt Miller (2000) zu dem Schluss, dass die Überarbeitung des bereits Bestehenden den "Normalfall" darstellt. Mit anderen Worten, die Schaffung effektiver Überraschung erfordert in der Regel nicht einen völlig neuen Durchbruch, bei dem völlig Unerwartetes entsteht, sondern "lediglich" Verbesserung dessen, was bereits besteht. (Diese Schlussfolgerung bedeutet jedoch auf keinen Fall, dass Inspiration nicht existiert bzw. minderwertig ist oder einfach übersehen werden kann, sondern dass in einer Diplom- bzw. Doktorarbeit der "Blitzschlag aus heiterem Himmel" nicht verlangt werden kann, doch zu begrüßen ist sollte er erscheinen.)

Theorie vorantreiben
Sehr früh in den Diskussionen über qualitative Methodologie ging Znaniecki (zitiert nach Jorgenson, 1989. S. 112) darauf ein, wie qualitative Studien unseren Erkenntnisstand erweitern können oder, wie ich es in diesem Buch ausgedrückt habe, wie ein Überraschungseffekt zu erwirken ist. Er betont, dass dies immer durch einen Prozess der Entwicklung allgemeiner Schlussfolgerungen über "Komponenten eines theoretischen Systems" erfolgt, d.h. das Erweitern des Erkenntnisstandes basiert immer auf der Entwicklung von Theorien. Die theoretischen Aussagen können "funktional," "transformierend," oder "kausal" sein.

1. *Funktionale Aussagen* erweitern unser Verständnis über Zusammenhänge und Interdependenzen zwischen Elementen einer bestehenden Theorie.
2. *Transformierende Aussagen* treiben bestehende Theorien (im Sinne von Sternberg - s. oben) voran oder führen sogar zu neuen Theorien.
3. *Kausale* Aussagen leiten aus einer Datenauswertung Schlussfolgerungen über Kausalzusammenhänge ab.

Sich aus einer statistischen Hypothesenprüfung ergebende kausale Aussagen kommen am stärksten in "klassischen" **quantitativen** Studien zu Stande, wogegen **qualitative** Studien führen häufiger zu funktionalen und transformierenden Aussagen, obwohl alle drei in beiden Forschungsansätzen möglich sind. Im Fall von qualitativen Untersuchungen ergeben sich die Kriterien der Glaubwürdigkeit jedoch nicht aus den Prinzipien der Wahrscheinlichkeitslehre ($p < 0,05$) sondern aus der Wahrheitsphilosophie (Kvale, 1996).

Verschiedene Stufen von Theorien: Strauss und Corbin (1998, S. 161) machten auf einen für diese Diskussion sehr nützlichen Unterschied aufmerksam und zwar zwischen "substanziellen" und "übergeordneten" Theorien. *Substanzielle* Theorien beziehen sich auf die konkrete Umgebung, in der die Daten erhoben wurden, und auf die spezifische Gruppe von Personen, mit der die Befragung durchgeführt wurde. Sie beziehen sich auf:

(a) Interaktionen unter Personen (Fällen) in der Umgebung oder
(b) Prozesse, die in dieser Umgebung stattfinden (z.B. Phasen bzw. Stufen oder Wechselwirkungen zwischen Änderungen in dem einen Bereich und zusammenhängenden Änderungen in einem anderen).

Das entscheidende Merkmal von *übergeordneten* Theorien ist, dass sie abstrakt und allgemein sind. Sie erweitern nicht nur unser Wissen über die spezifischen Fälle, die an einer bestimmten Untersuchung beteiligt waren, bzw. über die Umgebung, in der die Untersuchung stattfand, sondern sie erweitern darüber hinaus den allgemeinen Erkenntnisstand der entsprechenden Wissenschaft. Wie Strauss und Corbin betonen, sind übergeordnete Theorien aufgrund ihres deduktiven Charakters eher für den **quantitativen** Ansatz gebräuchlich, sie sind jedoch auch in qualitativer Forschung möglich. Ein wissenschaftlicher Bericht in den sozialwissenschaften sollte über eine substanzielle Beschreibung einer spezifischen Umgebung hinausgehen und versuchen, den Erkenntnisstand bezüglich anderer Umgebungen zu erweitern, d.h. zu verallgemeinern. Mit anderen Worten sollte der Prozess des Verallgemeinerns sich die Herauskristallisierung übergeordneter Theorien zum Ziel nehmen, auch in Falle **qualitativer** Untersuchungen.

Kriterien der Nützlichkeit einer Arbeit: Kvale (1995) unterstreicht die Wichtigkeit von "Nützlichkeit" als dem entscheidenden Merkmal qualitativer Untersuchungen. Selbstverständlich bildet die Ableitung von Schlussfolgerungen für die entsprechende Praxis einen wichtigen Bestandteil der Nützlichkeit, wie in früheren Abschnitten bereits betont wurde. Im Rahmen der gegenwärtigen Diskussion jedoch, die auf die Formulierung von Theorien fokussiert, bedeutet Nützlichkeit im Sinne von Cronbach (1980, S. 107), dass eine Untersuchung in der Lage ist, "die wissenschaftliche Diskussion voranzubringen". Er wollte also gut informiert, logisch, flexibel, fair und auf die Beleuchtung einer Fragestellung gerichtet vorgehen, nicht auf der starren Durchsetzung der eigenen Ansichten bestehen. Katz (1983) definiert Nützlichkeit ähnlich: Sie liegt nicht darin, absolute Wahrheiten durch statistische Analysen zu entdecken, sondern hat die Förderung von wissenschaftlichem Fortschritt zur Hauptaufgabe. Folglich ergibt sich die Nützlichkeit einer Untersuchung nicht aus dem Beweisen von universellen Gesetzen, sondern aus dem Gewinn neuer Erkenntnisse über einen Untersuchungsgegenstand. Die im Kapitel 5 dargestellten Datenauswertungsverfahren sollten daher nicht die Lieferung von Beweisen zum Hauptziel machen, sondern - wie gesagt - versuchen, zur Entwicklung der wissenschaftlichen Diskussion beizutragen. Dies erfolgt durch:
- Erstellung neuer Hypothesen zum Untersuchungsgegenstand

- Vorschläge zu neuartigen Forschungsansätzen zum Untersuchungsgegenstand durch neue Denkanstöße im sowohl inhaltlichen als auch methodischen Bereich
- Neugestaltung der Untersuchungsmethodik

Die zuvor aufgelisteten Kriterien, durch die die Nützlichkeit einer qualitativen Untersuchung eingeschätzt werden kann, können in der Form von Fragen über eine vorliegende Diplom- bzw. Doktorarbeit konkreter gemacht werden und zwar:

1. Verstehe ich den Untersuchungsgegenstand jetzt anders?
2. Wirft die Untersuchung neue Hypothesen zum Untersuchungsgegenstand auf?
3. Macht die Studie auf neue Untersuchungen aufmerksam, die jetzt als notwendig erscheinen?
4. Haben sich neue methodische Impulse ergeben?

Diese Fragen bilden eine Hierarchie. Ist die Antwort auf 1 "nein," so scheint Nützlichkeit der Untersuchung kaum möglich. Ist lediglich 1 mit "ja" zu beantworten, ist Nützlichkeit zwar vorhanden, aber stark begrenzt. Sollte die Antwort auf sowohl 1 als auch 2 "ja" lauten, ist von einer knapp befriedigenden Nützlichkeit auszugehen. Eigentlich ist eine Bejahung von mindestens der ersten drei Fragen äußerst wünschenswert, um ein "gutes" Niveau zu erreichen.

Qualitativ forschende Wissenschaftler wollen einen Überraschungseffekt erzielen und dadurch ein Feld vorantreiben. Häufig erfolgt dies durch den Ausbau des schon Bestehenden. Wie bei **quantitativen** Ansätzen müssen qualitative Studien den Normen der Wissenschaft entsprechen und Reliabilität und Validität fördern. Im Fall von **qualitativen** Untersuchungen jedoch basieren sowohl Reliabilität als auch interne und externe Validität auf Plausibilität, Relevanz, Nachvollziehbarkeit, Wichtigkeit und Schönheit. In erster Linie beziehen sich diese Kriterien auf die übergeordnete Dimension von Nützlichkeit: Ausbau bestehender Theorien und Ableitung brauchbarer Schlussfolgerungen für die Praxis.

Anfertigung einer Arbeit
Über die oben dargestellten allgemeineren Prinzipien hinaus, müssen technische bzw. stilistische Aspekte bezüglich der Anfertigung einer qualitativen Arbeit abgeklärt werden.

"Sündenbekenntnis" im Forschungsbericht: In **quantitativ** orientierten Forschungsberichten gilt es als "normal", die Darstellung der Durchführung der Untersuchung zu glätten, d.h. sie so zu formulieren, als sei alles exakt nach Plan gegangen. In der Realität gibt es jedoch häufig "Unebenheiten", die traditionell im Bericht nicht erwähnt werden. Ein einfaches Beispiel wäre, dass Forschungsberichte über Konditionierung von Ratten im Labyrinth selten darauf eingehen, dass sich die Ratten zuweilen weigern, den Startkäfig überhaupt zu verlassen, wie ich entdecken musste, als ich in Kanada eine Übung über "Lernen durch Konditionierung" leitete. Häufig musste der Laborassistent die Tiere buchstäblich aus dem Käfig schieben, da sie nicht bereit waren, ohne fremde Hilfe ins Labyrinth überhaupt einzutreten!

In qualitativen Untersuchungen ist aufgrund (a) des hohen Grades von Flexibilität bei der Erhebung und (b) der Subjektivität der Protokollierung, Auswertung und Interpretation der Daten das Problem von unerwartet auftauchenden Ereignissen deutlich gravierender: Teilnehmer springen ab, sie weigern sich oder sehen sich nicht in der Lage, bestimmte Inhalte zu besprechen, Teile der Protokolle erweisen sich als unverständlich oder der Untersuchungsgegenstand ändert sich im Laufe der Untersuchung. Aus diesen Gründen ist die Frage, wie es möglich ist, die Situation im Bericht zwar nicht zu verschleiern, aber gleichzeitig den Eindruck von Willkür zu vermeiden, äußerst relevant. Obwohl van Maanen (1988) auf Feldforschung in Soziologie und Anthropologie Bezug nimmt, bietet er eine leicht verständliche Lösung: Er empfiehlt Berichterstattung "im Stil einer Beichte". Auch aus dem Blickwinkel der in der Feldforschung tätigen Soziologen argumentieren Fontana und Frey (1998) ähnlich, wenn sie von der Notwendigkeit der "Seelenhygiene" im Rahmen der Berichterstattung schreiben. Auf die Ziele des vorliegenden Buches bezogen bedeutet dies, dass es angebracht erscheint, den Verlauf einer qualitativen Untersuchung so darzustellen, wie er in der Tat erfolgte, auch mit Ecken und Kanten.

Oft hat der Forscher keine andere Wahl. Der Untersuchungsgegenstand kann sich nach den ersten Interviews ändern, z.B., weil es evident wird, dass der ursprüngliche Entwurf für den Interviewer bzw. die Teilnehmer zu kompliziert oder zu abstrakt ist bzw., weil sich das Material als zu belastend erweist. Die Form der Datenerhebung kann sich aus verschiedenen Gründen als unangebracht erweisen: z.B. aufgrund der Weigerung der Gesprächspartner, sich in der vorgesehenen Form zum

Untersuchungsgegenstand zu äußern oder durch die Notwendigkeit, die Gespräche zu straffen, da sich die Gesprächspartner nicht zu wenig sondern zu umfangreich äußern. Denkbar ist zudem, dass die ursprünglich vorgesehenen Teilnehmer die Mitarbeit verweigern oder dass derartig viel Information geboten wird, dass es sich als notwendig erweist, sich auf bestimmte Informationen zu beschränken. Die Datenkodierung kann schwierig und subjektiv sein, z.B., weil über einige Kategorien Unsicherheit herrscht. Interpretationen können ebenso sehr subjektiv oder stark spekulativ sein. Letzteres ist erlaubt, solange darauf hingewiesen wird. Das Ergebnis ist, dass unmöglich werden kann, die Fiktion eines glatten, reibungslosen, perfekt geplanten Erhebungsverlaufs aufrechtzuerhalten. Folgerichtig stellt ein "Sündenbekenntnis" den einzigen Ausweg dar!

Wortwahl im Bericht: Die in einem qualitativen Bericht dargestellten Daten bestehen in der Regel aus "Alltagsevidenz" (Hamel, 1993, S. 33), zumeist in umgangssprachlicher Form, aber der Forschungsbericht ist ein wissenschaftliches Dokument, das auf keinen Fall mit Belletristik oder Journalismus zu verwechseln ist. Die Folge ist, dass den sprachlichen Normen der entsprechenden Wissenschaft entsprochen werden muss. Einige Studierende betrachten die Benutzung eines bestimmten sprachlichen Niveaus und der Verwendung der spezialisierten Fachsprache der jeweiligen wissenschaftlichen Disziplin als ein Zeichen für die Vorliebe für Jargon, für die engstirnige Pedanterie, für den Wunsch, durch eine obskure Sprache banalen Aussagen eine scheinbare Relevanz zu verleihen, oder für den Versuch, durch die Verwendung von Fachsprache, Prestige zu gewinnen bzw. sich Zugang zum Kreis der Eingeweihten zu verschaffen und Außenseitern, die über diese Sprache nicht verfügen, den Weg in diesen magischen Kreis zu versperren. Aber die Fachsprache einer wissenschaftlichen Disziplin sollte nicht einfach als fachchinesisch abgewertet werden. Sie bietet eine spezielle Terminologie, die die Kommunikation unter Spezialisten sehr effektiv fördern kann. Eine geschickte Wortwahl ruft bei sach- und fachkundigen Lesern Assoziationen hervor, die die Inhalte anreichern und ihnen einen bestimmten fachbezogenen "Beigeschmack" verleihen. Die Fachterminologie aktiviert relevante Wissensbestände und erinnert den kundigen Leser an spezielle Aspekte der Inhalte wie etwa Uneinigkeiten in der Lehrmeinung. Sie erhöht auch die Glaubwürdigkeit der Schlussfolgerungen, da sie dem Leser verdeutlicht, der Autor wisse über sein Thema bescheid und sei mit den Normen der Disziplin vertraut.

Der Status des Forschers im Bericht: Die Plausibilität einer Diplom- bzw. Doktorarbeit hängt stark von der Professionalität und dem Selbstvertrauen des Forschers ab. Wie Kvale (1995) betonte, ist die persönliche Glaubwürdigkeit des Forschers für die Bereitschaft der Leser, sich auf die Inhalte der Arbeit einzulassen, entscheidend. Aus diesem Grunde ist es wichtig, durch die eigene "wissenschaftliche Redlichkeit" zu überzeugen. Dies bedeutet nicht, auf persönliche Meinungen, subjektive Interpretationen, sogar Spekulationen verzichten zu müssen. Eine durch die Arbeit ermöglichte Interaktion mit dem Gedankengut des Forschers ist für den Leser häufig sogar interessanter und informativer als eine reine Darstellung der Tatsachen der Untersuchung. Auch wenn sie eher spekulativ oder vorübergehend sind, sollten die persönlichen Auffassungen des Forschers überzeugend dargestellt werden. Wichtig ist in diesem Zusammenhang jedoch, sie eindeutig von logischen Schlussfolgerungen, die sich unmittelbar und zwingend aus Daten ergeben, zu unterscheiden. Sonst entsteht ein unseriöses Bild.

Um die Plausibilität der Arbeit zu erhöhen, ist es wichtig, die intellektuelle und wissenschaftliche Fundierung dieser Aussagen und die Logik ihrer Ableitung zu verdeutlichen und sie bestehenden Lehrmeinungen gegenüberzustellen. Ähnliches gilt für die Darstellung methodologischer oder ähnlicher Schwächen einer Erhebung. Am Geeignetesten erscheint es, selbst darauf einzugehen und auf die Folgen für die Nützlichkeit der Schlussfolgerungen aufmerksam zu machen, ohne jedoch die Arbeit selbst abzuwerten. Eine Auseinandersetzung mit den Schwachstellen der Untersuchung und eine überzeugende Ableitung ihrer Folgen für die Nützlichkeit ist der Plausibilität des Berichts eher zuträglich. Diese Aussagen sollten jedoch mit einem bestimmten Selbstvertrauen getroffen werden, um nicht durch übertriebene Bescheidenheit der Überzeugungskraft des Berichts zu schaden.

Um Ihren Forschungsbericht glaubwürdig zu machen, sollten Sie
- den Verlauf der Untersuchung sehr offen darstellen
- die Logik und Systematik der Ableitung von Schlussfolgerungen leicht verständlich und gut nachvollziehbar darstellen
- ohne Schwachstellen zu verschleiern, mit Selbstvertrauen und Autorität schreiben
- von vielen konkreten Beispielen Gebrauch machen

Ein Beispiel
Folgende Abschnitte befassen sich mit einem konkreten Beispiel für einen qualitativen Forschungsbericht. Das Material basiert auf einer in Hamburg angefertigten Diplomarbeit (Petersen, 1989) zum Thema "Motivation von Laienautoren". Unten werden sowohl direkte Zitate aus der Diplomarbeit als auch Zusammenfassungen des Textes in Kästchen dargestellt. Die Zusammenfassungen werden in eckigen Klammern gesetzt, um sie von direkten Zitaten abzugrenzen (diese stehen zwischen Anführungsstrichen). Die Zusammenfassungen wurden gemacht - anstatt z.B. den Text wortwörtlich zu zitieren -, um im Sinne des qualitativen Ansatzes die Nützlichkeit des Materials für die Zwecke des vorliegenden Kapitels zu erhöhen. Selbstverständlich werden nur Fragmente des originalen Berichts hier wiedergegeben - die Wiedergabe der Inhalte der gesamten Diplomarbeit hätte die räumlichen Grenzen dieses Buches gesprengt. Die Autorin hatte ja zudem andere Ziele als eine Diskussion des qualitativen Forschungsansatzes! Zwischen den Kästchen stehen weitere kurze sinngemäße Zusammenfassungen des Textes, damit der Leser die Struktur und den Verlauf der Untersuchung nachvollziehen kann.

Dieses Material wird mit der Absicht dargestellt, kurze praxisnahe Beispiele zu geben, die die im vorliegenden Buch eingeführten Kriterien konkretisieren. Die sich in Kästchen befindenden Textpassagen spiegeln die Perspektive der Autorin wider: Z.B. bezieht sich der Ausdruck "Ich" auf Petersen, nicht auf mich. Die kursiv geschriebenen Passagen enthalten Anmerkungen von mir, die den Zusammenhang zwischen dem zitierten Material und den Inhalten dieses Buches hervorheben und verdeutlichen sollen.

Festlegung und Darstellung des Untersuchungsgegenstandes: [Selbst Hobbyautorin, habe ich oft an Schreibgruppen teilgenommen. Die Diskussionen mit anderen Mitgliedern solcher Gruppen legten nahe, dass sie ein starkes Schreibbedürfnis erleben und ihre Ideen schriftlich fixieren wollen. Weil dieses Bedürfnis (Motivation) den Laienautoren offensichtlich so wichtig ist, habe ich mich entschieden, auf die Frage, **'Was motiviert Hobbyautoren zum Schreiben?'** einzugehen.]
Der Untersuchungsgegenstand wird in vorbildlicher Kürze und mit lobenswerter Klarheit dargestellt, obwohl zu diesem Zeitpunkt immer noch in umgangssprachlicher Form.

In den Zitaten und Paraphrasierungen werden von Petersen angegebene Literaturhinweise beibehalten, u.a. um zu zeigen, wie man von der relevanten Literatur Gebrauch machen kann. In meinem Literaturverzeichnis befinden sich diese Quellen jedoch nicht, weil sie für unseren Interessenschwerpunkt (qualitative Forschungsmethoden) keinerlei Bedeutung haben.

[Necka (1986) war der Meinung, dass es mehrere Komponenten der Kreativitätsmotivation geben dürfte, u.a. ein Anerkennungsbedürfnis, ein Kommunikationsbedürfnis, ein Selbstbewährungsbedürfnis usw. und, dass diese Komponenten miteinander interagieren. Seine Auffassung ist jedoch nicht empirisch belegt.]
"Ich interessierte mich besonders dafür, die Schreibmotivation von Autoren empirisch gestützt inhaltlich aufzugliedern und für die Motivation relevante Komponenten zu beschreiben. Darüber hinaus wäre wünschenswert, eventuell bestehende Zusammenhänge verschiedener Motive offen zu legen, sowie Angaben darüber zu machen, inwieweit sich Individuen in ihrer Motivstruktur unterscheiden. Wenn sich diesbezüglich Unterschiede feststellen lassen, wäre es interessant herauszufinden, worin diese Unterschiede liegen, ob sie beispielsweise mehr in der Zusammensetzung der Motive liegen, wie Necka vermutet, oder in deren Gewichtung (S. 4)."
Jetzt spezifiziert die Autorin den Untersuchungsgegenstand etwas wissenschaftlicher. Darüber hinaus führt sie Ideen ein, zumindest ansatzweise, die in späteren Abschnitten der Arbeit von zentraler Bedeutung sein werden. Sie schreibt so, als wüsste sie noch nicht, was sich aus ihrer Untersuchung ergeben wird, obwohl sie eigentlich über eine bereits abgeschlossene Untersuchung berichtet. Sie tut dies, um den Leser auf die Ideen vorzubereiten, die - wie sie weiß - sie später aufgreifen wird. Eigentlich hatte die Autorin eine Idee darüber, was sich aus der Untersuchung ergeben könnte. Trotzdem wird der Untersuchungsgegenstand hier immer noch in allgemeiner Form dargestellt, damit dem Leser der Prozess der Entwicklung von Ideen in der Arbeit nachvollziehbar (glaubwürdig) und sogar spannend dargestellt werden kann.

Die Datenerhebung: Petersen diskutierte verschiedene Erhebungstechniken, wie etwa eine Fragebogenaktion oder eine Erhebung durch projektive Verfahren. Sie kam jedoch zu dem Schluss, dass "das adäquate Instrument zur Bearbeitung der Fragestellung ein Interview mit den Autoren selbst" sei (S. 5). Dabei schätzte sie es als angebracht ein, "die zu befragenden Autoren zunächst als Experten zu betrachten."

Einstiegsfragen: "Um nicht von vornherein die Bandbreite des Inhaltes einzuschränken, war es erforderlich, das Interview möglichst offen zu gestalten. Trotzdem musste mindestens eine Einstiegsfrage formuliert und eine Strategie entwickelt werden, die es ermögliche, bei Abweichungen auf das Thema zurückzuführen, ohne dabei inhaltlich einschränkend zu wirken. Auch musste überlegt werden, wie die grundlegende Frage an die Autoren: 'Warum schreibst du?' in beantwortbare Teilfragen aufgegliedert werden konnte (S. 6)". [Es wurden vier Einstiegsfragen bzw. eine aus vier Teilfragen bestehende Einstiegsfrage formuliert:
  1. Kannst du dich noch daran erinnern, als du das erste Mal etwas Eigenes geschrieben hast?
  2. Und wie ging es dann weiter mit dem Schreiben?
  3. Gibt es etwas, was du gerne noch ergänzen möchtest, etwas, das vielleicht zu kurz gekommen ist?
  4. Wie erklärst du dir, dass gerade du schreibst und andere nicht?]

Petersen führte zwei explorative Interviews durch. In der Arbeit erläutert sie diese Interviews: Wo sie stattfanden und mit wem, wie lange sie dauerten, wie sie die Inhalte der Interviews festhielt usw. Sie konnte feststellen, dass die Gesprächspartner mit dem Thema etwas anfangen konnten, die Fragen verstanden und sie interessant fanden und sogar an der Beantwortung Spaß hatten. Es ergaben sich aus diesen beiden ersten Interviews spezifischere Themenbereiche, von denen Petersen in den restlichen Interviews Gebrauch machte.

Pilotstudie und Gesprächsanreger: "Da ich nicht davon ausgehen wollte, dass alle Interviewpartner ebenso gesprächsfreudig sind, entnahm ich aus den ersten beiden Gesprächen Themenbereiche, die ich, falls ein Gespräch erlahmen sollte, anschneiden wollte. Auch hielt ich es für sinnvoll, in jedem Gespräch darauf zu achten, ob diese Themenbereiche angesprochen wurden und, falls dies nicht der Fall sein sollte, vorsichtig

> *Pilotstudie und Gesprächsanreger* (fortgesetzt):
> selbst auf diese Bereiche hinzuweisen, so dass die Autoren, in dem Rahmen, den sie für angemessen hielten, darauf eingehen konnten. Solche Fragen dürften jedoch nicht den Erzählstrang des Autors unterbrechen. Folgende Bereiche wurden von mir benannt (S. 9):
> 1. Äußere Reize als Anstoß zum Schreiben
> 2. Gedanken über das Schreiben
> 3. Gefühle vor, während und nach dem Schreiben
> 4. Kommunikation durch Schreiben
> 5. Ideen für den Inhalt
> 6. Probleme mit dem Schreiben
> 7. "Handwerk" Schreiben
> 8. Sozialisation"
>
> *Petersen führte die zwei Vorabinterviews durch, um festzustellen, ob Autoren überhaupt bereit waren, sich an der Untersuchung zu beteiligen, und wie schwierig sie es fanden, ihre Meinungen auszudrücken. Diese Daten wurden in die Hauptuntersuchung integriert und dort dargestellt, als wären sie ein integraler Bestandteil davon. Obwohl die Interviews in der Hauptstudie nur locker strukturiert waren, wusste Petersen durch die Pilotstudie bereits, auf welche Inhaltsbereiche sie fokussieren wollte und hatte acht spezifische Fragen als Gesprächsanreger parat, falls die Teilnehmer ihre Interessenschwerpunkte nicht spontan ins Gespräch brachten. Diese Fragen wurden von Petersen nicht auf Basis erkenntnistheoretischer Überlegungen den Teilnehmern aufgezwungen, sondern sie ergaben sich aus den Inhalten der Pilotstudie, d.h. sie waren "spontan vortretende Sachverhalte" (s. Kapitel 5), die die ersten Ergebnisse der Untersuchung bildeten und den weiteren Verlauf beeinflussten. Dieses Vorgehen bietet ein Beispiel für den dynamischen Charakter qualitativer Forschung.*

Darstellung der Merkmale der Teilnehmer: Es waren insgesamt 10 Teilnehmer (vier Männer und sechs Frauen), im Alter zwischen 17 und 31. Alle hatten die allgemeine Hochschulreife erworben. Ihre Teilnahme wurde durch Kontakte zu Personen gewonnen, die selbst Hobbyautoren waren. Alle beteiligten sich an Schreibgruppen. Es lag deswegen auf der Hand, dass sie für Petersens Untersuchungsgegenstand "repräsentativ" waren oder, wie es Petersen ausdrückte, dass diese Personen alle

"Experten" waren. In der Diplomarbeit macht Petersen auf diesen Zustand aufmerksam. Darüber hinaus stellt sie sowohl die Durchführung der Interviews eingehend dar (zumeist zu Hause bei den Teilnehmern) als auch wie lange sie dauerten. Sie berichtet über die hohe Bereitschaft der Teilnehmer, mitzumachen und darüber, wie wenig Schwierigkeit sie hatten, ihre Gedanken bezüglich des Untersuchungsgegenstandes auszudrücken. Zum größten Teil gingen die Teilnehmer spontan - d.h. ohne gezielte Fragen bzw. Gesprächsanreger - auf die oben erwähnten Inhaltsbereiche ein. Dies weist darauf hin, dass die Teilnehmer Petersens Themen relevant fanden und diese ihnen nicht von der Forschungsleiterin einfach aufgezwungen wurden.

Kodierung der Daten: Die Interviews wurden auf Tonband aufgenommen und dann transkribiert. Danach wurde der Prozess der Zusammenfassung und Klärung durchgeführt (s. Kapitel 5, S. 128). Dieses Verfahren erfolgte fallweise, ein Fall nach dem anderen. In der Diplomarbeit wurden die Schritte der Zusammenfassung und der Klärung detailliert dargestellt. Die Regeln, wonach dies erfolgte, wurden ausführlich beschrieben und anhand von Beispielen aus den Interviewtexten veranschaulicht, mehr oder weniger wie in Kapitel 5 vorgeschlagen. Weil es sich um lediglich 10 Fälle handelte, konnte jeder Einzelfall detailliert dargestellt werden, einschließlich konkreter, fallspezifischer Beispiele der Zusammenfassung und Klärung. Diese eingehende Darstellung der Einzelfälle entspricht dem im Kapitel 4 eingeführten Prinzip des Anstrengungsquantums.

Die Inhaltsanalyse der zusammengefassten und geklärten Interviewtranskriptionen lieferte für jeden Teilnehmer zahlreiche sinntragende Inhaltseinheiten. Anhand eines der analytischen Induktion ähnlichen Verfahrens wurde von diesen Einheiten Gebrauch gemacht, um Kategorien und schließlich Konzepte auszuformulieren (s. S. 130-132). Beispiele für die Kodierung der Interviews befinden sich in Tabelle 6.5 (s. nächste Seite). In der Arbeit wurde jeder Fall der Reihe nach kurz dargestellt, wobei Änderungen, Klärungen, Hinzufügungen zusätzlichen Materials usw. erläutert wurden. Nach Abschluss der Auswertung des 10. Falles war eindeutig sichtbar, dass sich die Kategorien und Konzepte stabilisiert hatten und der bestehende Satz von Konzepten konnte in einer einzigen Tabelle zusammengefasst werden. Für jede Kategorie befinden sich in Tabelle 6.5 lediglich drei beispielhafte Inhaltseinheiten, obgleich jede Kategorie von zahlreichen zusätzlichen Inhaltseinheiten definiert wurde. In der Diplomarbeit stellt Petersen viele weitere Beispiele dar. Darüber hinaus kristallisiert sie mehr als drei Konzepte heraus - die in der Tabelle dargestellten drei sind nur als Beispiele zu betrachten.

Die Entwicklung substanzieller Theorie: Petersen kehrt zu den Einzeltranskriptionen zurück und macht von ihrer Analyse Gebrauch, um die Situation von Hobbyautoren als Gruppe eingehend zu erörtern. Dieser Schritt wurde anhand der in Tab. 6.5 dargestellten Konzepte strukturiert und entspricht der ersten auf Seite 150 dargestellten Aufgabe der Verschriftlichung einer Untersuchung (Anwendung der herausgearbeiteten Konzepte, um das Verhältnis der Teilnehmer zum Untersuchungsgegenstand zu beschreiben und interpretieren)

Tabelle 6.5: Sinntragende Inhaltseinheiten, Kategorien und Konzepte

Inhaltseinheiten	Kategorie	Konzept
Erstes Konzept		
-auf den Leser gerichtet zu sein -die Fantasie führt zu Isolation -Voraussetzung für eine Diskussion	Kontakt zu anderen	
-ernst genommen werden -es ist für mich prestigereich	sozialer Status	
-Klarheit möchte ich auch weitervermitteln -einen weiten Personenkreis ansprechen -es ist ein Drang dazu, Leuten mitzuteilen	Mitteilungs- bedürfnis	**SOZIALE BEZIEHUNGEN**
-wenn ... der andere kann das verstehen, dann ist das schön -Erfolgserlebnis und war unheimlich stolz -auch Lehrer haben mich gelobt	positive Rückmeldung	
-befürchte,...meinen Text zerreißen würden -mit negativer Bewertungen verknüpft -meine Texte die anderen nicht ansprechen	negative Rückmeldung	

Zweites Konzept		
-jetzt darfst du nicht weitermachen -ich habe einen Widerstand, mich hinzusetzen -gegen meine verinnerlichten Zensoren	interne Konflikte	
-Kampf um das Selbstvertrauen -denke, das schaffe ich nie wieder -geht auf dieses Selbstvertrauen zurück	Selbstzweifel/-vertrauen	**SCHREIB-BLOCKADEN**
-Schuldgefühl -weil ich Angst habe -den Wunsch zu schreiben unterdrückt	negativer Affekt	

Drittes Konzept		
-ich werde irgendwie aufgefressen -man *muss* sich hinsetzen und schreiben -wenn ich es willentlich mache	interner Trieb	
-ich kann mich selbst anders entwerfen -man kann für sich selber Klarheit gewinnen -es ist Selbsterkenntnis	Selbsterkenntnis	
-Schreiben ist lustvoll -in einer guten Stimmung schreibt man -eine rauschgiftige Wirkung	erhöhte Stimmung	**SCHREIB-ANSTOß**
-die Idee ist von irgendwoher gekommen -die Figuren tauchen einfach auf -plötzlich fügt es sich zu einer Geschichte zusammen	spontane Ideen	

Petersen geht vertieft auf die Motivation ihrer Teilnehmer ein. Dies ist *multikausal* und kann zumindest ansatzweise als ein dynamischer Prozess der Befriedigung von Bedürfnissen verstanden werden. Dieser Prozess wird auf der nächsten Seite besprochen.

[*Multikausale Motivation*: [Die Autoren erlebten eine "multikausale" Motivation, die sich aus einem Prozess der psychischen Entwicklung ergab, dessen Wurzeln zurück in die Kindheit gingen. Ihre Ideen ergaben sich zum Teil aus der sie umgebenden Umwelt, aber nicht selten schienen die Ideen aus internen Quellen innerhalb des Individuums zu fließen und es schien den Teilnehmern, als würden ihre Einfälle sich selbst spontan ins Leben rufen. Die Autoren erlebten häufig Selbstzweifel oder Angst über die Qualität ihrer Arbeit und diese führten zu Zeiten der Selbstreflektion und Unsicherheit über den Sinn ihres Schreibens. Sie erlebten auch Angst vor dem Ausgelachtwerden. Aber nicht nur ein inneres Gefühl der Genugtuung über die Vollendung eines Werkes, sondern auch externe Belohnungen, insbesondere Lob, ermöglichte es ihnen, weiterzumachen. Auch Interaktionen mit anderen Hobbyautoren, z.B. in Klubs und Gesprächsrunden, boten Unterstützung durch soziale Kontakte.]
Diese Beschreibung der Situation von Petersens 10 Teilnehmern geht über das Verständnis der eigenen Situation von jedem einzelnen Teilnehmer hinaus, um ein allgemeineres Bild zu generieren. Trotzdem bleibt sie auf die 10 spezifischen Teilnehmer beschränkt und in diesem Sinne beinhaltet sie lediglich "substanzielle" Theorie.

Befriedigung von Bedürfnissen: [Die Motivationsstruktur jedes individuellen Autors war komplex. Alle 10 verdeutlichten, dass Schreiben eine Kombination von Bedürfnissen befriedigt: in Anlehnung an Maslow (1981) u.a. Sicherheitsbedürfnis, Zugehörigkeitsbedürfnis, Bedürfnis nach Achtung, Bedürfnis nach Ausdruck, Bedürfnis nach Wissen und Verstehen, Selbstverwirklichungsbedürfnis. Unterschiede zwischen Teilnehmern spiegelten jedoch nicht die Anwesenheit verschiedener Bedürfnisse in Einzelpersonen, sondern Unterschiede bezüglich der Wichtigkeit bestimmter Bedürfnisse von Teilnehmer zu Teilnehmer. Nehmen wir das Beispiel "positive Rückmeldung". Sie war allen Teilnehmern wichtig. Aber wie wichtig hing von dem Motivations*profil* der Einzelperson ab bzw. von ihren S*trategien* des *Umgangs* mit Rückmeldung. Diejenigen Teilnehmer, denen Zugehörigkeit, Achtung und Ausdruck besonders wichtig waren, waren für die Effekte von Rückmeldung "anfälliger" als diejenigen, bei denen Selbstverwirklichung einen besonders hohen Stellenwert hatte.]

> *Konzepte wie etwa "Profil" oder "Umgangsstrategie" erweisen sich in qualitativen Untersuchungen als sehr hilfreich. Sie fördern die Ableitung komplexer Schlussfolgerungen bezüglich "Art" bzw. "Stil" und ermöglichen dadurch Aussagen über Unterschiede zwischen Menschen, die nicht auf typisch* quantitativen *Verfahren basieren, sondern* qualitativ *sind. Petersen unterscheidet zwar zwischen zwei Gruppen von Teilnehmern (denjenigen, denen Zugehörigkeit, Achtung und Ausdruck besonders wichtig waren, und denjenigen, bei denen Selbstverwirklichung einen besonders hohen Stellenwert hatte), dabei vermeidet sie jedoch typisch* quantitative *Redewendungen, wie etwa "Der Selbstverwirklichungsgrad war größer," und spricht von Faktoren wie "Strategien des Umgangs". Dadurch ist es ihr gelungen, eine grundsätzlich qualitative Herangehensweise aufrecht zu erhalten. Begriffe wie ""Strategie" haben zudem den Vorteil, dass sie eher dynamisch (prozessbezogen) als statisch (auf einen Zustand, wie etwa Ausprägungsgrad, bezogen) wirken.*

Die Entwicklung von übergeordneter Theorie: Bis zu diesem Punkt ist die Auswertung substanziell geblieben, d.h. auf die spezifische Gruppe von Teilnehmern beschränkt. Petersen geht jedoch über die substanzielle Theorienebene hinaus und führt eine interessante und nützliche theoretische Interpretation ihrer Befunde durch. Im Rahmen dieses Schrittes zieht sie Schlussfolgerungen, die sich nicht nur mit den Teilnehmern ihrer Studie befassen, sondern auch mit allgemeineren Aspekten der Entwicklung von (a) Motivation und (b) Kreativität. Teile dieser Abschnitte ihrer Diplomarbeit werden im Folgenden dargestellt.

> **Interne vs. externe Motivation**: "Bemerkenswert ist die von Amabile (1983) postulierte Aussage, dass für kreative Tätigkeit die intrinsische Motivation von besonderer Bedeutung ist. Sie weist anhand einer eigenen Studie nach, dass vorwiegend intrinsisch motivierte Autoren kreativer sind als vorwiegend extrinsisch motivierte. Diesem kann die vorliegende Studie weder für- noch widersprechen, weil das Design das kreative Produkt nicht mit einbezieht." (*Petersen macht auf eine Einschränkung ihrer Untersuchung aufmerksam, ohne jedoch die Studie dadurch schlecht zu machen.*) "Es ist jedoch bereits mehrfach auf die besondere Verwobenheit von extrinsischer und intrinsischer Motivation verwiesen worden. Bezüglich dieser beiden Bereiche können zwar

> ***Interne vs. externe Motivation*** (fortgesetzt):
> Schwerpunkte für einzelne Autoren erkannt werden, jedoch sind alle Befragten sowohl intrinsisch als auch extrinsisch motiviert. Dies hieße entweder, dass die Annahme Amabiles extrinsische Motivation hemme intrinsische, nicht richtig ist oder dass alle Befragten wirksame Strategien entwickelt haben, die negativen Auswirkungen der extrinsischen Motivation einzuschränken."
>
> *An diesem Punkt beginnt Petersen sich mit bestehender Theorie über Motivation zur Kreativität auseinander zu setzen, d.h. sie geht über das substanzielle Niveau hinaus. Sie bringt ihre Ergebnisse mit Amabiles sehr einflussreicher Theorie, die sich zur herrschenden Lehrmeinung entwickelt hat, in Zusammenhang, macht auf Diskrepanzen zwischen dieser Theorie und den eigenen Ergebnissen aufmerksam und schlägt eine* Neudefinition *(s. S. 156) der Theorie vor.*

Petersen befasst sich weiter mit dem Thema Motivation und Kreativität und geht auf die Bedeutung ihrer zuvor dargestellten Differenzierung bestehender Theorie ein:

> ***Die Dynamik der "extrinsischen Blockade"***: "Erwähnt werden soll an dieser Stelle auch, dass der bei Amabile als extrem hemmend dargestellte 'extrinsic constraint' [dt.: extrinsische Blockade], der aus starker extrinsischer Motivation entstehen kann, zwar in einigen geführten Interviews angedeutet wurde, jedoch offensichtlich nicht in dem Maße hemmend wirkt wie bei Amabile beschrieben. Dies gilt auch für deutlich extrinsisch Befragte ... Amabile selbst räumt ein, dass es nicht wenige Gegenbeispiele für die Theorie der Hemmung durch extrinsische Motivation gibt. Sie führt dies auf die Fähigkeit der betreffenden Person zurück, sich psychisch dem Druck der extrinsischen Ziele zu entziehen sowie auf die Möglichkeit und Fähigkeit der Person, Situationen zu vermeiden, in denen eine extrinsische Blockade hervorgerufen oder verstärkt spürbar wird (Amabile, 1983, S. 96). Die Vermeidung von Hemmnissen ist in Neckas Terminologie als eine der Fertigkeiten kreativer Menschen zu bezeichnen (vgl. Necka, 1986). Die vorliegenden Ergebnisse deuten auf ein Kontinuum von extrinsischer Blockade hin, wobei die hemmende Wirkung sowohl von der Stärke der Blockade als auch von den - vom jeweiligen Befragten erlernten - Strategien des Umgangs mit diesem Phänomen abhängt (S. 111-112)."

> *Petersen greift auf die Ideen eines zweiten bekannten Theoretikers zurück, um die Amabilesche Theorie weiterzuführen oder sogar grenzüberschreitend weiterzuführen (s. S. 156). Sie bietet Anhaltspunkte für eine systematische Differenzierung der bestehenden Lehrmeinung. Dadurch befasst sich Petersen mit **übergeordneter Theorie**, da es sich nicht mehr lediglich um eine Beschreibung ihrer 10 Teilnehmer handelt, sondern um den Erkenntnisstand über Kreativität.*

Die Arbeit macht darauf aufmerksam, dass die weit verbreitete Meinung, extrinsische Motivation hemme die Kreativität, nicht auf alle Menschen in allen Situationen zutrifft und beginnt mit der Herauskristallisierung von praktischen Folgen für die Erziehung von Kindern, d.h. sie betont die *Nützlichkeit* ihrer Schlussfolgerungen.

> ***Folgen für die Praxis***: [Bestimmte Faktoren dürften die Motivation fördern, sogar bei der Anwesenheit extrinsischer Motive: z.B. hohes Selbstvertrauen, realistische Erwartungen, gut entwickelte schreibtechnische Fertigkeiten. Auf der anderen Seite gibt es offensichtlich auch andere Faktoren, die zu einer negativen Wirkung der extrinsischen Motivation führen (z.B. niedrige schreibtechnische Kompetenz, niedriges Selbstvertrauen, Angst vor dem Versagen). Zusammengenommen mit anderen Befunden bezüglich des Einflusses von Ereignissen in der Kindheit hebt dies die Wichtigkeit einer Unterstützung durch Lehrer hervor, um die extrinsische Blockade zu überwinden. Im Klassenzimmer könnte dies das Anbieten von Möglichkeiten, das Selbstvertrauen zu erhöhen, bedeuten, u.a. durch Erfolgserlebnisse in schwierigen Situationen, wie etwa Prüfungen oder Wettbewerben, differenzierte Rückmeldung über die Qualität von Leistungen, einschließlich Noten und Übung von Basisfertigkeiten.]
> *Die Anmerkungen zur positiven Rolle von Prüfungen, Leistungskontrollen und Basisfertigkeiten sind nicht nur praxisrelevant, sondern sie sind auch überraschend, weil diese in der entsprechenden Literatur zur Kreativität häufiger als kreativitätshemmend betrachtet werden. Mit anderen Worten, Petersen schlägt eine neuorientierende Weiterführung (s. S. 157) von Theorie vor.*

Weitere von Petersen herausgearbeitete Schlussfolgerungen sind für eine Erörterung der Wirkung früher Erlebnisse auf die spätere Kreativität sehr hilfreich.

> *Kreativität und Erziehung*: [Positive Rückmeldung war für die Schreibmotivation von besonderer Bedeutung, u.a., weil sie einen wesentlichen Beitrag zur Entwicklung des Selbstvertrauens leistet. Sehr wichtig dabei ist, dass die positive Rückmeldung schon in der frühen Kindheit erlebt wird, zu einem Zeitpunkt, wo Hobbyautoren anfangen, zum ersten Mal kreative Gedanken zu äußern. Diese Rückmeldung ist als positive Verstärkung im Sinne von Bloom (1985) zu betrachten. Sie ist besonders effektiv, wenn sie von einer Person kommt, die für das Kind einen hohen Stellenwert (sozialen Status) hat, z.B. Eltern, respektierte Lehrer, enge Freunde. Dieser Befund bestätigt die Position von Bandura und Walters (1963) bezüglich der sozialen Verstärkung von Verhaltensweisen. Die Wichtigkeit von Selbstvertrauen dürfte angesichts seiner Betonung durch Kreativitätsforscher kaum überraschen (z.B. Cropley, 1982).
>
> Sehr wichtig dabei ist, dass sich die Wirkung der frühen positiven Rückmeldung daraus zu ergeben scheint, dass sie es Menschen ermöglicht, im späteren Leben negative Rückmeldung zu tolerieren oder sogar Blockaden zu überwinden. Dies lässt sich mit dem Befund von Maslow (1981) gut in Einklang bringen, dass Menschen, die in der frühen Kindheit die Befriedigung eines bestimmten Bedürfnisses erleben, ein hohes Niveau an Frustrationstoleranz entwickeln gegenüber Nicht-Befriedigung dieses Bedürfnisses im späteren Leben - eine Art "Impfeffekt". Eine solche Schlussfolgerung ist für die Hoffnung von Eltern und Lehrern, dass sie die Entfaltung von Kreativität fördern können, sehr positiv.]
>
> *Petersen geht über eine Beschreibung der Teilnehmer, d.h. über substanzielle Theorie hinaus und arbeitet Schlussfolgerungen über die Entwicklungspsychologie des kreativen Impulses heraus. Ihre Schlussfolgerungen sind zudem nützlich, weil sie zeigen, dass Eltern und Lehrer die spätere Kreativität ihrer Kinder und Schüler beeinflussen können und Hinweise liefern, wie eine positive Beeinflussung stattfinden kann. Anhand von Literaturhinweisen verleiht sie ihren Schlussfolgerungen Nachvollziehbarkeit und Glaubwürdigkeit.*

Die zuvor dargestellten Ausschnitte aus Petersens Diplomarbeit erschöpfen bei Weitem nicht die sich in der Arbeit befindenden Anhaltspunkte für eine Revision von Theorie zur Kreativitätsmotivation. Sie sind jedoch für die Zwecke des vorliegenden Buches ausreichend. Wenn wir auf die auf S. 156-157 aufgelisteten Aspekte des Prozesses der Erwirkung eines Überraschungseffekts zurückgehen, wird sichtbar, dass die Arbeit mehrere Kriterien erfüllen konnte: Der Verfasserin ist es gelungen, bestehende Theorie *weiterzuführen* und dabei ihr eine *neue Orientierung* zu geben. U.a. weist sie auf einen Zusammenhang zwischen Aspekten kindlicher Erfahrungen und Kreativität im Erwachsenenalter hin, wobei sie die Dynamik dieses Zusammenhangs mithilfe des Maslowschen Bedürfnis-Hierarchie-Modells darstellt. Kurz gesagt: Die Schreibmotivation wird durch den Grad bedingt, zu dem Sicherheits-, Achtungs- und Beherrschungsbedürfnisse befriedigt werden. Die Betonung der Multikausalität des Schreibimpulses eröffnet auch Perspektiven für die Erforschung der Phasen der Kreativität (s. Cropley, 2001, S 71-74). Denkbar ist z.B., dass verschiedene Motivationsmuster oder -profile (und nicht unterschiedliche Ausprägungsgrade des Schreibimpulses) für die unterschiedlichen Phasen verantwortlich sind. Aus diesen Überlegungen ließen sich Hypothesen ableiten, die empirisch geprüft werden könnten - sowohl quantitativ als auch qualitativ -, auch wenn Petersen selbst nicht explizit darauf eingeht. Besonders erfreulich ist, dass in den mehr als 10 Jahren seitdem Petersen ihre Diplomarbeit schrieb, mehrere ihrer vorläufigen Ideen in die gängigen Lehrmeinungen Eingang gefunden haben.

Einige weitere Beispiele
Die zuvor dargestellte Studie von Petersen ist nur ein Ausschnitt aus den Möglichkeiten von qualitativ orientierten Untersuchungen. Ein zweites Beispiel, auch eine in Hamburg durchgeführte Diplomarbeit, veranschaulicht eine etwas andere Herangehensweise. Plate (1997) interessierte sich für "die Bedingungen, die es Mitarbeitern ermöglichen, an ihrem Arbeitsplatz ihre Kreativität einzusetzen." *Der Untersuchungsgegenstand wird kurz und klar benannt.* Die ersten beiden Kapitel enthalten eine eher hermeneutische Auseinandersetzung mit der entsprechenden Fachliteratur zu (a) Kreativität und (b) Arbeitsplatz. Auf Basis dieses Überblicks und ohne mit eventuellen Teilnehmern überhaupt zu sprechen, arbeitete Plate konkrete Themen heraus, die er in den später durchgeführten Interviews

spezifisch ansprach, es sei denn, die Teilnehmer äußerten sich unaufgefordert dazu. Die Themen/Fragen lauteten:
1. Beschreiben Sie bitte drei Ideen, die Sie am Arbeitsplatz hatten.
2. Woher kam Ihre beste Idee?
3. Was hinderte Sie, diese Idee umzusetzen?
4. Was wäre passiert, hätten Sie Ihre Idee in die Praxis umgesetzt?
5. Was hätte Ihnen geholfen, Ihre Idee zu realisieren?

Plate legt den Untersuchungsgegenstand anhand dieser Fragen fest. Im Gegensatz zu Petersen erfolgt dies schon vor Beginn der Erhebung. Plate strukturierte seine Interviews durch ziemlich klare Erwartungen, die er bereits im Voraus auf der Basis eines Literaturüberblicks entwickelt hatte. In den Interviews betont er "Kreativitätsblockaden", wie etwa negative Folgen des Versuchs, am Arbeitsplatz kreativ zu sein bzw. fehlende Unterstützung der Kreativität am Arbeitsplatz. Seine zu Grunde liegende Annahme ist, dass der Arbeitsplatz kreativitätsfeindlich ist. Dies spiegelt die Position der von Plate zusammengefassten Literatur wider.

Plate nahm die Gespräche auf Tonband auf und fertigte zudem Gesprächsnotizen an. Die Tonbänder wurden transkribiert und die sich daraus ergebenden Texte einer Inhaltsanalyse unterworfen, um förderliche bzw. hemmende Faktoren herauszufinden. In der Auswertung wurden lediglich sinntragende Inhaltseinheiten berücksichtigt, die
  (a) auf Blockaden am Arbeitsplatz Bezug nahmen,
  (b) negative Folgen für die Teilnehmer beschrieben, sollten sie am Arbeitsplatz versucht haben, Kreativität zu realisieren,
  (c) Faktoren hervorhoben, von denen die Teilnehmer glaubten, sie hätten ihre Kreativität gefördert, wären sie anwesend gewesen (sie waren es aber nicht).

Die Auswertung war sehr zielgerichtet und schränkte sich auf Inhalte ein, die Themen enthielten, die für Plates vorformulierte Position interessant waren. Es gab daher für spontan hervortretende Themen (s. Kapitel 5, S. 123) kaum Platz. Diese waren nur dort interessant, wo sie für die Klärung und Vertiefung der bereits festgelegten Interessenschwerpunkte hilfreich waren.

Die Ergebnisse zeigen, dass es zwei Arten von Blockaden gab: "interne" und "externe". Die internen Faktoren waren psychologisch, d.h. etwa "Image" (die Sorgen der Teilnehmer darüber, wie andere sie sahen), "Identifizierung (oder aber nicht) mit der eigenen Idee", "Motivationsniveau", "Risikobereitschaft" (oder nicht), "Bereitschaft, Konflikte mit Kollegen zu riskieren". Externe Faktoren waren u.a. "Ziele der Organisation", "Notwendigkeit von Kreativität im Job", "Möglichkeiten, ohne Betreuung zu arbeiten" und "Zeitdruck". Im letzten Kapitel der Arbeit verwendet Plate diese Dimensionen, um die Situation seiner Teilnehmer allgemeiner zu beschreiben, d.h. er formuliert "substanzielle" Theorie. Danach bringt er seine Befunde mit der in den ersten Kapiteln dargestellten Literatur in Zusammenhang. Er hebt insbesondere die Aspekte bestehender Theorie hervor, denen seine Befunde für- bzw. widersprechen, d.h. er entwickelt übergeordnete Theorie. Gegen Ende der Arbeit arbeitet Plate praktische Hinweise für Führungskräfte heraus, die dazu beitragen sollten, Blockaden zu vermeiden, d.h. er leitet *nützliche* Schlussfolgerungen ab.

*In der Anfangsphase der Untersuchung entwickelt Plate ein theoretisches Gerüst a priori - und kommt der Formulierung spezifischer Hypothesen sehr nahe. Danach erhebt er an diesem Gerüst orientierte Daten und kodiert seine Daten gezielt, um das bereits bestehende Gerüst zu erhellen. In der Endphase bezieht er sich auf die anfangs dargestellte Literatur, um zu zeigen, wie und in welchen Punkten seine Befunde bestehende Meinungen unterstützen. Es ist erkennbar, dass seine Herangehensweise mehrere Merkmale **quantitativer** Forschung aufweist. Trotzdem, entsprechen die Erhebungsanlage (Umgebung, Design, Datenerhebung, Datenart, Auswertung und Generalisierung) eindeutig dem qualitativen Rahmen. Dieses Beispiel verdeutlicht, dass es möglich ist, zielgerichtet und ohne Tabula rasa zu arbeiten und doch qualitativ zu bleiben. Plates Schlussfolgerungen leisten einen nützlichen Beitrag zur substanziellen Theorie, d.h. zum Verständnis von kreativitätshemmenden Blockaden am Arbeitsplatz. Auf der Ebene von übergreifender Theorie jedoch ging er nicht über eine Reflexion bestehender theoretischer Aussagen hinaus.*

Ich möchte hier eine weitere Arbeit anführen. Diese Untersuchung von Gray und Kunkel (2001) über Balletttänzerinnen und ihr Verständnis ihres Berufs und der eigenen Rolle im Beruf weicht stark von Petersens Untersuchungsanlage ab. Am auffälligsten ist, dass Gray und Kunkel keine Interviews durchführten, eigentlich überhaupt keine "direkten" Daten erhoben, sondern journalistische Interviews übernahmen, die in einem bereits vor einigen Jahren veröffentlichten Buch erschienen waren (Gordon, 1983). In diesem Buch schreibt Gordon über ihre Beobachtungen professioneller Tänzerinnen und Tanzstudentinnen in New York, Houston und Boston. Anhand teilnehmender Beobachtung erhob sie Daten im Rahmen des Tanzunterrichts, der Proben und auch während sozialer Interaktionen. U.a. hielt sie zahlreiche wortwörtliche Aussagen fest, die die Tänzerinnen über sich selbst und viele Aspekte ihres Lebens machten. Gray und Kunkel behandelten die Inhalte von Gordons Buch, als wären sie Interviewtranskriptionen.

Ich habe die Möglichkeit der Verwendung unterschiedlicher Datenquellen mehrfach erwähnt. Dieser Ansatz wäre in historisch orientierten Untersuchungen besonders nützlich. Dadurch ist es möglich, auch Ereignisse aus der Vergangenheit mittels qualitativer Methoden zu untersuchen. Es liegt auf der Hand, dass die von Gordon untersuchten "Fälle" keine Zufalls- bzw. repräsentative Stichprobe bilden, es ist jedoch ebenso eindeutig klar, für welchen Forschungsgegenstand sie repräsentativ sind und es wäre schwierig die Behauptung aufzustellen, sie wüssten nicht genug über diesen Gegenstand!

Gray und Kunkel führten eine Inhaltsanalyse von Gordons Text durch, die sich so exakt wie möglich an den Prinzipien der begründeten Theorie orientierte. Sie hoben sinntragende Inhaltseinheiten hervor, die Aussagen der Tänzerinnen bezüglich ihrer Erfahrungen im Beruf und auch ihres Selbstbildes als Tänzer enthielten. Meinungen zu anderen Aspekten ihres Lebens oder Aussagen über Familie, Lehrer usw. wurden nicht berücksichtigt. Die Forscher versuchten, alle Inhaltseinheiten zu finden, die sich mit Beruf und Selbstbild beschäftigten, d.h. sie hatten zwar ein *a priori* Interesse dafür, wie die Tänzerinnen sich selbst und den Beruf sehen, innerhalb dieses Schwerpunktes waren sie jedoch auch für spontan hervortretende Themen offen. Insgesamt sammelten sie 167 relevante Inhaltseinheiten, die verwendet wurden, um Kategorien zu identifizieren wie etwa

"Tänzerinnen verkörpern anderer Leute Fantasien", "die Tänzerinnen opfern ihre eigenen Körper, um anderen Leuten Spaß zu machen" oder "Tänzerinnen treten selbst in einen Fantasiebereich ein". Aus den Kategorien ergaben sich fünf Konzepte: "Fantasieren", "Mechanisierung", "Verbrauchermentalität", "Infantilisierung" und "Transzendenz durch Selbstopferung". Gray und Kunkel beschreiben die Tänzerinnen anhand dieser Konzepte (d.h. sie entwickeln "substanzielle Theorie"), versuchen anschließend Zusammenhänge zwischen den Konzepten und bestehenden Theorien zu verdeutlichen, z.B. Psychoanalyse, Feminismus, sozialpsychologisch orientierte Modelle von Machtverhältnissen usw. ("übergeordnete Theorie"). Insbesondere betonen sie psychoanalytische Begriffe wie etwa Objektverhältnisse, Autonomie, Individuation und Identität. Als letzten Schritt arbeiten sie praktische Vorschläge heraus: Sie gehen auf die Rolle künstlerischer Aktivitäten als Puffer gegen die depersonalisierende Wirkung von Technologie in der Gesellschaft ein und schlagen vor, dass die Ausbildung zum professionellen Tänzer die "künstlerische Integrität" deutlicher hervorheben sollte als es gegenwärtig der Fall ist (Nützlichkeit).

Selbstverständlich mussten Gray und Kunkel mit den von Gordon edierten Texten arbeiten. Dies kann jedoch als, zumindest zum Teil, mit den Schritten "Zusammenfassung" und "Klärung" vergleichbar betrachtet werden. Vielleicht sind aus diesem Grund die früheren in der Auswertung herausgearbeiteten Begriffe kaum sozialwissenschaftlich (z.B. "Tänzerinnen verkörpern anderer Leute Fantasien"). Doch im Verlauf der Auswertung werden die Zusammenhänge zur Sozialwissenschaft immer deutlicher und die Diskussion auf der Ebene von übergeordneter Theorie erfolgt durch eindeutig psychologische/soziologische Begriffe (z.B. Autonomie, Identität usw.). Gray und Kunkel vollenden auch den inzwischen vertraut gewordenen letzten Schritt und machen Vorschläge für die praktische Anwendung ihrer Befunde, d.h. sie versuchen, deren Nützlichkeit *zu verdeutlichen.*

Literaturverzeichnis

Alasuutari, P. (1995). *Researching culture*. London: Sage.
Allport, G. W. (1965). *Letters from Jenny*. New York: Harcourt, Brace and World.
Altheide, D. L. and Johnson, J. M. (1998). Criteria for assessing interpretive validity in qualitative research. In N. K. Denzin and Y. S. Lincoln (Eds.), *Collecting and interpreting qualitative materials* (pp. 283-312). Thousand Oaks, CA: Sage.
Asch, S. E. (1955). Opinions and social pressure. *Scientific American*, *193*, 31-35.
Bandura, A. and Walters, R. H. (1963). *Social learning and personality development*. New York: Holt, Rinehart and Winston.
Bartlett, F. C. (1932). *Remembering: A study in experimental and social psychology*. Cambridge: Cambridge University Press.
Blumer, H. (1969). *Symbolic interactionism*. Englewood Cliffs, NJ: Prentice-Hall.
Briggs, C. (1986). *Learning how to ask: A sociolinguistic appraisal of the role of the interviewer in social science research*. Cambridge: Cambridge University Press.
Bruner, J. (1997). *Sinn, Kultur und Ich-Identität*. Heidelberg: Auer.
Bryman, A. and Burgess, R. G. (1994). *Analyzing qualitative data*. London: Routledge.
Buckley, D. L. (1975). *Gymnasium im Wandel*. Weinheim: Beltz.
Cattell, R. B. (1950). *Personality: a systematic theoretical and factual structure*. New York: McGraw Hill.
Cicourel, A. V. (1974). *Theory and method in a study of Argentine fertility*. New York: Wiley.
Cook, T. D. and Campbell, D. T. (1979). *Quasiexperimentation: Design and analysis issues for field settings*. Boston: Houghton Mifflin.
Couch, A. and Keniston, K. (1960). Yeasayers and naysayers: Agreeing response set as a personality variable. *Journal of Abnormal and Social Psychology*, *60*, 151-174.
Cronbach, L. J. (1980). Validity on parole: How can we go straight? *New directions for Testing and Measurement*, *5*, 99-108.
Cropley, A. J. (2001). *Creativity in education and learning*. London: Kogan Page.

Cropley, A. J. (2002). Problems and concerns of welfare paraprofessionals working with refugees. *British Journal of Social Work, 32*, 233-238.

Cropley, A. J. and Cardey, R. M. (1975). Contact with the dominant culture and cognitive competence in Canadian Indians and Whites. *Canadian Journal of Behavioural Science, 7*, 328-338.

Cropley, A. J. und Lüthke, F. (1994). Psychologische Aspekte der Adaptation von Zuwanderern. In A.J. Cropley, H. Ruddat, D. Dehn und S. Lucassen (Hrsg.), *Probleme der Zuwanderung, Band 1, Aussiedler und Flüchtlinge in Deutschland* (S. 19-32). Göttingen: Verlag für Angewandte Psychologie.

Cropley, A. J. und Lüthke, F. (1995). Strategien für die psychologische Beratung von Zuwanderern. In A.J. Cropley, H. Ruddat, D. Dehn und S. Lucassen (Hrsg.), *Probleme der Zuwanderung, Band 2, Theorien, Modelle und Befunde der Weiterbildung* (S.146-160). Göttingen: Verlag für Angewandte Psychologie.

Crowne, D. P. and Marlowe, D. (1964). *The approval motive: Studies in evaluative dependence,* New York: Wiley

Denzin, N. K. and Lincoln, Y. S. (1998). *Collecting and interpreting qualitative materials.* Thousand Oaks, CA: Sage.

Douglas, J. D. (1985). *Creative interviewing.* Newbury Park, CA: Sage.

Ebbinghaus, H. (1983). *Über das Gedächtnis* [1885]. Passau: Passavia-Universitäts-Verlag.

Elliott, R. (1999). Editor's introduction to special issue on qualitative psychotherapy research: Definitions, themes and discoveries. *Psychotherapy Research, 9,* 251-257.

Ericsson, K. A., Chase, W. G. and Faloon, S. (1980). Acquisition of a memory skill. *Science, 208,* 1181-1182.

Erikson, E. (1970). *Jugend und Krise.* Stuttgart: Klett.

Fechner, G. (1860). *Elemente der Psychophysik.* Leipzig: Breitkopf und Härtel.

Festinger, L. (1978). *Theorie der kognitiven Dissonanz.* Bern: Huber.

Flanders, N. A. (1970). *Analysing teacher behavior.* Reading, MA: Addison-Wesley.

Fontana, A. and Frey, J. H. (1998). Interviewing: The art of science. In N. K. Denzin and Y. S. Lincoln (Eds.), *Collecting and interpreting qualitative materials* (pp. 47-78). Thousand Oaks, CA: Sage.

Freud, S. (1910). *Eine Kindheitserinnerung des Leonardo da Vinci.* Leipzig: Franz Deuticke.

Gergen, K. J. (1985). The social constructionist movement in modern psychology. *American Psychologist,* 40(3), 266-275.

Glaser, B. G. and Strauss, A. (1967). *The discovery of grounded theory: Strategies for qualitative research.* Chicago: Aldine.

Glaser, B. G. und Strauss, A. (1998). *Grounded theory: Strategien qualitativer Forschung.* Bern: Huber.

Gordon, S. (1983). *Off balance.* New York: Pantheon Books.

Gray, K. M. and Kunkel, M. A. (2001). The experience of female ballet dancers: a grounded theory. *High Ability Studies,* 12, 7-26.

Hamel, J. (1993). *Case study methods.* Thousand Oaks, CA: Sage.

Heron, J. (1992). *Feeling and personhood. Psychology in another key.* London: Sage.

Holstein, J. A. and Gubrium, J. F. (1995). *The active interview.* Thousand Oaks, CA: Sage.

Jorgensen, D. L. (1989). *Participant observation.* Newbury Park, CA: Sage.

Josselson, R. and Lieblich, A. (1993). A narrative introduction. In R. Josselson and A. Lieblich (Eds.), *The narrative study of lives,* Vol. 1 (pp. ix-xv). Newbury Park, CA: Sage.

Katz, J. (1983). A theory of qualitative methodology: The social science system of analytic fieldwork. In R. M. Emerson (Ed.), *Contemporary field research* (pp. 127-148). Boston: Little, Brown.

Kelle, U. und Kluge, S. (1999). *Vom Einzelfall zum Typus.* Opladen: Leske und Budrich.

Knapper, C. K. and Cropley. A. J. (1980). Interpersonal factors in driving. *International Review of Applied Psychology,* 29, 415-438.

Knapper, C. K. and Cropley, A. J. (1982). Public attitudes to property and property insurance. *International Review of Applied Psychology,* 31, 425-441.

Kromrey, H. (2000). *Empirische Sozialforschung* (9. Aufl.). Opladen: Leske und Budrich.

Kvale, S. (1995). The social construction of validity. *Qualitative Inquiry,* 1(1), 19-40.

Kvale, S. (1996). *InterViews.* Thousand Oaks, CA: Sage.

Lamnek, S. (1988). *Qualitative Sozialforschung. Band 1: Methodologie.* Weinheim: Psychologie Verlags Union.

Lamnek, S. (1989). *Qualitative Sozialforschung. Band 2: Methoden und Techniken.* Weinheim: Psychologie Verlags Union.

Lincoln, Y. S. and Guba, E. G. (1985). *Naturalistic inquiry.* Beverly Hills, CA: Sage.

Maslow, A. H. (1977). *Motivation und Persönlichkeit.* Olten: Walter.

Mason, J. (1994). Linking qualitative and quantitative data analysis. In A. Bryman and R. G. Burgess (Eds.), *Analyzing qualitative data* (pp. 89-110). London: Routledge.

Mayring, P. (2003). *Qualitative Inhaltsanalyse: Grundlagen und Techniken* (8. Auflage). Weinheim: Beltz.

Miles, M. B. (1979). Qualitative data as an attractive nuisance. A*dminstrative Science Quarterly, 24,* 590-601.

Miles, M. B. and Huberman, A. M. (1994). *Qualitative data analysis: A sourcebook of new methods.* Beverly Hills, CA: Sage.

Miller, A. I. (2000). *Insights of genius.* Cambridge, MA: MIT Press.

Patton, M. Q. (1990). *Qualitative evaluation and research methods.* Thousand Oaks, CA: Sage.

Petersen, S. (1989). *Motivation von Laienautoren.* Unveröffentlichte Diplomarbeit, Universität Hamburg.

Plate, M. (1997). *Bedingungen für kreatives Handeln im Beruf.* Unveröffentlichte Diplomarbeit, Universität Hamburg.

Probst, P. (1997). Behinderungsbezogene Gesundheitsschemata bei Eltern autistischer Kinder. *Zeitschrift für klinische Psychologie, Psychiatrie und Psychotherapie, 41*(1), 1-15.

Riessman, C. K. (1993). *Narrative analysis.* Newbury Park, CA: Sage.

Rogers, C. R. (1973). *Die klient-bezogene Gesprächstherapie.* München: Kindler.

Rosenthal, R. (1976). *Experimenter effects in behavioral research.* New York: Irvington.

Sarbin, T. R. (Ed.). (1986). *Narrative psychology: The storied nature of human conduct.* New York: Prager.

Schaefer, R. (1992). *Retelling a life: Narration and dialogue in psychoanalysis.* New York: Basic Books.

Sebre, S. (1992). *Autobiographical childhood narratives: Processes of re-*

membering and reconstructing. Unpublished doctoral dissertation, City University of New York.

Shaughnessy, J. J. and Zechmeister, E. B. (1997). *Research methods in psychology* (4th ed.). New York: McGraw Hill.

Smith, J. K. and Heshusius, L (1986). Closing down the conversation: The end of the qualitative-quantitative debate among educational researchers. *Educational Researcher, 15,* 4-12.

Spradley, J. (1979). *The ethnographic interview.* New York: Holt, Rinehart and Winston.

Stake, R. E. (1998). Case studies. In N. K. Denzin and Y. S. Lincoln (Eds.), *Strategies of qualitative inquiry* (pp. 86-109). Thousand Oaks, CA: Sage.

Sternberg, R. J. (1999). A propulsion model of types of creative contributions. *Journal of General Psychology, 3*(2), 83-100.

Strauss, A. & Corbin, J. (1996). *Grounded theory: Grundlagen qualitativer Sozialforschung.* Weinheim: Beltz.

Strauss, A. and Corbin, J. (1998). Grounded theory methodology. In N. K. Denzin and Y. S. Lincoln, (Eds.). *Strategies of qualitative inquiry* (pp. 158-183). Thousand Oaks, CA: Sage.

Tashakkori, A. and Teddlie, C. (1998). *Mixed methodology.* Thousand Oaks, CA: Sage.

Taylor, S. J. and Bogdan, R. (1998). *Introduction to qualitative research methods.* New York: Wiley.

Thomas, W. I. and Znaniecki, F. (1927). *The Polish peasant in Europe and America* (2nd ed.). New York: Knopf.

Titchener, E. B. (1912). The schema of introspection. *American Journal of Psychology, 23,* 485-508.

van Maanen, J. (1988). *Tales of the field: On writing ethnography.* Chicago: University of Chicago Press.

Verplanck, W. S. (1956). The operant conditioning of human motor behavior. *Psychological Bulletin 53,* 70-83.

von Saldern, M. (2001). Klassengröße. In D. Rost (Hrsg.), *Handwörterbuch Pädagogische Psychologie* (2. Aufl.) (S. 326-331). Weinheim: Beltz.

Weckowicz, T. H., Younge, K. A., Cropley, A. J. and Muir, W. (1971). Objective therapy predictors in depression. *Journal of Clinical Psychology Monograph Supplement,* 1-27 (Whole No. 31).

Widdershoven, G. A. M. (1993). The story of life: Hermeneutic perspectives on the relationship between narrative and life history. In R. Josselson and A. Lieblich (Eds.), *The narrative study of lives*, Vol. 1 (pp. 1-20). Newbury Park, CA: Sage.

Znaniecki, F. (1935). *The method of sociology*. New York: Holt, Rinehart and Winston.

Anhang A

Die Qualität einer wissenschaftlichen Arbeit - Kontrollbogen

Die in diesem Buch dargestellten wissenschaftlichen Kriterien können zur Kontrolle der Qualität einer Arbeit herangezogen werden. Sie ermöglichen selbstverständlich lediglich eine Kontrolle der *formalen* Merkmale, wie etwa auf der einen Seite Struktur, Organisation, Vollständigkeit usw. und auf der anderen Plausibilität und Nachvollziehbarkeit. Auch wenn diesen entsprochen wird, bedeutet dies bei Weitem nicht, dass die in der Arbeit enthaltenen *Ideen* von hoher Qualität sind, bzw. dass die herausgearbeiteten Schlussfolgerungen notwendigerweise nützlich sind. Die Effektivität eventueller Überraschungsmomente und ihre Anwendbarkeit können lediglich von Beobachtern beurteilt werden, die über eingehende Fachkenntnisse und relevante praktische Erfahrung verfügen. Diese inhaltlichen Aspekte werden im folgenden Abschnitt lediglich aus dem formalen Blickwinkel berücksichtigt (Vorhanden: ja oder nein?) und nicht aus der Sicht ihrer Qualität. Sollten den hier besprochenen eher *technischen* Erfordernissen nicht entsprochen sein, fehlt der Arbeit das notwendige, formale wissenschaftliche Fundament und sie ist noch nicht zur Abgabe geeignet.

Vor dem Einreichen sollten sich Diplomanden und Doktoranden die nachfolgenden Fragen in Bezug auf ihre Arbeit stellen. Ist die Antwort auf eine Frage "nein," kann die Möglichkeit einer gravierenden Schwäche der Arbeit nicht ausgeschlossen werden. Der Diplomand bzw. Doktorand sollte überlegen, ob die Arbeit zur Abgabe bereit ist oder ob es nicht besser wäre, die durch die Fragen aufgedeckten Schwachstellen vorher zu beheben. Um diesen Prozess zu fördern, werden für jeden Kontrollabschnitt die Seiten im vorliegenden Buch angegeben, in denen der jeweilige Bereich näher erörtert wird. (Die Fragen können zudem als Diagnostikum für Prüfer verwendet werden, um zu entscheiden, ob eine Arbeit den formalen Kriterien genügt.)

1. *Festlegung des Untersuchungsgegenstandes* [S. 74-79]: Haben Sie den Untersuchungsgegenstand bereits auf den ersten 1-2 Seiten eindeutig spezifiziert? Haben Sie erklärt, wo Ihr Interesse für den Untersuchungsgegenstand herkommt? Haben Sie ihn auch wissenschaftlich definiert? Haben Sie verdeutlicht, ob Sie die Untersuchung anhand von Erwartungen bereits vorstrukturierten? Falls "ja," haben Sie darauf aufmerksam gemacht, wie diese Vorstrukturierung stattfand (z.B. hermeneu-

tisch herausgearbeitet, intuitiv aus der eigenen praktischen Erfahrung abgeleitet)?
2. *Beschreibung der Teilnehmer* [S. 80-83]: Haben Sie erklärt, in welchem Sinne die Teilnehmer für Ihren Untersuchungsgegenstand repräsentativ sind? Haben Sie sie demografisch beschrieben und erklärt, wie ihre Mitarbeit gewonnen wurde?
3. *Darstellung der Datenerhebung* [100ff]: Haben Sie das Erhebungsverfahren verständlich und ausführlich dargestellt (z.B. teilnehmende Beobachtung, Interviews, vorher bestehende Quellen)? Haben Sie erklärt, in welcher Umgebung die Daten erhoben wurden, z.B. zu Hause bei den Teilnehmern, bei der Arbeit, im Labor? Haben Sie eine eventuelle Vorstudie beschrieben und - sollte es eine gegeben haben - ihren Zusammenhang zur Hauptstudie geklärt? Haben Sie technische Einzelheiten der Erhebung ausführlich dargestellt, z.B. eventuelle Eingangsfragen, Gesprächsanreger? Haben Sie erläutert, wie die Daten festgehalten wurden, z.B. Tonbandmitschnitt, Interviewnotizen, Gedächtnisprotokolle?
4. *Beschreibung der "Präparierung" der Daten* [S. 127-130]: Haben Sie erklärt, wie die Daten in einen geschriebenen Text umgewandelt wurden (z.B. Transkription), bzw. was am Anfang der Auswertung mit ihnen gemacht wurde? Haben Sie die Rolle der Theorie in der Anfangsphase der Auswertung dargestellt (z.B. *tabula-rasa*-Herangehensweise, Vorstrukturierung anhand einer Theorie)? Sollte es eine *a priori* Strukturierung gegeben haben, haben Sie die Ursprünge dieser Strukturierung verdeutlicht (z.B. hermeneutisch herausgearbeitet, aus einer naiven persönlichen Theorie, aus einer ersten schnellen Durchlesung der Protokolle)? Wurden die Rohdaten zusammengefasst, geklärt usw.? Nach welchen Regeln wurden eventuelle Verfahren durchgeführt? Gibt es ausreichend konkrete Beispiele aus den Protokollen, um alles leicht nachvollziehbar zu machen? Könnte ein anderer Forscher die Untersuchung auf Basis ihres Berichts annähernd genau wiederholen?
5. *Beschreibung der Inhaltsanalyse* [S. 130ff.]: Haben Sie die Daten einem Verfahren wie etwa analytischer Induktion oder begründeter Theorie unterworfen? Nach welchen Regeln wurden sinntragende Inhaltseinheiten ausgewählt (z.B. alle auf

den Untersuchungsgegenstand bezogenen Aussagen, nach einer bestehenden Theorie, nach einer im Verlauf der Auswertung herausgearbeiteten Theorie)? Gibt es ausreichend durchschaubare Beispiele der Datenkodierung? Haben Sie Kategorien und Konzepte herausgearbeitet und diesen anhand wissenschaftlicher Terminologie etikettiert? Haben Sie die Logik der Konzepte nachvollziehbar dargestellt?

6. *Formulierung von Theorie* [S. 123-126, 169-174]: Haben Sie von ihren Konzepten Gebrauch gemacht, um eine allgemeinere Beschreibung des Forschungsgegenstandes, wie er sich in dieser Gruppe von Teilnehmern äußert, zu entwickeln (d.h. "substanzielle" Theorie)? Haben Sie die Zusammenhänge zu Inhaltseinheiten und Kategorien verdeutlicht? Haben Sie diese substanzielle Theorie mittels der wissenschaftlichen Fachsprache formuliert? Geht sie über die Aussagen der Teilnehmer und über das einfache Alltagswissen hinaus? Haben Sie den bisherigen Erkenntnisstand mit ausreichender Breite und auch Tiefe referiert, um ein solides wissenschaftliches Fundament für den Prozess der Theorienbildung zu etablieren? Haben Sie Ihre Befunde mit dem eben erwähnten Material in Zusammenhang gebracht (d.h. haben Sie eine "übergeordnete" Theorie herausgearbeitet)? Hat Ihre Theorie einen Überraschungseffekt erwirkt und treibt sie das Feld voran?

7. *Verdeutlichung der Nützlichkeit* [S. 154-156, 159-160]: Haben Sie auf relevante Aspekte Ihrer Befunde für das Alltagsleben aufmerksam gemacht? Haben Sie die Folgen für die entsprechende Praxis, wie etwa Erziehung, Beratung, Therapie, Lehrverhalten, Lernen, Personalauswahl, Arbeitsbedingungen usw. herausgearbeitet? Haben Sie inhaltliche bzw. methodologische Anhaltspunkte für die weitere Erforschung Ihres Untersuchungsgegenstandes vorgeschlagen?

Sollten Sie auf jede Frage mit einem eindeutigen "ja" geantwortet haben, müssen Sie wenig Angst vor der Auswertung Ihrer Arbeit haben. Denken Sie jedoch daran, dass sich diese Liste auf den Qualitäten einer vollkommenen (idealen) Arbeit bezieht. In der Realität kann man kleine Abweichungen von der Vollkommenheit akzeptieren. Zudem ist es wichtig zu bedenken, dass Stärken in einem Bereich Schwächen in einem anderen zumindest teilweise ausgleichen können, besonders dann, wenn eine Arbeit in einigen Bereichen von außergewöhnlich hoher Qualität ist. Um Ihnen bei der Selbstauswertung behilflich zu sein, habe ich einen "Kontrollbogen" ausformuliert (s. unten). Haken Sie ein Merkmal im entsprechenden Kästchen erst ab, nachdem Sie ehrlich und genau kontrolliert haben, ob die notwendige Qualität tatsächlich vorhanden ist.

Kontrollbogen			
Spezifizierung des Untersuchungsgegenstandes	Ja	Nein	Seite
Der Untersuchungsgegenstand wird auf den ersten 1-2 Seiten klar spezifiziert.			
Ich habe erklärt, wo mein Interesse für den Untersuchungsgegenstand herkommt.			
Ich habe den Untersuchungsgegenstand wissenschaftlich definiert.			
Ich habe verdeutlicht, ob ich die Untersuchung vorstrukturierte.			
Falls notwendig, habe ich verdeutlicht, auf welcher Basis die Vorstrukturierung erfolgte.			
Beschreibung der Teilnehmergruppe			
Ich habe die Teilnehmergruppe beschrieben.			
Ich habe erklärt, wie ihre Mitarbeit gewonnen wurde.			
Ich habe zur "Repräsentativität" der Teilnehmergruppe Stellung genommen.			
Datenerhebungsverfahren			
Falls die Erhebung theoriengeleitet erfolgte, habe ich diese Theorie erklärt.			
Ich habe das Erhebungsverfahren verständlich und ausführlich dargestellt.			
Ich habe erklärt, in welcher Umgebung die Daten erhoben wurden.			
Falls notwendig habe ich die Vorstudie beschrieben.			
Ich habe den Zusammenhang einer eventuellen Vorstudie mit der Hauptstudie erklärt.			
Ich habe die technischen Einzelheiten der Erhebung ausführlich dargestellt.			
Ich habe erklärt, wie die Daten festgehalten wurden.			

Datenauswertungsverfahren	Ja	Nein	Seite
Ich habe die Rolle von Theorie in der Anfangsphase der Auswertung dargestellt.			
Falls notwendig habe ich verdeutlicht, wo diese Theorie ihren Ursprung hatte.			
Ich habe erklärt, wie die Daten in einen Text umgewandelt wurden.			
Ich habe eventuelle Regeln, nach denen die Rohdaten zunächst "präpariert" wurden, erklärt.			
Es gibt ausreichend konkrete Beispiele, um alles nachvollziehbar zu machen.			
Ich habe die Regeln, wonach Inhaltseinheiten gewählt wurden, erklärt.			
Es gibt genug durchschaubare Beispiele der Datenkodierung.			
Meine Kategorien und Konzepte wurden wissenschaftlich benannt.			
Ich habe die Logik der Bildung von Konzepten nachvollziehbar dargestellt.			

Erweiterung des Erkenntnisstandes			
Ich habe die Teilnehmergruppe bzw. die Umgebung anhand meiner Konzepte beschrieben.			
Diese Beschreibung geht über die vereinzelten Aussagen der Teilnehmer und über das Alltagswissen hinaus.			
Ich habe "substanzielle" Theorie entwickelt.			
Ich habe die Logik der Ableitung dieser Theorie aus den Inhaltseinheiten verdeutlicht.			
Ich habe diese Theorie mittels der wissenschaftlichen Fachsprache formuliert.			
Ich habe "übergeordnete" Theorie herausgearbeitet.			

Nützlichkeit	Ja	Nein	Seite
Ich habe einen Überblick über den Untersuchungsgegenstand geliefert.			
Ich habe Zusammenhänge zum Alltagsleben abgeleitet.			
Ich habe Folgen für die Praxis herausgearbeitet.			
Ich habe Anhaltspunkte für die weitere Erforschung des Untersuchungsgegenstandes vorgeschlagen.			

Schönheit und Nachvollziehbarkeit	Ja	Nein
Die Arbeit ist gut organisiert.		
Die Arbeit ist "schön" geschrieben.		
Meine Argumente sind logisch, schlüssig und überzeugend.		
Meine Argumente werden durch viele Beispiele unterstützt.		

Kreativität		
Ich habe das Feld vorangetrieben.		
Der Überraschungseffekt kann wie folgt zusammengefasst werden:		

Anhang B

Weiterführende Literatur

Babbie, E. (1992). *The practice of social research* (6th ed.). Belmont, CA: Wadsworth.
-Gute Darstellung von Methoden der Durchführung strukturierter Interviews

Bryman, A. und Cramer, D. (2001). *Qualitative data analysis with SPSS Release 10 for WINDOWS*. London: Routledge.
-Praktische Einführung in die Anwendung von SPSS in der Auswertung qualitativer Daten.

Flick. U. (2002). *Qualitative Sozialforschung.* Reinbek: Rowohlt.
-Gute Einführung in die Datenerhebung und -auswertung. Gute Darstellung von Verfahren für die Analyse nicht-verbaler Daten - "visuelle Daten". Hilfreiche Diskussion der Verschriftlichung der Ergebnisse.

Kelle, U. und Kluge, S. (1999). *Vom Einzelfall zum Typus*. Opladen: Leske und Budrich.
-Geht auf die Entwicklung von substanzieller und übergeordneter Theorie aus einem Einzelfall ein.

Kuckartz, U. (1999). *Computergestützte Analyse qualitativer Daten.* Wiesbaden: Westdeutscher Verlag.
-Eine allgemeinere Abhandlung als in Bryman und Cramer (s. oben).

Lamnek, S. (1989). *Qualitative Sozialforschung. Band 2: Methoden und Techniken*. Weinheim: Psychologie Verlags Union.
-Eine allgemeinere Einführung.

Lofland, J., and Lofland, L. (1984). *Analyzing social settings: A guide to qualitative observation and analysis* (2nd ed.). Belmont, CA: Wadsworth.
-Gute Darstellung von Methoden der Durchführung nicht-strukturierter Interviews

Mayring, P. (2002). *Qualitative Inhaltsanalyse: Grundlagen und Techniken*. Weinheim: Beltz.
-Guter Überblick für Einsteiger; klare, praxisnahe Darstellung der Schritte einer qualitativen Inhaltsanalyse.

Stewart, D. and Shamdasani, P. (1990). *Focus groups: Theory and practice*. Newbury Park, CA: Sage.
-Darstellung der Durchführung von Gruppeninterviews als Datenerhebungsverfahren.

Sach- und Namensregister

Alasuutari 71
Allport 95
Altheide 118, 150
Analytische Induktion 133, 136, 140-142
168
Anstrengungsquantum 82, 95, 104
Asch 69
Ausgrabungs-Modell 40, 60, 66, 71
Autobiografien 73, 97

Banalität 26, 156
Bandura 69
begründete Theorie 17, 20, 133, 136ff
142
Bericht 57, 62, 105, 121, 126, 132, 135
149
   Erstattung von 57, 62, 121
   Leser vom 67, 140, 154, 162
   Seelenhygiene im 161
   Sündenbekenntnis im 160
   Wortwahl im 162
Biografie 18, 127
Blumer 141, 142
Bogdan 74, 75
Briggs 68, 100
Bruner 18
Bryman 111, 117, 120, 127, 133, 140
Buckley 92, 93
Burgess 111, 117, 120, 127, 133, 140

Campbell 19
Cardey 76
Cattell 19
Chase 95
Cicourel 68
Cook 19
Corbin 20, 75, 123, 125, 136, 158
Couch 69
Cronbach 19, 159
Cropley 19, 45, 46, 48, 64, 76, 88, 100
114, 127, 142, 156, 176
Crowne 69

Daten
   Auswertung 49, 55, 57, 62, 65, 66
   68, 71, 74, 83, 91, 98, 112, 117-121
   124-125, 127, 135, 136, 139, 145
   147, 153, 159, 177
   aus zweiter Hand 91, 95, 112
   Erhebung 49, 54, 55, 56, 68, 71, 89
   92ff, 111, 112, 119, 135, 136, 139
   152, 161
   Formen 92
   Fixierung 27, 38, 61, 63, 98, 108, 133
   Kodierung 127ff, 137, 161, 168, 178
   nicht-verbale 91
   Quellen 90ff
   visuelle 90

Deduktives Denken 40, 51, 52
Delphi-Gruppen 110
Denzin 20, 21, 57
Douglas 100

Ebbinghaus 94
Einstein 94
Epistemologie 37, 38
Erhebungstechnologie 72, 110, 111
Ericsson 95
Erikson 45
Erklärungsmodelle 11
erzählende Psychologie 18
Ethik 56, 60, 83

Fallstudien 18, 73, 94ff
   Eigentümlichkeit 96
   instrumentelle 94
   intrinsische 94
   kollektive 95
   Reliabilität 96
   Zwecke 97
   Validität 96
   Verallgemeinerungsfähigkeit 96
Faloon 95
Fechner 15
Feminismus 17, 20, 67, 179
Festinger 69
Flanders 92
Fokusgruppen 110

Fontana 87, 102, 103, 110, 161
Forscher
　Qualifikation 57-60, 131
　Entscheidungen des 145ff, 153
Forschung
　Ansatz 25
　anwendungsorienrierte 25
　Aufgabe 11
　Grundlagenforschung 25
　gute 20ff, 145
　Orientierung 25
Fragen
　Arten von 103-105
　Einstiegsfragen 166
　Folgefragen 101, 105
　Kontrollfragen 101, 105, 109
　Technik 103-105
　tendenziöse 70, 101, 104-105
Freud 91, 94
Frey 87, 102, 103, 110, 161
fundierte Entscheidungen 147

Galton 15
Gergen 67
Gesprächsanreger 100, 107, 152, 167, 168
Glaser 17, 20, 83, 139
Gordon 91, 178, 179, 180
Gray 91, 127, 178, 179, 180
Greenspoon 69, 101
Guba 19, 118
Gubrium 40, 66, 70, 100

Hamel 74, 82, 89, 94, 96, 150, 162
Hammersley 118
Hermeneutik 99, 123, 126, 133, 138
Heron 18, 41, 89
Hesushius 18
Holstein 40, 66, 70, 100
Hubermann 150
Hypothesen 41, 50, 51, 52, 58, 73, 74, 79
　110, 116, 120, 134, 138, 139, 158, 159
　178
induktives Denken 41, 51, 52, 58
Inhaltsanalyse 50, 78, 96, 98, 105, 114
　117, 127, 131, 132, 168, 177
Inhaltseinheiten 99, 129, 130, 131, 132
　137, 144, 147, 168, 169, 179

Interviews 15, 21, 24, 61, 73, 75, 78, 84,
　100ff, 112, 114, 127, 161, 166, 168, 176
　177
　Atmosphäre 100, 101
　Einzel- 15, 87
　Gruppen- 15, 48, 59, 109-110, 111
　Nachbereitung 87
　nicht-strukturierte 101
　nicht-verbale Aspekte 102
　offene 106, 110, 111
　Sprachniveau 101, 105
　strukturierte 108, 110, 111
　Technik 100, 103
　teil-strukturierte 101, 107-108, 110, 111
　Tiefen- 15, 58, 109, 110, 111
Intimsphäre 56, 59, 101
Introspektion 16

JARVIS 56
Johnson 118, 150
Jorgensen 93, 105, 109, 157
Josselson 130
Journalismus 28

Kategorien 129, 130-133, 137, 140, 144
　147, 162, 168, 169
　übergreifende 137
Katz 159
Kausalität 13, 29
Kelle 82
Keniston 69
Klärung 128, 142, 143, 168, 180
kleinstmögliche Reizänderung 16
Kluge 82
Knapper 46, 100, 114
Körpersprache 91, 105, 109
Kommunikation 27, 62, 65, 66, 68, 103
　162
　nicht-verbale 98, 102, 104
konfundierende Variablen 22, 29, 40, 55
Konzepte 129, 130-133, 137, 140, 144
　147, 149, 168, 169, 179
　provisorische 145
　sensibilisierende 133, 141-142
　übergeordnete 133
Korrelation 15, 42, 50, 113
Kromrey 26, 41, 89, 97, 123, 127
Kunkel 91, 127, 178, 179, 180

Kvale 19, 35, 53, 67, 105, 113, 114, 118
    150, 154, 158 159, 162
Leonardo 91, 94, 95
Lieblich 130
Lincoln 19, 20, 21, 57, 118
Lüthke 45, 46, 88

Madison 124
Marlow 69
Marxismus 28, 67
Maslow 18, 138, 176
Mason 111
Mayring 128
Messung 15, 39, 72, 88
Miles 117, 120, 150
Miller 53, 157
Mischmethoden 20, 35, 111-116
Muir 19

Nachbildung der Realität 37, 61, 64, 66, 73, 130
Narrativkompetenz 80
Newton 50, 83
Novalis 96, 97
Nullhypothese 42, 43, 45, 74, 113
Nützlichkeit 36, 64, 75, 88, 118, 141, 145 150, 154, 163, 164, 174, 175, 178, 179 180
    Kriterien der 154-155, 159-160

Ontologie 37

Paradigmenschlachten 18
Paradigmenkrieg(er) 18, 111
Patton 67
Pearson 15
persönliche Qualifikation 57ff
Petersen 129, 164-175
Phänomenologie 43, 47, 73
Phasen 51, 53, 61, 64, 68, 120, 121, 135 147, 150
Pilotstudie 135, 152, 167
Picasso 82, 94, 95, 96
Placebo 86
Plate 48, 176-178
Positivismus 13, 20, 39, 40, 71
Postmodernismus 17, 20, 73
Probst 88

Profil 43
Protokoll 39, 63, 71, 84, 90, 91, 93, 95 106, 107, 108, 127, 128, 134, 153

Quasi-Experiment 21, 22, 49

Realität 8, 19, 37, 61, 62, 66, 71, 74
    soziale Gestaltung 38, 67-72, 100
    Verschiebungen 63, 65, 66, 99
Redewendungen 104, 128, 129
Reliabilität 28-33, 65, 96, 109, 117, 118 135, 140, 145, 147, 160
    Kriterien von 118, 119, 160
    Optimierung von 33, 123
    Untersuchungsanlage und 33
Riessman 40, 61, 63
Risiken 86, 87
Risiko-Nutzen-Verhältnis 88
    Vermeidung 87
Ritchie 123
Rogers 18
Rosenthal 19

Sättigung 137, 140
Sarbin 18
Schaefer 18
Schlussfolgern 27, 28, 38, 48, 50, 57, 66 83, 112, 127, 136, 138, 155, 156, 163 172, 175
Sebre 98, 99
Shaughnessy 26, 82, 88, 97
Smith 18
soziale Gestaltung 38, 67-72, 99
    Einflussmechanismen 68ff
    Forscher und 68
Sparsamkeitsprinzip 118
Spencer 123
Spradley 103
ständige Vergleiche 138, 142
Stake 94
Sternberg 53, 156
Stichprobe
    Beschreibung 167
    Bildung von 22, 28, 55, 72, 79, 80 81, 83, 139
    Größe 82, 95
    repäsentative 80-82, 140, 151, 168, 179
    theoretische 83, 139-142

Strategien der Auswertung 133, 142
Strauss 17, 20, 75, 83, 123, 125, 136, 139
  158
Subjektivität 145

Tabula rasa 123
Taüschung 85
Taylor 74, 75
Tashakkori 18, 19, 35, 111, 112, 116
Teddlie 18, 19, 35, 111, 112.
teilnehmende Beobachtung 21, 73, 92ff
  127
Thematisierung 54
Theologie 38
Theorie 20, 28, 39, 46, 47, 123
  begründete 17, 20, 133, 136-139, 142
    145
  Entwicklung von 74, 75, 88, 131, 138
    141, 150, 157-160, 176
  Sinn von 141
  formale 74
  funktionale 157
  kausale 157
  provisorische 139
  Strukturierung durch 124, 126
  Stufen 158
  substanzielle 74, 158, 169-172, 179
  transformierende 157
  übergeordnete 158, 172-174, 179, 180
Thomas 16
Titchener 16
Transkription 54, 62, 65, 66, 68, 116, 127
Triangulation 112, 113, 116

Überraschung 26, 79, 149, 153, 154
  155-157, 160, 174, 176
  effektive 156
Untersuchung
  Aufbau (Anlage) 21, 23, 55, 64, 65
    72ff, 148, 178
  Dimensionen 21-24
  Flexibilität in 161
  historische 91
  Idealtypen 24ff,
  Kompromisslösung 32
  Optimierung von 33

Prozess 78, 79
quasi-qualitative 72
Untersuchungsgegenstand 49, 75, 76, 78
  79, 134, 144, 149, 151, 154, 159, 164
  176
Unvereinbarkeitshypothese 19

Validität 19, 28-33, 62, 64-66, 80, 81, 96
  109, 117, 118, 135, 140, 145, 147, 160
  Kohärenz-Kriterium 35, 76
  Kriterien von 53-54, 117-118, 160
  "Landkarte"-Ansatz 35
  Optimierung von 33, 123
  Pragmatismus-Kriterium 35
  überarbeiteter Begriff 35
  Untersuchungsanlage und 33
  Wahrheitsphilosophie und 35
van Maanen 161
Varianzanalyse 41
Verallgemeinerung 27, 28, 29, 39, 51, 81
  117, 131, 142, 149, 153
  formelle vs. substanzielle 153
verbale Daten 50
Verplanck 69
Verzerrungsprozesse 26, 27, 145
von Salden 14

Walters 69
Weber 15
Weckowicz 19
Weitzman 120
Widdershoven 98
Wissen
  erfahrungsbezogenes 89
  Fach- 56, 58, 119, 155
Wissenschaftler
  vs. Nicht-Wissenschaftler 26
Wissenschaftlichkeit 26, 150, 156-157,
  163

Yonge 19

Zechmeister 26, 82, 88, 97
Znaniecki 16, 157
Zufallsprinzip 22, 23, 24
Zusammenfassung 128, 142, 143, 168, 180

Lehren Sie Psychologie?
Lernen Sie Psychologie?

Dann brauchen Sie

> Ein LESEBUCH und
> NACHSCHLAGEWERK der Extraklasse!
>
> Endlich einmal werden die
> ZUSAMMENHÄNGE deutlich.

Bourne – Ekstrand

Einführung in die Psychologie

3. Auflage 2001
646 Seiten
Hunderte von
Abbildungen, Cartoons,

Tabellen, Graphiken,
Fotos, Zeichnungen und
Zeitungsausschnitte

Bourne/Ekstrand
Einführung in die Psychologie

Optimale Gestaltung
Eine in ihrer Art **einmalige graphische Gestaltung**, die viel zur optischen Faszination dieses Buches beiträgt.

Verständlicher Stil
Ein auffallend **klarer, verständlicher Ton**, der trotz des angenehmen Stils nie den wissenschaftlichen Bezug vermissen läßt.

Fallbeispiele
Didaktisch hervorragend aufgearbeitet mit vielen **Fallbeispielen, Arbeitshilfen** und **Zusammenfassungen**.

Praxisteil
Ein einzigartiger **zweiteiliger Kapitelaufbau** mit Darstellungen der Anwendungen und Auswirkungen des dargebotenen Wissens in der Praxis.

Fundgruben
Informieren Sie sich über **Fallbeispiele** und **Forschungsergebnisse**.

Viel Bildmaterial
Cartoons, Fotos, Zeichnungen, Tabellen und vor allem der Einsatz von **Zeitungsartikeln** stellen immer wieder den Bezug zur Praxis und eine Synthese zwischen dem **Wissen alter psychologischer Schulen** und der **neueren Forschung** her.

SUPER PREIS
Verschiedene Ausgaben machen das Buch für jeden erschwinglich.

Lyle E. Bourne / Bruce R. Ekstrand

Einführung in die Psychologie
3. Auflage 2001, 646 Seiten, zahlreiche Abbildungen und Tabellen.

Kartonierte Ausgabe:
EUR 29,80 / SFr. 52,80
ISBN 3-88074-500-5

Studien-Ausgabe (ohne Einband):
EUR 19,90 / SFr. 36,30
ISBN 3-88074-501-3

Verlag Dietmar Klotz
Krifteler Weg 10, D-65760 Eschborn
Tel. 0 61 96 - 48 15 33 ✳ Fax 0 61 96 - 48 5 32 ✳ E-Mail: Verlag.Dietmar.Klotz@t-online.de
Internet: www.verlag-dietmar-klotz.de

Joerg M. Diehl / Thomas Staufenbiel

Statistik mit SPSS Version 10+11

1. Auflage 2002, kart., 725 S., € 25,40, sFr 46,30, ISBN 3-88074-461-0

In diesem Buch wird gezeigt, wie statistische Analysen mit *SPSS für Windows* (Versionen 10+11) durchgeführt werden. Der Umfang der dargestellten Verfahren entspricht in etwa dem, was an sozialwissenschaftlichen Fachbereichen in den Methoden-Veranstaltungen behandelt wird. Aus diesem Grund eignet sich das Buch besonders als Lehrmaterial für EDV-Kurse, die parallel oder zeitlich versetzt zu diesen Veranstaltungen abgehalten werden.

Das Buch soll kein Manual zum Programmpaket sein. Es stellt vielmehr eine - wie Kurserfahrungen zeigen- notwendige Ergänzung zu den SPSS-Handbüchern dar, die ihren Vorteil in der Ausführlichkeit der Darstellung und dem umfangreichen Beispielmaterial hat.

Ziel war, die einzelnen Vorgehensweisen und Verfahren in einer Breite und Anschaulichkeit zu behandeln, die auch von solchen AnwenderInnen als ausreichend empfunden wird, die nur unregelmäßig oder lediglich während einer begrenzten Phase ihrer Studien- oder Berufstätigkeit Datenauswertungen vornehmen müssen. Durch dieses didaktische Konzept ist das Buch in besonderem Maße auch zur Selbsterarbeitung des Umgangs mit SPSS geeignet.

Alle Befehle und Verfahren werden nach einem einheitlichen Schema zuerst allgemein dargestellt. Im Anschluss daran illustrieren mehrere Beispiele deren Anwendung. Bei den Statistik-Prozeduren sind diesen Beispielen jeweils die vollständigen SPSS-Angaben angefügt, ergänzt durch ausführliche Erläuterungen zu den gelieferten Ergebnissen. Diese Hinweise stellen einen Schwerpunkt des Buches dar.

Die mitgelieferte CD enthält u.a. sämtliche Datendateien, auf die in den Kapiteln Bezug genommen wird.

Inhaltsverzeichnis: www.psychol.uni-giessen.de/~diehl/

Verlag Dietmar Klotz
Krifteler Weg 10 • 65760 Eschborn
Fon: 06196-381533 Fax: 06196-48532
E-mail: info@verlag.dietmar.klotz.de
www.verlag-dietmar-klotz.de

Joerg M. Diehl / Heinz Kohr
Deskriptive Statistik
13. Aufl. 2004, 514 Seiten, kart., € 17,70
Mengenpreis ab 25 Expl. je € 13,80
ISBN 3-88074-110-7

In dieser Einführung werden die Methoden der deskriptiven (beschreibenden) Statistik so ausführlich abgehandelt, dass für den Studenten ein selbständiges Erarbeiten möglich ist.
Breiter Raum ist der Behandlung linearer und nichtlinearer Korrelation und Regression gewidmet. Zusätzlich wird die Verarbeitung der Daten mittels der entsprechenden Prozeduren des Programmsystems SPSS gezeigt. Enthalten sind neben Übungsteil, ein Sachregister, Symbolverzeichnis und ein Verzeichnis deskriptiver Begriffe in Englisch und Deutsch.

Joerg M. Diehl / Roland Arbinger
Einführung in die Inferenzstatistik
3. Aufl. 2001, 817 Seiten, zahlreiche Abbildungen und Tabellen, kart., € 22,90, Mengenpreis ab 10 Expl. je € 17,90
ISBN 3-88074-237-5

Dieser Band bietet eine leichtverständliche Einführung in die Methoden der „schließenden" Statistik. Breiter Raum ist der Erörterung der Logik und der Probleme des statistischen Hypothesentestens gewidmet. Aufgrund seiner ungewöhnlich ausführlichen Darstellungsweise ist das Buch auch für das Selbststudium geeignet. Besondere mathematische Vorkenntnisse sind nicht erforderlich.

Die Autoren lehren seit vielen Jahren als Universitätsprofessoren und kennen die Schwierigkeiten der Studierenden, die in diesen Büchern besonders berücksichtigt sind.

www.psychol.uni-giessen.de/~diehl/

Psychologische Methoden und Statistik

Arthur Cropley
Qualitative Forschungsmethoden.
Eine praxisnahe Einführung
2. überarbeitete Aufl. 2004, kart.,198 S. 15,80 €
ISBN 3-88074-462-0

In jüngerer Zeit bemerkt man in den Verhaltens- und Sozialwissenschaften ein steigendes Interesse für qualitative Forschungsansätze. Das vorliegende Buch versteht sich als Reaktion auf diese Situation. Sein Ziel ist es, Diplomanden und Doktoranden die zugrunde liegenden Prinzipien der qualitativen Herangehensweise anschaulich und nachvollziehbar zu erläutern. Es soll helfen, ein qualitativ orientiertes Projekt zu planen, durchzuführen und die Ergebnisse in einer wissenschaftlich strengen Diplom- bzw. Doktorarbeit darzustellen. Dabei wird dem Thema, wie qualitative Untersuchungen wissenschaftlich durchgeführt werden können, viel Aufmerksamkeit gewidmet. Insbesondere werden zwei Grundbegriffe hervorgehoben: auf der einen Seite "qualitativ" (was ist das?), auf der anderen "wissenschaftliche Strenge" (wie erreicht man das?). Durch den Wunsch bedingt, praxisnah zu arbeiten, wird in einer Anlage ein Kontrollbogen bzw. Checkliste vorgeschlagen, mit der Studierende die Qualität ihrer Arbeit kontrollieren können.

Sidney Siegel
Nichtparametrische statistische Methoden
5. Aufl. 2001, 320 S., kart.,15,20 €   ISBN 3-88074-102-6

Dieses Standardwerk der psychologischen Statistik, vor zwanzig Jahren erstmals erschienen, ist nach wie vor aktuell. Dies liegt in der überdurchschnittlichen methodisch-didaktischen Qualität und am klaren und systematischen Aufbau. Einfache statistische Prüfverfahren, auch parametrische, sind im Anhang als Flussdiagramme dargestellt.

Helger T. Kranz
Einführung in die klassische Testtheorie
5. Aufl. 2001, 282 Seiten, kart., € 18,80
ISBN 3-88074-121-2

Der Autor geht gezielt auf die Schwierigkeiten im Erlernen des Stoffes ein. Das Buch enthält daher ausführliche Erklärungen der logischen Grundlagen und Ableitungen der Formeln in kleinsten Schritten. Die vielen Anwendungsbeispiele garantieren große Anschaulichkeit.

Klaus Grunwald / Johannes Spitta
Wissenschaftliches Arbeiten
Grundlagen zu Herangehensweisen, Darstellungsformen und Regeln
3. Aufl. 2002, 40 Seiten, Broschüre, 5,00 €
ISBN 3-88074-622-2
(Mengenpreis ab 10 Expl. je 3,50 € / ab 25 Expl. je 2,40 €)

Diese Broschüre ist in Seminaren als Handreichung für Studierende der Pädagogik entstanden, die sich mit der Erstellung wissenschaftlicher Arbeiten befassen. Hier geht es vor allem darum, Grundlagen zu Herangehensweisen und Darstellungsformen in komprimierter Form zugänglich zu machen und mit eigenen Akzenten zu versehen und nicht der umfangreichen Literatur zu Standards wissenschaftlichen Arbeitens eine weitere Variante beizufügen.

Frank J. McGuigan
Einführung in die experimentelle Psychologie
Bearbeitet und übersetzt von Joerg M. Diehl
6. Aufl. 2001, 316 Seiten, kart., € 20,35   (Mengenpreis ab 10 Expl. je € 15,20)
ISBN 3-88074-123-9

Der Band bietet eine ausführliche Einführung in die Probleme der Planung, Auswertung und Interpretation von experimentellen Untersuchungen. In seiner Klarheit und Verständlichkeit der Darstellung verlangt dieses Buch nur wenig Voraussetzungen von dem Studierenden. Nur mit den elementaren statistischen Methoden sollte man vertraut sein.

Siegfried Grubitzsch
Testtheorie – Testpraxis
Psychologische Tests und Prüfverfahren im kritischen Überblick
2. Aufl. der vollständig überarbeiteten und erw. Neuausgabe 1991,1999, 607 Seiten, kart., € 18,80
ISBN 3-88074-281-2

Das Buch bahnt einen Weg durch das verwirrende Dickicht von Theorien, Methoden und Verfahren, mit denen getestet, eingeschätzt, geprüft oder differenziert wird. Es untersucht die allgemeine Funktion von Tests und Prüfverfahren, die Messbarkeit psychischer Merkmale, Eigenschaften oder Verhaltensweisen und nimmt das Verhältnis von Anspruch und Wirklichkeit der Tests kritisch unter die Lupe. In Kurzanalysen werden verbreitete Tests, die Persönlichkeitsmerkmale, Intelligenz, Leistung und Konzentration prüfen, vorgestellt und auf Grundkonzept, Gültigkeit, Normen und Aussagewert ihrer Resultate überprüft.

Standardwerke

Arthur Cropley **NEU 2004**
Qualitative Forschungsmethoden.
Eine praxisnahe Einführung
2. Aufl. 2004, kart.198 S. 15,80 € ISBN 3-88074-462-0

In jüngerer Zeit bemerkt man in den Verhaltens- und Sozialwissenschaften ein steigendes Interesse für qualitative Forschungsansätze.
Das vorliegende Buch versteht sich als Reaktion auf diese Situation. Sein Ziel ist es, Diplomanden und Doktoranden die zugrunde liegenden Prinzipien der qualitativen Herangehensweise anschaulich und nachvollziehbar zu erläutern. Es soll helfen, ein qualitativ orientiertes Projekt zu planen, durchzuführen und die Ergebnisse in einer wissenschaftlich strengen Diplom- bzw. Doktorarbeit darzustellen. Dabei wird dem Thema, wie qualitative Untersuchungen wissenschaftlich durchgeführt werden können, viel Aufmerksamkeit gewidmet. Insbesondere werden zwei Grundbegriffe hervorgehoben: auf der einen Seite "qualitativ" (was ist das?), auf der anderen "wissenschaftliche Strenge" (wie erreicht man das?). Durch den Wunsch bedingt, praxisnah zu arbeiten, wird in einer Anlage ein Kontrollbogen bzw. Checkliste vorgeschlagen, mit der Studierende die Qualität ihrer Arbeit kontrollieren können.

Wolf Ritscher
Systemisch-psychodramatische Supervision in der psychosozialen Arbeit
3. korr. und überarb. Aufl. 2004, 365 Seiten, kart., 15,20 €
ISBN 3-88074-263-4

Zunächst wird das Supervisionsmodell des Autors vor, das theoretische und praktische Konzepte der systemischen Therapie und des Psychodramas integriert, vorgestellt und durch kommentierte Fallbeispiele illustriert. Dann wird die Hintergrundtheorie beschrieben und Perspektiven für eine öko-systemische Theorie der psychosozialen Praxis entwickelt. Therapie, Beratung, soziale Arbeit und darauf bezogene Supervision werden als Bestandteile eines integrativen Konzeptes verstanden, das als „psychosoziale Arbeit" bezeichnet wird.

Ute Binder / Johannes Binder
Studien zu einer störungsspezifischen klientenzentrierten Psychotherapie
Mit einem Geleitwort von Ursula Strautmann
3. Aufl. 1999, 468 S., kt., 20,30 €, ISBN 3-88074-239-1

Hier wird das Konzept von Carl Rogers auf Grundlage umfassender Erfahrungen weiterentwickelt in Richtung auf klinisch relevante Behandlungsmodelle. Zentral ist der Versuch, von einem inhaltlichen Verständnis für Störungen auszugehen und darauf bezogene therapeutische Konzepte zu entwerfen.

Annegret Overbeck / Gerd Overbeck (Hg.)
Seelischer Konflikt - Körperliches Leiden
Reader zur psychoanalytischen Psychosomatik
7. Aufl. 1998, 377 S., kt., 17,80 €; ISBN 3-88074-229-4
Mengenpr. ab 25 Expl. je 14,20 €
CP-Ausgabe ohne Einband, 11,60 €; ISBN 3-88074-341-X

Die in diesem Buch angewandte Systematisierung zeigt die historische Entwicklung der psychoanalytischen Psychosomatik auf und führt gleichzeitig zu einem einheitlichen Konzept dieser wissenschaftlichen Disziplin. Beiträge bekannter Autoren, u.a. A. Mitscherlich und H. Stierlin, sind versammelt, um einen Überblick über die psychoanalytische Psychosomatik zu geben.

Ingeborg Wagner
Aufmerksamkeitstraining mit impulsiven Kindern
8. Aufl. 2001, 197 S., kt., 15,20 €
ISBN 3-88074-234-0

Endlich ein Buch, das sich ganz der Hilfe für jene Kinder verschreibt, bei denen geklagt wird, daß sie ihre Intelligenz durch überstürztes Herangehen an die Aufgabenlösung, durch zu viele Flüchtigkeitsfehler und durch Konzentrationsschwierigkeiten nicht in Leistung umsetzen können. Die Autorin stellt Methoden vor, mit deren Hilfe impulsive Kinder ihre Aufmerksamkeit verbessern können. In einfachen, systematischen Übungen lernen sie, auf welche Weise und wie lange sie sich mit einer Aufgabe beschäftigen müssen, um eine gute Lösung zu erzielen.

Michael Brown
Seelische Krankheiten
6. Aufl. 2004, 106 Seiten, kart., 10,10 €
ISBN 3-88074-128-X
(Mengenpreis ab 25 Expl. je 8,10 €)

Brown beschreibt psychische Störungen einfach und zweckmäßig im Hinblick auf kognitives und affektives Erleben, Verhaltensmerkmale, deren Entstehung und Entwicklung. Zu-gleich beseitigt er die Tabus dieser „Etiketten", indem er die Dynamik der verschiedenen emotionalen Störungen wertfrei darstellt.

Gerhard Brandl / Erwin Ringel (Hg.)
Ein Österreicher namens Alfred Adler
Seine Individualpsychologie – Rückschau und Ausblick
2. Auflage 1997, 230 Seiten, kt.22,90 €
ISBN 3-88074-609-5,

Sechzig Jahre nach Adlers Tod soll dieser Sammelband Aufschluß geben über die Anfänge der Individualpsychologie.

Standardwerke

Peter Dettmering / Renate Pastenaci
Das Vermüllungssyndrom
Theorie und Praxis
4. Aufl.2004, 132 Seiten, kart., 17,80 EUR
ISBN 3-88074-295-2

Unter dem Namen „Vermüllungssyndrom" wird seit ca. 1985 ein Phänomen zusammengefasst, bei dem Menschen ihre Wohnung durch die Anhäufung von wertlosen, unbrauchbar gewordenen Gegenständen unbewohnbar machen und dadurch von Kündigung, Zwangsräumung und Unterbringung in einem Heim oder einer Institution bedroht sind. Zugrunde liegt diesem Phänomen eine bisher noch kaum vollständig verstandenen Unfähigkeit der Betroffenen, brauchbar und unbrauchbar zu unterscheiden und dieser Einsicht gemäß zu handeln. Während es scheint, daß weniger schwer Betroffene heute bereits Aussicht haben, von einem bereits geheilten „Messie" bei der Räumung der Wohnung bzw. Behebung der Unordnung Unterstützung zu erfahren, sind die schweren Fälle ohne Eingreifen von Behörden, Justiz und Müllabfuhr nicht beeinflussbar. Und es sind stets diese Fälle, welche in den Medien Aufsehen erregen. Der hier vorliegende Band hat drei Ziele:
1. soweit wie derzeit möglich die Ursachen des Vermüllungssyndroms darzustellen,
2. Hilfe zum Verständnis der Betroffenen zu leisten und
3. mögliche Hilfsmaßnahmen aufzuzeigen.

Christian P. Hammon
Die psychodiagnostische Baumzeichnung
Wege zu einer systematischen Bildanalyse
1. Aufl. 2001, 268 Seiten, ca. 500 Abb. kart.,
20,30 EUR ISBN 3-88074-452-1

Hier werden zunächst Wege und Zugänge für eine systematische Bildanalyse beschrieben, wie sie letztlich für jede psychodiagnostische Zeichnung relevant sind. Der erlebnis- und gleichnishafte, symbolische, korrelationsstatistische, normative und bewertende Zugang wird jeweils als psychodiagnostische Ebene verstanden. Dabei finden modernere Ansätze wie die Chaostheorie oder kunstpsychologische Betrachtungsweisen Eingang, aber auch die Erkenntnisse früherer Autoren. Die folgende Beispielsammlung mit Interpretationsvorschlägen bezieht sich zwar ausdrücklich auf die vorherigen Überlegungen, ist aber mit der Behandlung von Wurzelbereich, Stammbasis, Kronenansatz und Krone sowie Raumphänomenen merkmalsorientiert. Ein zusätzliches Merkmalsregister weist daraufhin, in welchen Abbildungen bestimmte Merkmale zu finden sind. Das Buch wendet sich an alle klinisch oder pädagogisch arbeitende Berufsgruppen in Beratung und Therapie. Übungs- und Nachschlagewerk sowie als Leitfaden für eine systematische Bildanalyse.

Wolfgang Stroebe /Margaret S. Stroebe
Lehrbuch der Gesundheitspsychologie
Ein sozialpsychologischer Ansatz
1. Aufl. 1998, 308 S., kt., 30,60 € ; ISBN 3-88074-271-5
Mengenpreis: ab 10 Expl. je 24,40 €
ab 25 Expl. je 22,40 €
Studienausgabe ohne Einband, 16,30 €;
ISBN 3-88074-319-3

Welche Verhaltensmuster schaden der Gesundheit? Warum halten Menschen an gesundheitsschädlichen Verhaltensweisen fest, obwohl sie die möglichen Konsequenzen kennen? Wie können Menschen dazu gebracht werden, ihr Verhalten zu verändern? Diese und andere Schlüsselfragen zum Gesundheitsverhalten werden diskutiert. Neben der theoretischen Darstellung verschiedener psychologischer Modelle und Theorien werteten die Autoren eine Vielzahl von Studien aus und erhielten so eine umfangreiche Materialsammlung, mit der sie ihre Erkenntnisse belegen. Durch graphische Darstellungen der Theorien erleichtern die Autoren vor allem dem Laien und Studierenden das Verständnis für komplexe Vorgänge. Zahlreiche Abbildungen veranschaulichen die Forschungsergebnisse. Das Buch vermittelt einen integrativen Ansatz, der psychologische und ökonomische Interventionen sowie die Veränderung des Umfeldes miteinander kombiniert, um Risikofaktoren für die Gesundheit zu reduzieren

Ulrike Winkelmann
Aggression mal konstruktiv
Ambulante Milieutherapie in Theorie und Praxis
1. Aufl. 2000, 120 Seiten, zahlreiche Abb., kart.,
15,20 EUR ISBN 3-88074-298-7

Die Autorin erachtet die Milieutherapie als die wirksamste Behandlungsmethode früher Erkrankungen wie Psychosen, Psychosomatik und Borderline-Syndrom. Die Milieutherapie hat sich auch bestens bewährt in der Arbeit mit integrationsschwierigen und drogengefährdeten Jugendlichen. Wenn die Entwicklung in der Kindheit destruktiv verlaufen ist, entstehen Defizite. Viele Fertigkeiten bleiben unterentwickelt und führen später zu realen Beeinträchtigungen im Fühlen, Denken und Handeln. Nach einer historischen Einführung und einem theoretischen Überblick erfolgt eine ausführliche Darstellung verschiedener milieutherapeutischer Gruppenprozesse und der therapeutischen Interventionen. Die eingehenden Schilderungen und praktischen Hinweise führen dem Leser die milieutherapeutische Arbeit und deren weitreichenden Möglichkeiten vor Augen.

Verlag Dietmar Klotz
Kriftler Weg 10 • 65760 Eschborn
Tel: 06196-481533 • Fax: 06196 48532
e-mail: Verlag.Dietmar.Klotz@t-online.de
www.verlag-diemar-klotz.de

Psychotherapie

Norbert W. Lotz NEU 2002
Das innere Selbstgespräch oder Wie Sie Ihre Gefühle und Verhaltensweisen wirksam beeinflussen können
1. Aufl. 2002, 60 Seiten, kart., 8,90 €
ISBN 3-88074-456-4

Die unvorstellbare Vielfalt der Erfahrungen und die daraus von uns gezogenen Schlussfolgerungen – das ist die Werkstatt unserer Gefühle. Was passiert aber, wenn diese Gedankenwelt allzu oft *Zerrbild* statt *Abbild* unserer Wirklichkeit ist? Das neue Buch von Prof. Norbert W. Lotz - theoretisch fundiert und praxisnah geschrieben – ist gleichermaßen geeignet als konkrete Anleitung zur Selbsthilfe wie auch als Einführung in die Rational-Emotive und Kognitive Verhaltenstherapie.

Norbert W. Lotz / Wolf-Ulrich Scholz NEU 2002
FIRST- Papers zur Rational-Emotiven Verhaltenstherapie.
6 Aufsätze aus den Jahren 1988-1990
1. Aufl. 2002, kart, 14,80 €,
ISBN 3-88074-455-5

Aus dem Inhalt: Die Rolle des Therapeuten in der RET. Der Sokratische Dialog. Gedanken und Gefühle. RET in Gruppen. Der Ansatz der RET in der Paartherapie. RET mit Kindern.

Gerhard Brandl NEU 2002
Zum Mitmenschen unterwegs. Ein Konzept seelischer Gesundheit.
2. erweiterte Aufl.2002, 160 S. kart. 17.80 €
ISBN 3-88074-454-8

Der Autor vermittelt die Überzeugung, dass die weit verbreitete Distanz, ein Ausweichen und Abstandhalten vom Nächsten dem Seelenleben Schaden zufügt, soziale Annäherung sowohl dem Einzelmenschen als auch seiner Bezugsgruppe sehr zugute kommt. Die Aufdeckung einer „Seelenblindheit" – auf Grund emotionalen Blockiertseins, verkrüppelten Denkens und zwanghaften Wollens, führt zu verschütteten Quellen des Zusammenlebens. Dem Leser wird hier Mut zu einer selbstständigen, eigenverantwortlichen Daseinsgestaltung vermittelt.

Erwin Ringel NEU 2004
Selbstschädigung durch Neurose
Psychotherapeutische Wege zur Selbstverwirklichung
Neuausgabe 1. Auflage 2004, 272 S. kart. 19,80 €
ISBN 3-88074-465-3

Das vorliegende Buch stellt die Neurosenlehre Erwin Ringels dar. Dieser Klassiker der psychoanalytischen Literatur besticht durch die Praxisnähe und Verständlichkeit seiner Darstellung. Für alle jene, die sich selbst und die inneren Beweggründe des menschlichen Verhaltens genauer begreifen möchten, bietet das Buch einen ausgezeichneten Zugang zur Tiefenpsychologie

Erwin Ringel
Der Selbstmord
Abschluss einer krankhaften psychischen Entwicklung. Eine Untersuchung an 745 geretteten Selbstmördern
8. Auflage 2002, 235 Seiten, kt., 18,70 €
ISBN 3-88074-221-9

Das präsuizidale Syndrom ist heute allgemein international bekannt und anerkannt, es ist der bisher verlässlichste Gradmesser bestehender Selbstmordgefahr, ein Alarmsignal, das bei entsprechender Kenntnis, die nicht nur dem Fachmann möglich ist, nicht übersehen werden dürfte.

Erwin Ringel (Hg.)
Selbstmordverhütung
7. Auflage 2004, 225 Seiten, kt., 18,80 €,
ISBN 3-88074-224-3

Dieses Buch wurde für die Praxis der Selbstmordprophylaxe geschrieben. Es soll vor allem diejenigen, die direkt im Dienste dieser menschlich wichtigen Aufgabe stehen, also Ärzte aller Fachrichtungen, Lehrer, Erziehungspersonen, Seelsorger und Fürsorger in die Lage versetzen, wirksamer und erfolgreicher zu arbeiten.

Michael Brown/Stan Woolams/ Kristyn Huige
Abriss der Transaktionsanalyse
5. Aufl. 2002, 97 Seiten, kart. 10,10 €
ISBN 3-88074-127-1

Dieses Buch kann für alle hilfreich sein, die TA kennen lernen und sich persönlich weiterentwickeln wollen, die in der Therapie, Beratung und Fortbildung mit Menschen in Schulen, Kliniken, Unternehmen, Heimen und anderen Einrichtungen arbeiten.

PSYCHOANALYSE

Erik H. Erikson `NEU 2003`
Der junge Mann Luther
Eine psychoanalytische und historische Studie
5. Auflage 2003, 308 Seiten, kart. 24,50 €.
ISBN 3-88074-297-9

Der Autor behandelt in verschiedenen seiner Bücher das Ineinandergreifen von individuellen Lebensstufen und grundlegenden menschlichen Institutionen. In diesem Buch schildert er den inneren Zusammenhang einer dieser Stufen - der Identitätskrise - mit dem Prozess ideologischer Erneuerung in einer Geschichtsperiode, in der organisierte Religion die ideologische Vorherrschaft ausübte.

Peter Dettmering `NEU 2003`
Von Shakespeare zu T.S. Eliot.
Studien zur englischen Literatur
1. Aufl. 2003, 200 Seiten, kart., 19,80 €,
ISBN 3-88074-464-5

Der Band enthält 14 Arbeiten zu englischsprachigen Autoren, die sich teils mit einzelnen Werken (Romane und Erzählungen von Emily Brontë, Charles Dickens, Robert Louis Stevenson, E.M. Forster) oder auch mit ganzen Werkreihen beschäftigen, so den „Romances" von Shakespeare. Ein großer Teil der Arbeiten ist bisher nicht veröffentlichen worden, andere Arbeiten - so über Coleridge und Forster -wurden für diesen Band neu formuliert. Insgesamt ist der Band der Ausdruck einer über 50 Jahren reichenden intensiven Beschäftigung mit der englischen Literatur, die in den Jahren unmittelbar nach Kriegsende mit dem Sehen englischer Filme und dem Lesen von Dickens-Romanen begann.

Helene Deutsch `NEU 2000`
Psychologie der Frau
4. Aufl. 2000, 689 Seiten, kart., 39,90 €
ISBN 3-88074-233-2

Helene Deutsch gab die erste umfassende Darstellung der psychoanalytischen Auffassung der Weiblichkeit. Behandelt werden u. a. Pubertät, Erotik, weibliche Passivität und Masochismus, Männlichkeitskomplex der Frau und weibliche Homosexualität. Die Autorin geht auf eine überlegene kritische Distanz zu ihren früheren Ansichten und reduziert z.B. das Gewicht des Penisneids als Faktor in der Entwicklung der Weiblichkeit auf das wirklichkeitsadäquate Maß. Das Buch ist eines der umstrittensten der psychoanalytischen Literatur überhaupt.

Masud M. Khan `NEU 2004`
Selbsterfahrung in der Therapie
Theorie und Praxis.
4. Aufl. 2004, 426 Seiten, kart., 24,50 €.
ISBN 3-88074-231-6

Die Psychoanalyse ist eine ganz private Angelegenheit, die sehr viel Sensibilität und ganz besondere Fähigkeiten verlangt. Die Praxis der Psychoanalyse verstärkt diesen privaten Charakter. Es entsteht eine ganz besondere Beziehung zwischen zwei Personen, in der sich beide ausschließlich miteinander beschäftigen und dadurch gegenseitig verändern.

M. Masud R. Khan `NEU 2003`
Erfahrungen im Möglichkeitsraum.
Psychoanalytische Wege zum verborgenen Selbst.
2. Aufl. 2003, kart., 325 S., 19,80 €.
ISBN 3-88074-463-7

Der erfahrene Psychoanalytiker Masud Khan beeindruckt in seinem zutiefst humanen Buch durch seine Offenheit, seine Nähe zum Klienten und seine sprachliche Klarheit. In der Analyse geht er seinen eigenen, intensiven Weg, den er in diesem Buch durch viele Fallbeispiele und Lebensgeschichten darstellt und der durch erstaunliche Erfolge und überraschende Resultate überzeugt. Insgesamt ein reiner Lesegenuss!

Frieka Happel `NEU 2004`
Der Einfluß des Vaters auf die Tochter
Zur Psychoanalyse weiblicher Identitätsbildung.
Mit einem Vorwort von Prof. Dr. Peter Kutter.
2. Aufl. 2004, 320 Seiten, kart., 20,30 €
ISBN 3-88074-261-8

Auf der Grundlage psychoanalytischer Theorien und Erkenntnisse über die Entwicklung des Mädchens von den frühen Phasen bis in das junge Erwachsenenalter wird der Einfluss des Vaters in sehr positiven wie negativen Aspekten auf die Entstehung von Ich-Stärke bzw. Ich-Schwäche sorgfältig herausgearbeitet. Dieser Einfluss hat wesentliche Auswirkungen auf die Fähigkeit oder Unfähigkeit des Mädchens zu einer differenzierten, realistischen Einstellung in der Beziehung zu sich selbst und zu anderen und im Beruf

SOZIALPSYCHOLOGIE

Morton Deutsch / Robert M. Krauss
Theorien der Sozialpsychologie
2. Auflage 1997, 248 Seiten, kt., 15,20 €, 27,70 SFr, ISBN 3-88074-103-4,
Der Vorzug dieses Buches liegt in der komprimierten und dennoch verständlichen Zusammenfassung der wichtigsten sozialpsychologisch relevanten Ansätze, wobei die jeweils zugrunde liegenden theoretischen Annahmen relativ breit ausgeführt sind. Es werden u. a. die gestalttheoretische und die lerntheoretische Richtung dargestellt.

Paul F. Secord / Carl W. Backmann
Sozialpsychologie
Ein Lehrbuch für Psychologen, Soziologen, Pädagogen
5. Auflage 1997, 830 Seiten, kt., 34,80 €, 61,90 SFr , ISBN 3-88074-101-8, ,
Die Autoren – Psychologe und Soziologe – haben sich das Ziel gesetzt, ein Lehrbuch anzubieten, das beide Disziplinen umfasst und sie zu einer Einheit verbindet. Sie versuchen, die wichtigsten Gesichtspunkte zu erfassen und ein gemeinsames Fazit zu ziehen.

Philip E. Slater
Mikrokosmos
Eine Studie über Gruppendynamik
2. Aufl. 2000, 366 S., kt., 29,60, 52,80 SFr, , ISBN 3-88074-284-7,
Was macht eine Anzahl von Individuen zur Gruppe? Dieses Buch über Gruppendynamik gibt Auskunft über empirische Untersuchungen jener komplizierten sozialen und psychischen Prozesse, die sich in kleinen Menschengruppen abspielen. Der amerikanische Soziologe Philip E. Slater begreift solche Gruppen als Spiegelbild der Gesamtgesellschaft, ihrer Autoritätsstrukturen, ihrer Ritual- und Mythenbildungen, ihrer Einstellung zu Minderheiten, zur Beziehung der Geschlechter usw. Er versteht sie also als Welten im Kleinen, als Mikrokosmen. Die zahlreichen abgedruckten Gruppenprotokolle geben der Darstellung authentische Unmittelbarkeit.

Talcott Parsons
Sozialstruktur und Persönlichkeit
8. unveränd. Aufl. 2005, 450 Seiten, kart., 24,50 EUR
ISBN 3-88074-209-X
In diesem Buch werden die bedeutenden sozialpsychologischen Untersuchungen des Autors in deutscher Sprache zugänglich gemacht. Es enthält u.a. seine Auseinandersetzung mit Freud, seinen Kategorienrahmen sozialer Integration und die Darstellung der sozialen Aspekte psychologischer Indentifikationsprozesse.